GENERAL EDUCATION 通识教育
大学生

Modern Aesthetics

现代美学导论

■ 徐 亮 著

ZHEJIANG UNIVERSITY PRESS
浙江大学出版社

前　　言

　　我们身处一个科学主义盛行的时代。科学主义允诺说,通过对世界的控制、开发和利用,人类的利益能够达到最大化。对科学技术的尊崇给我们带来了物质上的极大好处:便利的交通,有效的医疗,快捷的通讯,更多更好的住房,五花八门的新奇消费品。但是科学技术没有消灭贫穷,它甚至加深了人们对贫穷的敏感。在对物质的渴望中,人们越来越远离自己的内心生活。抑郁症已经成为二十一世纪对人类最有威胁的疾病之一。在科学技术最发达的西方世界,金融风暴及其导致的经济衰退给人们带来巨大的恐惧。科学已经认识到,对世界的过度开发正在造成环境危机,但颇具讽刺意味的是,科学仍然相信应该通过科学自身,而不是通过反思省察科学的出发点,来解决环境危机。科学的认识方法构成了它的对象,也构成了它的解决方法。靠它自己无法摆脱这一循环。

　　美学是现代学科中为数很少的针对人们内心生活的一门学科。美学研究审美活动,它是人们用心去感受外部世界从而获得意义的一种活动,它涉及的是人类的特殊情感,是一个难以测算估量,变化万千,极其活跃的内心领域。在天文学中,人们观察太阳的运行、太阳黑子活动的规律,测算太阳的运行轨迹,以利用这一切为人类谋利。在审美中,人们为阳光而感动,歌唱太阳,体会太阳带来的情感和意义。审美情感不创造任何经济价值,也不参与任何社会的改造,它只是一种自我的愉悦。它怀着亲和力品味感受到的各种意义;它充满了发现,却从不去打扰被发现之物;它帮助人们理解生存的意义,遏制毫无节制的物欲。最重要的,它提供了关于人的生存的一种不同的价值观念:内心的幸福比增长的数据更重要,情感比物质更重要,内在的发现比外部的开发利用更重要。审美不仅让我们享受人看护世界、与世界为友的乐趣,而且让我们领悟到与世界为敌的状态其实就来自于一种对象化的思想方法,即控制、开发和利用世界以使人类的利益最大化的想法。

　　人的真正不幸源于内心的贫乏,而不是物质的匮乏。审美补足了人因对世界的开发而失落的内心生活。审美提供的是一种内省的思想方法,是感受和领悟,它强调人在与外部世界打交道的时候有所体会、有所感受,强调内心的幸福为本源的幸福。

　　所以,我们在美学中要学习的是感受和领悟世界的能力,学会从自然事物中

感受和领悟的方法,从艺术作品和艺术活动中感受和领悟的方法。学习美学使我们能够发展和享受人的全面的意识能力,补偿因谋利的劳累而付出的内心的代价。

在这部书中,我们最突出强调的、也是全书精髓的内容有三:

第一,审美现象的要义——感受与意义。美学涉及的是感受,而不是理性。美学的对象是一种感性生活,通过(主要是)视觉、听觉与世界打交道的生活,情感是它的主要内容。而这种感性生活的目标则是意义,感受和领会意义。这种感性不是用来作本能的生物性选择和逃避,而是用来体会各种意义的。审美是一种通过感受,而不是观测、实验、计算、推导,来获得意义的活动。

第二,一种建立在艺术语言基础上的艺术审美观念。这也是现代美学的观念。艺术是审美的主要对象。对于艺术的审美有各种不同的途径,但是万变不离其宗的是,这种审美活动必须建立在对象的具体性的基础上,即具体的艺术语言基础上,否则是空洞的和无效的。对于绘画作品,我们首先要面对和搞懂的必然是色彩、线条和形状的语言,而不是人物的表情如何生动,动物的形象如何活灵活现,或者环境气氛如何真实。后者是前者的效果。而美学要关注艺术的根本。

第三,中西方美学的深刻区别。西方美学是不断发展的美学,创新体现在后人对前人的超越;西方美学受到合法性的要求,全面的体系性建构是其题中应有之义。中国美学是对一些核心主题的不断领悟,它在语言和精神实质方面都有自己独特的理解,它不以发展作为标尺,也不以形而上学的建构为己任。后人要做的不是超越前人,而是对前人提出的一些永恒的话题拥有自己活的理解,从而加深对最古老的本源性思想的体会。中国美学的过程是不断地保留和增厚的过程。了解了这一点,就能够了解中国古典美学缺少体系性著作,多断片式文本的原因,也能够了解很前卫的西方思想会在很古老的中国经典中发现精辟见解和思想光华的原因。我们也能够因此明白,在西方思想受到形而上学深刻纠缠之时,中国的哲学和美学应该贡献的是什么。

美学并不仅仅是一门知识。我们希望,对美学的学习能够成为对一种生活方式的学习。美学要求我们首先拥有对自然和艺术审美的记忆和积累,但是在学习美学之前,如果我们真有这些积累的话,它们也可能仅仅是一种沉睡着的东西。美学能够唤醒这些沉睡的宝贵财富,让我们拥有的情感方面的潜能得以发掘。希望通过美学的学习,我们能够增加对于人和人的生活,以及人所生活于其中的这个世界的热爱,提升我们的情感能力、趣味和生活品位。但愿本书能够为读者享受到这些好处提供一条通道。

目　录

绪言：美学与现代美学 ……………………………………………………… 1

一、美学的诞生 ………………………………………………………… 1

二、美学与现代社会 …………………………………………………… 2

三、什么是现代美学 …………………………………………………… 3

四、美学的时代性和审美现象的稳定性 ……………………………… 4

第一编　西方美学的历史回顾

序言　西方美学的时期划分 ……………………………………………… 8

一、美学与哲学密不可分的关系 ……………………………………… 8

二、西方哲学发展的三个时期 ………………………………………… 8

三、西方美学发展的历史时期 ………………………………………… 9

第一章　本体论时期的西方美学 ……………………………………… 10

第一节　毕达哥拉斯学派 …………………………………………… 10

第二节　柏拉图 ……………………………………………………… 11

一、柏拉图的世界格局 …………………………………………… 11

二、柏拉图论美 …………………………………………………… 12

三、柏拉图论艺术 ………………………………………………… 13

第三节　亚里士多德 ………………………………………………… 14

一、亚里士多德美学思想的哲学基础 …………………………… 14

二、亚里士多德美学对感性的辩护 ……………………………… 15

三、亚里士多德美学对理性的维护 ……………………………… 16

第四节　达·芬奇 …………………………………………………… 17

一、作为第二自然的艺术观 ……………………………………… 17

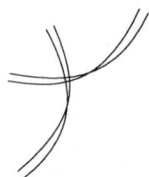

二、在宇宙论框架中对人的感性的张扬 ……………………………… 18

第二章　认识论时期的西方美学 …………………………………… 20

第一节　认识论哲学及其与美学的关系 …………………………… 20
一、笛卡尔对哲学的改变 …………………………………………… 20
二、美学与认识论哲学 ……………………………………………… 20

第二节　鲍姆加敦 …………………………………………………… 21
一、鲍姆加敦对美学的开创和维护 ………………………………… 21
二、鲍姆加敦的主要美学命题——"感性认识的完善" …………… 22
三、鲍姆加敦美学的缺陷 …………………………………………… 24

第三节　阿贝·巴托 ………………………………………………… 25
一、阿贝·巴托的艺术分类系统 …………………………………… 25
二、阿贝·巴托的分类原则 ………………………………………… 26

第四节　英国经验主义美学 ………………………………………… 27
一、英国经验主义哲学与美学 ……………………………………… 27
二、霍布斯 …………………………………………………………… 28
三、休谟 ……………………………………………………………… 28
四、博克 ……………………………………………………………… 30

第五节　康　德 ……………………………………………………… 31
一、美的分析 ………………………………………………………… 31
二、美学在认识论框架中的合法地位 ……………………………… 32
三、美的理想性的证明 ……………………………………………… 33
四、现代主义美学基础的奠定 ……………………………………… 34

第六节　费希纳与心理主义、科学主义美学 ……………………… 35
一、对思辨哲学的质疑和美学的科学主义倾向 …………………… 35
二、费希纳 …………………………………………………………… 36
三、阿恩海姆 ………………………………………………………… 37
四、门罗 ……………………………………………………………… 39
五、科学美学的利弊 ………………………………………………… 40

第三章　语言论时期的西方美学 …………………………………… 41

第一节　哲学的语言论转向及其对美学的影响 …………………… 41
一、索绪尔与结构主义语言学 ……………………………………… 41

二、语言论转向 …………………………………………… 42

三、语言论转向对美学的影响 …………………………… 43

第二节　媒介与形式的美学：贝尔、格林伯格、雅各布逊 … 43

一、贝尔 …………………………………………………… 43

二、格林伯格 ……………………………………………… 45

三、雅各布逊 ……………………………………………… 47

第三节　罗兰·巴尔特 ……………………………………… 49

一、艺术的深层结构与元语言 …………………………… 49

二、神话分析与大众文化的意义生产 …………………… 50

第四节　维特根斯坦 ………………………………………… 52

一、词的家族类似性理论与美学 ………………………… 52

二、"美"的用法与审美的具体性 ………………………… 52

三、语言游戏与美学研究 ………………………………… 53

第五节　语言论转向对现代美学的意义 ………………… 54

一、语言论美学与现代主义、后现代主义艺术 ………… 54

二、语言论美学的贡献 …………………………………… 55

三、语言论美学的消极面及其反思 ……………………… 56

第二编　中国美学的历史回顾

第一章　重要的思想流派和人物著作 …………………… 58

第一节　儒家的美学思想 ………………………………… 58

一、孔子的和谐社会理想与美学 ………………………… 58

二、与善相结合的审美理想 ……………………………… 59

第二节　道家的美学思想 ………………………………… 61

一、道家思想的几个要点 ………………………………… 61

二、道家的美学思想内容 ………………………………… 63

第三节　《乐记》的美学思想 ……………………………… 66

一、感物而动与乐察民心 ………………………………… 67

二、音乐和同社会人心的价值 …………………………… 67

三、声、音、乐三层次的区分 …………………………… 68

四、音乐的几个审美特征 ………………………………… 69

第四节　刘勰《文心雕龙》的美学思想 ………………… 70

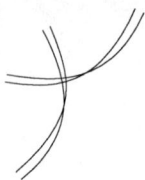

　　　　一、严谨的体系性和逻辑性 ………………………………… 70
　　　　二、对文学审美的合法性论证 …………………………… 71
　　　　三、风骨神气的文学美学 ………………………………… 72
　　　　四、致用的文学理念 ……………………………………… 73
　　第五节　苏轼的美学思想 ……………………………………… 74
　　　　一、审美作为人生：人与世界的自由关系 ……………… 74
　　　　二、自然至上的美学理念 ………………………………… 75
　　第六节　王国维的美学思想 …………………………………… 77
　　　　一、审美与社会人生的改造 ……………………………… 77
　　　　二、境界——集大成的中国美学概念 …………………… 79

第二章　中国传统中几个主要的美学观念 ……………………… 83
　　第一节　韵、味、神、意 ………………………………………… 83
　　　　一、概念及其渊源 ………………………………………… 83
　　　　二、诗论中的韵味 ………………………………………… 83
　　　　三、书法理论中的神意说 ………………………………… 86
　　　　四、绘画理论中的形神论 ………………………………… 86
　　第二节　自　　然 ……………………………………………… 86
　　　　一、渊源 …………………………………………………… 86
　　　　二、内涵 …………………………………………………… 87
　　第三节　诗言志 ………………………………………………… 88
　　　　一、渊源与内涵 …………………………………………… 88
　　　　二、影响 …………………………………………………… 88
　　第四节　文以载道——文艺的道德教化作用 ……………… 89
　　　　一、渊源与内涵 …………………………………………… 89
　　　　二、影响 …………………………………………………… 89
　　第五节　意　　境 ……………………………………………… 90
　　　　一、内涵 …………………………………………………… 90
　　　　二、意境与境界及意味的区别 …………………………… 90
　　　　三、意境概念的溯源 ……………………………………… 90
　　第六节　气 ……………………………………………………… 91
　　　　一、气的概念 ……………………………………………… 91
　　　　二、文学艺术中的气 ……………………………………… 91

第三编　一般美学问题

第一章　美学的对象与美学研究的必要性 ……………………………… 94

　第一节　美学的对象 ……………………………………………………… 94

　　一、关于美学对象的一个误解 ………………………………………… 94

　　二、定义——审美现象 ………………………………………………… 96

　　三、审美现象的诸要素 ………………………………………………… 97

　　四、两个关键词 ………………………………………………………… 101

　第二节　美学研究的必要性 ……………………………………………… 101

　　一、美学的功用和审美的功用 ………………………………………… 101

　　二、审美是人类两种基本活动之一 …………………………………… 102

　　三、审美对科学理性的矫正作用 ……………………………………… 103

第二章　关于美、审美、美学、艺术、艺术品 ……………………… 104

　第一节　区分这五个概念的必要性 ……………………………………… 104

　　一、概念窜混的现象及其原因 ………………………………………… 104

　　二、区别的必要性 ……………………………………………………… 105

　第二节　关于美、审美、美学 …………………………………………… 105

　　一、美（beautiful；fine） …………………………………………… 105

　　二、审美（aesthetic） ………………………………………………… 107

　　三、美学（aesthetics） ……………………………………………… 107

　第三节　关于艺术（art）与艺术品（artwork） ……………………… 108

　　一、"艺术"、"艺术品"的概念界限 …………………………………… 108

　　二、"艺术"的用法 ……………………………………………………… 108

　　三、"艺术品"的用法 …………………………………………………… 110

第三章　审美范畴 ………………………………………………………… 113

　第一节　什么是审美范畴 ………………………………………………… 113

　　一、范畴的含义与审美范畴 …………………………………………… 113

　　二、中西审美范畴与大小审美范畴 …………………………………… 113

　第二节　优美（beautiful；fine） ……………………………………… 114

　　一、博克与康德对优美的讨论 ………………………………………… 114

　　二、优美的定义 ………………………………………………………… 115

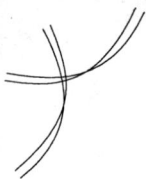

三、优美的时代性 ……………………………………… 115

第三节　崇高（sublime） ……………………………… 116

一、关于崇高的经典理论 ………………………………… 116

二、崇高的含义 …………………………………………… 117

三、现代生活与崇高感的式微 …………………………… 118

第四节　平衡（symmetrical） ………………………… 118

一、作为审美范畴的平衡 ………………………………… 118

二、平衡的表现 …………………………………………… 118

第五节　力（powerful） ………………………………… 119

一、"力"的概念与现代审美意识 ……………………… 119

二、力的各种艺术表现 …………………………………… 120

第六节　戏剧性（dramatic） ………………………… 121

一、戏剧性概念以及亚里士多德、苏珊·朗格的论述 … 121

二、悬念及其在戏剧性中的作用 ………………………… 121

第七节　悲剧（tragic） ………………………………… 122

一、悲剧的缘起 …………………………………………… 122

二、四种经典的悲剧理论 ………………………………… 122

三、悲剧的定义 …………………………………………… 125

第八节　喜剧（comic） ………………………………… 126

一、喜剧的两种类型 ……………………………………… 126

二、几种主要的喜剧理论 ………………………………… 127

三、喜剧的定义 …………………………………………… 131

第九节　丑（ugly） ……………………………………… 133

一、美学史上有关丑的一些理论 ………………………… 134

二、两种丑 ………………………………………………… 136

三、作为审美范畴的丑 …………………………………… 136

第十节　中国古典审美范畴 ……………………………… 138

第四编　艺术的一般美学问题

第一章　艺术活动的性质 …………………………………… 140

第一节　该问题的意义 ………………………………………… 140

第二节　再现论及其质疑 ……………………………………… 140

　　一、再现论的观念 ·························· 140

　　二、对再现论的质疑 ························ 142

第三节　表现论及其质疑 ····················· 145

　　一、表现论的观念 ·························· 145

　　二、对表现论的质疑 ························ 148

第四节　艺术是一种显现活动 ················· 150

　　一、再现论和表现论的共同缺陷 ·········· 150

　　二、艺术是一种活动 ························ 152

　　三、为什么是显现 ·························· 152

　　四、艺术显现了什么 ························ 156

第二章　艺术语言 ····························· 161

第一节　广义的语言与艺术语言 ··············· 161

　　一、狭义的和广义的语言 ·················· 161

　　二、通过语言理解艺术 ···················· 161

第二节　艺术语言的符号性质 ················· 162

　　一、索绪尔的语言符号学与艺术语言 ······ 162

　　二、艺术符号的能指 ······················ 162

　　三、艺术符号的所指 ······················ 163

　　四、艺术符号与意义游戏 ·················· 164

第三节　艺术语言的运作 ····················· 164

　　一、艺术语言的双轴及其运作 ·············· 164

　　二、艺术语言的言外之意 ·················· 166

第四节　艺术语言意义的三层次 ··············· 168

　　一、艺术语言意义的基础层 ················ 168

　　二、艺术语言意义的分节单位 ·············· 170

　　三、艺术语言意义的主题层 ················ 171

第三章　艺术的分类 ··························· 173

第一节　美学史上各种艺术分类法 ············· 173

　　一、柏拉图和亚里士多德的艺术分类 ······ 173

　　二、西塞罗的艺术分类 ···················· 173

　　三、昆体良的艺术分类 ···················· 174

　　四、阿贝·巴托的艺术分类 ················ 174

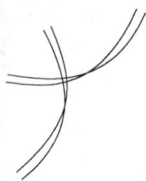

　　五、莱辛的艺术分类 ··· 174
　　六、黑格尔的艺术分类 ··· 175
　第二节　现代常见的几种艺术分类方法 ····························· 176
　　一、以时空存在方式对艺术分类 ·································· 176
　　二、以感受方式对艺术分类 ······································ 176
　　三、以表现方式对艺术分类 ······································ 176
　第三节　八种艺术 ··· 177
　　一、美学史上几种艺术分类方法的优劣 ························· 177
　　二、现代分类的优劣 ·· 177
　　三、结论：美的艺术及其改进型 ·································· 177

第四章　艺术的发展——古典主义、现代主义、后现代主义 ·········· 179

　第一节　古典主义艺术 ·· 179
　　一、写实、描绘的艺术 ··· 179
　　二、自在的艺术 ·· 180
　　三、风格流派变化很慢很少的艺术 ······························ 180
　第二节　现代主义艺术 ·· 180
　　一、现代主义艺术及其观感 ······································ 180
　　二、现代主义与现代性 ··· 181
　　三、现代主义艺术的催生因素 ···································· 182
　　四、现代主义艺术的特点 ··· 183
　第三节　后现代主义艺术 ··· 185
　　一、"后现代"的两层含义 ·· 185
　　二、后现代主义思潮的诉求 ······································ 186
　　三、后现代主义与现代主义 ······································ 188
　　四、后现代主义艺术的特点 ······································ 188
　　五、后现代主义艺术批判 ··· 190

第五编　各门类艺术的美学问题

第一章　绘　画 ··· 192

　第一节　绘画的前提条件 ·· 192
　　一、绘画的限定性条件 ··· 192

　　二、绘画题材 ……………………………………………… 193

　第二节　绘画语言 ………………………………………… 193

　　一、什么是绘画语言 ……………………………………… 193

　　二、线条 …………………………………………………… 194

　　三、形状 …………………………………………………… 194

　　四、色彩 …………………………………………………… 195

　第三节　绘画过程 ………………………………………… 196

　　一、绘画艺术的目标 ……………………………………… 196

　　二、绘画过程需要处理的两个世界 ……………………… 196

　　三、两种关系的处理原则 ………………………………… 198

　第四节　绘画与观看 ……………………………………… 199

　　一、主动的观看 …………………………………………… 199

　　二、有创新的观看 ………………………………………… 200

　　三、通过绘画语言的观看 ………………………………… 200

第二章　雕　塑 …………………………………………… 202

　第一节　雕塑与自然物体 ………………………………… 202

　　一、相似性 ………………………………………………… 202

　　二、区别 …………………………………………………… 203

　第二节　雕塑显现什么 …………………………………… 204

　　一、马约尔雕塑的启发 …………………………………… 204

　　二、雕塑显现的内容 ……………………………………… 205

　第三节　雕塑的审美特性 ………………………………… 206

　　一、三维性 ………………………………………………… 206

　　二、静态与动态 …………………………………………… 207

　　三、力的表现性 …………………………………………… 208

　第四节　雕塑语言 ………………………………………… 209

　　一、雕塑材质 ……………………………………………… 209

　　二、块面 …………………………………………………… 210

　　三、形状 …………………………………………………… 210

第三章　建　筑 …………………………………………… 212

　第一节　建筑的幻觉特征 ………………………………… 212

　　一、建筑为什么是艺术 …………………………………… 212

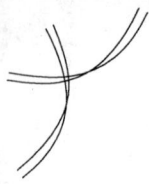

二、天圆地方:理想的世界 ……………………………… 212
　第二节　建筑语言 …………………………………………… 213
　　一、高度抽象化——建筑语言的特征 …………………… 213
　　二、线条 …………………………………………………… 213
　　三、立面 …………………………………………………… 214
　　四、体量 …………………………………………………… 215
　　五、内部空间 ……………………………………………… 216
　第三节　艺术性　功能性　工艺性 ……………………… 216
　　一、功能与艺术结合的可能性 …………………………… 216
　　二、怎样结合 ……………………………………………… 217
　　三、工艺性与艺术性 ……………………………………… 218
　第四节　力学与感觉 ………………………………………… 219
　　一、力学与力学感觉 ……………………………………… 219
　　二、前人的伟大创造 ……………………………………… 219
　　三、科学与直觉的结合 …………………………………… 220

第四章　文　学 ……………………………………………… 221
　第一节　语言与文学审美 …………………………………… 221
　　一、文学审美的要件 ……………………………………… 221
　　二、语言可贡献给审美的东西 …………………………… 221
　　三、文学产生意义的途径 ………………………………… 222
　第二节　诗歌的审美 ………………………………………… 229
　　一、诗歌艺术的审美特征 ………………………………… 229
　　二、诗的隐喻艺术 ………………………………………… 230
　　三、诗的意义世界 ………………………………………… 234
　第三节　叙事文学的审美 …………………………………… 236
　　一、叙事文学的审美特征 ………………………………… 236
　　二、讲故事的艺术 ………………………………………… 237
　　三、故事的意义 …………………………………………… 241

第五章　音　乐 ……………………………………………… 244
　第一节　音乐语言与结构 …………………………………… 244
　　一、音乐语言的四个基本要素 …………………………… 244
　　二、音乐的曲式结构和织体 ……………………………… 245

三、结构内外 ······························· 247
第二节 音乐的特质 ························· 247
一、音乐是什么 ························· 247
二、音乐的内容是什么 ················· 248
第三节 音乐的创作和演绎 ················· 249
一、演绎:音乐艺术的特有层次 ········· 249
二、演绎的创造性 ····················· 249
三、创作——演绎——聆听:解释学关系 ··· 250

第六章 舞 蹈 ································ 251

第一节 舞蹈:身体力行的艺术 ············· 251
一、舞蹈的感情强度 ··················· 251
二、舞蹈媒介与身体力行 ··············· 251
第二节 体验和表演 ······················· 252
一、舞蹈中想象与体验的关系 ··········· 252
二、体验性舞蹈与表演性舞蹈 ··········· 253
第三节 舞蹈语言 ························· 254
一、姿态 ····························· 254
二、动作 ····························· 255
三、节奏 ····························· 255
四、力度 ····························· 256
第四节 舞蹈的叙事性和抒情性 ············· 257
一、叙事性与舞蹈 ····················· 257
二、抒情性与舞蹈 ····················· 258

第七章 电 影 ································ 259

第一节 电影是什么 ······················· 259
一、"综合性艺术"说 ··················· 259
二、"纪实"说 ························· 260
三、"活动画面"说 ····················· 261
四、电影就是电影 ····················· 261
第二节 电影语言 ························· 262
一、画面 ····························· 262
二、镜头 ····························· 263

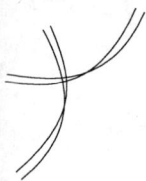

三、面画剪接 ………………………………………………………… 264

四、音响 …………………………………………………………………… 264

五、表演 ………………………………………………………………… 265

第三节　电影的时空形式 ……………………………………… 266

一、时间形式 ………………………………………………………… 266

二、空间形式 ………………………………………………………… 266

第四节　电影的叙事性 ………………………………………… 267

一、电影是叙事艺术 ………………………………………………… 267

二、电影叙事的内容 ……………………………………………… 268

三、电影叙事的方法 …………………………………………………… 269

第五节　电影与现代艺术 ……………………………………… 270

一、电影的发明与现代主义艺术运动 …………………………… 270

二、电影对其他艺术的冲击和改造 ……………………………… 270

参考文献 ……………………………………………………………… 272

绪言：美学与现代美学

一、美学的诞生

美学是一门古老而又年轻的学问。

1. 审美活动与审美意识的古老渊源

美学是研究审美现象的学科。审美现象的存在是美学研究的前提。自从人类作为一个有意识的类出现在地球上的时候，就有审美的要求和活动，几万年前居住在山洞里的原始人就开始用动物的骨头、石头做成饰物，并涂上色彩（中国山顶洞人）。建筑是最早产生的艺术，迄今起码有数万年的历史。迄今发现最早的绘画——西班牙阿尔塔米拉洞窟壁画和法国拉斯科洞顶画距今约 15000 年。中国的彩陶艺术则已有七八千年的历史。

有审美活动，就必然有审美意识。人们是按照自己对各种审美价值的理解和诉求去制造艺术品的，这种理解和诉求作为观念形态的东西就具有理论价值。这是很早就有了的。而按美学史家鲍桑葵的说法，美学理论乃"审美意识在学术上的表现"❶。到了古希腊的毕达哥拉斯学派、苏格拉底和柏拉图的著作中，有了对审美意识的学术性讨论。如果要探寻美学最古老的源头，可以追溯到上古时代，在这个意义上，美学是一门非常古老的学问。

2. 美学作为晚近出现的学科

但美学作为一个学科被人们自觉认识到，得到命名并加以研究，是近两百多年前的事，它比许多其他学科都晚。从这个意义上说，它又是一门年轻的学科。

"美学"这个名称最早出现于德国哲学家鲍姆加敦的著作《诗的哲学默想录》（1735 年出版）。在这部书的最后部分他发现，诗是一种感性的言语，用于指导诗的言语达到完善的应该是一门研究人的感性认知能力的学科，他借用希腊文 $\alpha\iota\sigma\theta\eta\sigma\iota$（感觉）来称呼这门学科，现代英语用"aesthetics"来对应这个名称，翻译成中文也就是所谓的"美学"。1750 年，鲍姆加敦又出版了著名的开创性著作《美学》，正式确立了这门学科的地位。作为德国哈勒大学教授，鲍姆加敦在世界上首

---

❶ 鲍桑葵：《美学史》，张今译，商务印书馆 1985 年版，第 6 页。

先开设了美学课,指导学生,这样也就把美学带入了大学教学体制。在鲍姆加敦以后,凡是以美学名称所做的讨论,都肇始于他的开拓性工作。因为这些原因,鲍姆加敦被称为"美学之父"。

二、美学与现代社会

美学学科产生于现代,是与人类的现代性进程密切相关的,了解这一点对了解美学至关重要。

1. 美学学科的现代性质

美学诞生于十八世纪中叶,至少在两方面受到了现代性潮流的推动。

首先,鲍姆加敦把美学定位在研究人的感性认识上,人的感性得到重视并作为一门学科单独出现,在前现代是不可能发生的。感性是现世的,并且,按柏拉图的看法,它也是虚假和错误的来源。正是人成为中心的现代人本主义思潮,把人的感性解放出来。美学的诞生是现代学术史的一个标志性事件。

其次,美学也是专业分界的一个结果,而专业分界是现代性的一个特征。当鲍姆加敦创建美学的时候,他的理由主要来自理性认识与感性认识的区分。他认为,虽然大陆理性主义哲学已经成功地将明晰认识区分为理性认识与感性认识,在学科建设方面,却只有研究和指导理性认识的逻辑学、伦理学等学科独大,而在感性认识方面还没有相应的学科产生。他建议创建美学,专门研究和指导人的感性认识。美学建立之后,哲学家和美学家也一直没有止息确立美学边界的努力。

2. 美学问题与现代问题的关联

美学产生后,一直与现代社会的各种问题和解决方案密切相关。审美是总体解决现代人及其社会发展问题的一个环节。

审美经常被当作解决现代困境的钥匙。

席勒身处法国资产阶级大革命的动荡时期,面对雅各宾党的暴力引起的困惑,他发现,真正的政治自由只有在审美的指引下才能达到:"让美在自由之前先行。……人们在经验中要解决的政治问题必须假道美学问题,因为正是通过美,人们才可以走向自由。"❶二十世纪法兰克福学派的阿多诺猛烈批判了当代社会思想的猥琐和大众文化上的种种流弊,倡导一种真正自律的美学,起反思和否定性的作用,他的审美现代性方案中具有明显的审美主义倾向。海德格尔在清理苏格拉底以来的思想顽疾,特别是现代以来变本加厉的技术理性倾向时,提出"诗意的思"作为人类走出形而上学桎梏的根本途径。王国维身处十九世纪末二十世纪初

❶ 席勒:《审美教育书简》,冯至、范大灿译,上海人民出版社2003年版,第21页。

中国社会由古代向现代转变的动荡时期,他看到,要解决人的欲望释放所带来的恶——争战、争权夺利甚至互相残杀,必须倡导审美教育,因为艺术是唯一能够给人带来满足、又不会导致新的贫乏的人类活动形式。与蔡元培一样,美育被提到了拯救中国社会的高度上。

同时,在一些现代社会问题的解决方案中,人的审美能力被作为人的全面发展的一个必要环节加以强调。马克思控诉资本主义社会用利润和剩余价值作为一切人类活动的标尺,剥夺了人们劳动本应有的"按美的规律制造"的那种创造性,使得劳动者丢失了欣赏音乐的耳朵和观赏美景的眼睛。马克思提倡包括艺术能力在内的人的全面发展,文学艺术活动标志了人的自由创造本性。

也有些批评者指出了审美活动的负面效应。现代性的最集中体现者是科学,审美与科学有一种明显的对立性。与雪莱同时的皮科克对诗进行了声讨,指出诗是虚构的,既不真实也没有用;诗歌总是怀旧,往后看,不合进步;因而,诗是浪费人宝贵时间而毫无积极作用的消遣。这些正好与科学相反,后者是有用的,向前进步的,开拓的。从逻辑上判断,审美会阻碍科学的发展。

从上述正面和负面的评价中可以看出,审美的问题是现代问题的一个焦点,美学总是与各种现代社会发展方案有关的。

三、什么是现代美学

"现代"针对的是"前现代",它主要不是一个时间的概念,而是一个性质的概念。现代美学在对象和方法上都有别于现代以前的美学。

1. 突出"感性"

自从鲍姆加敦以后,美学突出的就是感性。鲍姆加敦将它命名为"感性学",从林立的理性学科中把它抽出来,为的是赋予它不同的对象。这与此前的美学(命名前的美学)有了很大的区别。

柏拉图的美学是排除感性的,他希望人们轻视现世不真实的感觉,专注于最高真实界,接受来自上界的光。而在上界,真善美原为一体。接受这光与其说要靠眼睛,不如说要靠灵魂。亚里士多德为艺术辩护的理由是,艺术虽然有感性,但是它的内在精神是理性的,诗因为对必然性、可能性的揭示而成为诗。一直到十七世纪,布瓦洛的古典主义艺术理论高举的仍然是理性的旗帜。鲍姆加敦第一次提出"感性的完善"为艺术与审美辩护,意思是感性(审美)是可以直接通向、表征最高真理的。虽然德国理性主义美学,包括鲍姆加敦本人的美学,仍然具有很强的理性主义色彩,但是他们开了突出感性的先河。经过此后的发展,到十九世纪末以后,美学研究的对象是一种感性现象,这已经成为共识。

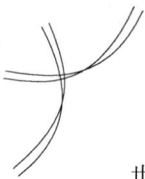

现代美学就是一种研究感性现象的美学。无论针对艺术作品,还是日常生活世界,现代美学关注的是它们与感官接触的界面及其产生的意义。

2. 主张艺术独立性

前现代的美学主张艺术是一个容器或通道,是为装载真理、表现生活服务的。艺术依赖于艺术以外的某些东西而存在,各门艺术之间界限不明。

现代美学主张每一门艺术都是独一无二的,不依赖于艺术以外的东西——包括真理、现实生活、主观情感等等——而存在。艺术的独立性建立在其独特的艺术语言基础上,艺术语言的质料的感性特征构成了其独特的表现性,也构成了它的限制条件。从美学的角度研究艺术,就是研究艺术语言及其构成要素,它的感性特点,它的界限,以及由此产生的它的审美效果、意义。

3. 反对本质化的研究方法

在美学中,所谓本质化就是把研究重心放在对美的本质下定义上。美学的中心任务被理解为是解答"美是什么"这个问题,而这种解答把美和审美活动客体化,把它们变成一种结论性的存在。从古代美学一直到十九世纪末,这种研究方法没有根本改变。

德国心理学家费希纳和英国艺术哲学家布洛在十九世纪末二十世纪初提出"现代美学"的概念,就是针对此前美学本质化研究方法导致的失误。费希纳指出要把"自上而下"的美学,即先确定美是什么(上)、然后再寻找审美例证(下)加以证明的方法,转变为"自下而上"的美学,即先研究审美实例、然后再作最后的抽象结论的方法。布洛则指出要把美学重心从研究美的本质移到研究审美经验上来。虽然费希纳最后把他的研究引导到科学主义的偏向上,而布洛也没有向人们具体展示重心转移的积极后果,但是他们主张中的反本质化倾向对后来的美学产生了重大影响。

把关注重心转移到"下"——审美例证,和转移到审美经验,都是要求对审美事实作具体观察,把美学的重心从性质判断转为过程描述。审美实例如何运作(how)比它是什么(what)更重要。所以所谓现代美学就是重点在于观察和描述审美现象以及艺术如何运作的美学,就是其给出的结论有利于人们关注艺术本身活动过程的美学。

四、美学的时代性和审美现象的稳定性

1. 美学内涵和理论观点的嬗变

在美学学科出现以前很久,就已经有了对美学问题的研究。柏拉图和亚里士多德对文学、绘画和音乐的研究完全具有今天意义上的学术形态和学术价值。但

那时的研究并没有一个明确的美学学科概念,那是在艺术哲学的框架下进行的。他们及以后很长一段时期各个思想家的有关艺术和自然审美的著述现在被我们归入了美学的范畴。

鲍姆加敦创立美学,是从当时认识论哲学的一个漏洞着手的,他试图用感性认识学来填补感性认识研究的空白。这时美学的内涵与此前的艺术哲学并不完全契合,例如艺术中的理性方面就不被观照和重视,或者这类问题就根本被否决了。而在美学建立后的最初一百年时间里,美学主要是对美是什么的问题作出回答的一个学科。到了费希纳创立科学美学和实验美学后,美学又成了对人的审美心理进行定量分析,对人们的声音和色彩、形状的形式反应做实验和统计的学科,美学更多地与心理学联系在一起。

可见,美学的内涵是在变化中的,任何时候都不可能对它作最后的确定。

另一方面,从古希腊以及中国先秦以来,有关的美学理论论点,随着时间的流逝,也是不断变化着的。孔子注重审美的社会效应,老庄呼吁天然无为的审美态度,而到了韩愈,强调的是复古,金圣叹则很注重媒介(如文学中的文字)的组织。在西方,亚里士多德对他的老师柏拉图的美学观点就不满,直接挑战柏拉图的艺术无价值论、摹仿导致堕落论,作出了一系列针锋相对的结论。如果拉开时间距离,我们更能看清,这种主流观点出现重大变化的情况是屡见不鲜的。从笛卡尔开始的认识论时代,美学关注的重心就完全改变了。人们关注的是审美属于哪一种认识能力,或者它与其他心意功能的结构关系,而不再是本体论时期的美是怎样的,或者艺术(如诗)怎么分类。到了二十世纪以后,语言论占上风,美学关注审美对象和艺术作品的语言材料及其构成规则的运作和效果,关注它们出现的环境及其对意义的功能。纵观美学史,我们会看到一个对前人观点充满质疑、改造和革新的过程。

2. 审美现象和理论传统的稳定性

美学内涵的易变性和理论观点的时代性,是不是说明美学这门学科的合法性有问题,或者表明迄今为止美学还没有稳定的基础? 答案是否定的。

美学学科建立在它研究对象的真实性基础上。尽管审美现象可以从很多方面加以描述,但是它在美学中得到最恰当的观察。举例来说,我们可以从艺术理论或艺术哲学的角度描述美学的主要对象——艺术现象。但是,第一,艺术理论或艺术哲学描述有关艺术的所有方面,包括它的社会学、人类学和宗教等等方面的意义,而美学主要关注艺术的形式感方面的问题;第二,艺术理论或艺术哲学不去描述自然的审美现象,因为它超出了艺术的范围,而自然审美是人类一直十分热衷的审美活动。自古至今,对艺术的创作和欣赏,对自然界审美现象的赞叹,以及以美感形式贯注于其他人工制作的行为,是人类生活的一部

分。它们要求被反思和理解。不管美学的学术形态发生多少变化,不管美学的理论观点有多少新旧交替,美学的对象一直存在着。只要这一点是稳定的,美学学科就会存在下去。

因为研究对象是确切的,所以美学理论虽然历经嬗变,仍然具有连续性和传统。柏拉图提出的问题,例如摹仿与真实的关系,不仅是亚里士多德作出回应的问题,也是今天美学要面对的问题。许多二十世纪以后的理论是对那些传统美学问题重新回答的产物。历来的美学成就是今天美学储备库中不可或缺的宝藏。

第一编
西方美学的历史回顾

　　美学作为一门学科,产生于西方。为了了解这门学科的概貌和历史
状况,我们首先从西方美学的历史回顾开始。

序言 西方美学的时期划分

一、美学与哲学密不可分的关系

西方美学思想起源于古希腊。

美学思想从一开始就是哲学思考的一部分。最早的美学思想都是在思考宇宙与世界的原则，以及社会的理想时产生的。例如毕达哥拉斯学派在发现宇宙的原则——数的和谐时，把它也应用到音乐、建筑等艺术中，认为美是这种原则的一种表现。柏拉图对艺术的思考受制于他的社会理想，是他乌托邦理想国的一个组成部分。亚里士多德则把美学问题放在他关于世界的总的框架描述中，他的《诗学》与《物理学》、《修辞学》、《形而上学》等其他著作一起，构成了一部哲学全书。而美学作为一个学科，起始于哲学认识论补缺的需要。鲍姆加敦、康德、休谟等等对美学作出重要贡献的人，都是哲学家。二十世纪以后，情况也一样，出现一种重要的哲学思潮，就会产生相应的美学观：现象学、存在主义、结构主义、解构主义等哲学，同时是相同名称的美学思想的渊薮。

美学与哲学关系密不可分，是因为它们研究的都是形而上的问题，使用的方法是相似的，只是对象有区别。完全脱离哲学思考的美学研究，就很难长久发展。例如十九世纪末开始的科学美学，由于使用科学的实验方法，试图将审美现象如物质现象那样作数据统计和量化研究，寻找清晰的因果关联，导致其很多结论似是而非，受到广泛的质疑，很快失去势头。

因此，西方美学的时期划分要跟西方哲学的发展联系起来看。

二、西方哲学发展的三个时期

哲学起源于人对世界的思考。自古以来这种思考所面对的问题既是一致的，又有变化。人们首先面对的问题是"世界是什么"或"世界是怎样的"，随后人们又发现，解决这个问题又受其他方面的前提限制，于是又转而思考这些前提条件，进而重新估价先前提出的问题。哲学就在这种追问和转变中发展。

西方哲学的发展可以由古希腊智者高尔吉亚提出的三个否定性判断作为线索加以描述。高尔吉亚（约前483—前375）年龄略大于苏格拉底，是古希腊智者学派中极端的怀疑论者。他否定事物和真理的存在。在《论自然》一书中，他作出了三个判断：第一，无物存在；第二，假如有某物存在，它也无法被认识；第三，即使它可以被认识,也不能被传达。这三个判断,显露了对世界进行思考的逐层深入的过程,它们正好标志了西方哲学发展至今的三个时期。

高尔吉亚的第一个判断是有关世界或存在本身的:世界和事物是否存在?存在的命题是否站得住脚?这是人们思考世界时首先会提出的问题。这个问题构成了哲学的本体论或存在论。第二个判断是有关人的认识能力的:如果事物存在,我们的认识能否达到它呢?这决不是不重要的问题,因为如果我们不能达到对事物的认识,那么事物存在的命题就会变得没有意义,也没有说服力。这个问题构成了哲学的认识论。第三个判断是有关人的表达能力的:如果事物存在着,我们也能认识它们,我们能否将这种认识准确地传达出来呢?如果不能,事物存在并且我们能够认识它们,也是没有意义的,我们甚至不能证实我们对事物已经有了正确的认识这一点。这个问题构成了哲学的语言论。

笛卡尔以前的西方哲学致力于研究世界是什么,它的构成成分和组成方式,以及怎样对世界分类等等,属于本体论或存在论范畴,也构成了西方哲学史上的本体论时期。赫拉克利特、苏格拉底、柏拉图、亚里士多德、托马斯·阿奎那等等,他们的哲学在这方面的特征很明显。但是笛卡尔的一个证明改变了哲学的主题。他说,人们不能仅仅根据所见所闻断定事物存在,人遇到的一切都是可被怀疑的,因为人会有错觉、幻觉。唯一不能被怀疑的是我正在怀疑这一点。也就是说,在任何时候,我思是扎扎实实地存在着的,是唯一存在的东西。这就是"我思故我在"的命题。这样,存在的问题被归结到思想认识上去了。"人的思想认识到底能够做到什么",也就成了笛卡尔以后哲学家思想的主题。哲学进入认识论时期。这个时期的大师多是我们耳熟能详的,比如莱布尼茨、休谟、洛克、康德、黑格尔、叔本华等等。而在索绪尔发现了语言是一个任意的、武断的符号系统以后,哲学终于开始认真考虑人能否将认知真正传达出来的问题。语言可靠吗?它与人的认识是什么关系?它如何运作?语言作为人类文化的基础意味着什么?哲学关注的焦点成了语言。二十世纪以来的西方哲学进入语言论时期。

三、西方美学发展的历史时期

与西方哲学相联系,西方美学的历史也可以分为三个时期。首先是本体论时期的美学,时间从古希腊开始一直到十六世纪,这时期关于审美和艺术的理论是在本体论视野下展开的,代表人物有柏拉图、亚里士多德等。第二个时期,认识论时期,是美学有了自觉意识,并且以学科形态得到大的发展的时期,时间从十七世纪开始直到二十世纪初,代表人物有鲍姆加敦、休谟、康德、费希纳等。第三个时期,语言论时期,从二十世纪初至今,美学的重心转向语言问题,产生了二十世纪以来一系列独特的美学问题,代表人物有贝尔、雅各布逊、罗兰·巴尔特等。

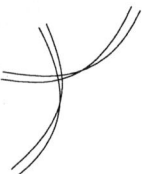

第一章　本体论时期的西方美学

在这一章,我们要描述的美学代表人物从古希腊一直延续到十六世纪。他们都是本体论美学思想的代表,但是分别活动在两个很不相同的年代,前三个(毕达哥拉斯学派、柏拉图、亚里士多德)是在古代希腊,而达·芬奇则已经进入现代。他们的思想诉求会有不同,并由此影响到美学观点,但他们都持本体论的立场。

第一节　毕达哥拉斯学派

古希腊的思想首先是从观察和追问世界开始的,所以宇宙的原则是这些思想家首先需要解答的问题。宇宙的原则是和谐,这是当时的主流观点。而这就立即与审美联系在一起了,因为宇宙的原则也就是包括美在内的一切的原则。美就是和谐。毕达哥拉斯学派的美学思想就具有这种很浓厚的宇宙论色彩。毕达哥拉斯学派是一个盛行于公元前六世纪左右的古希腊学术派别,他们首先是些天文学家和数学家。在观察天文的过程中,他们发现数学能够解释天体现象的规律,天体运行符合数学的比率和比例,体现了神秘的数学关系。数的和谐统领宇宙事物。按宇宙论法则,这种数的和谐原则也统领人类生活、工艺过程,直至人们的灵魂。

毕达哥拉斯学派是最早研究美学问题者。很自然地,他们也把数的和谐用于自然和艺术的审美现象上。毕达哥拉斯学派的总的美学观点是:美是和谐。审美的和谐都可以表现为特定的数的规律。在艺术上,他们特别对音乐作了深入的研究。他们用数的关系研究音乐的节奏、音程、音质等,发现,例如音质的差别(如长短,高低,强弱)是由发音体(如乐器)方面数量的差别决定的。琴弦长,声音就长,震动速度快,声音就高,等等。音乐的构造必须符合数的规律才能优美。此外还有建筑等艺术,也莫不如此。有趣的是,宇宙相通的观念使他们将对音乐的研究又用于天文学,音乐由于体现了数的和谐关系而优美,所以,以和谐方式运作着的天体也是优美的,天文学和宇宙学因而也具有美学价值。

在西方美学上最具影响力的比率关系——黄金分割率,就是毕达哥拉斯学派发现的。

附录:黄金分割率
黄金分割率意为最佳分割比率,是一种对于线条和形状甚至更复杂的结构进行分切的数学比率公式,可以表述为"短边与长边之比等于长边与两边之和的比"。它的数学式是 1∶1.618,最早由毕达哥拉斯学派提出,欧几里德等人都对它作过论证。古希腊人认为它代表了生活和艺术中比例与均衡的理想标准。它被应用于不同种类的艺术和其他场合中。例如人体比例,人的上半身和下半身(以胯为界)的理想比例是 1∶1.618,被用于人体雕塑;最和谐的矩形,其长宽之间的比例也是 1∶1.618,被用于绘画构图和建筑设计等。德国美学家蔡兴(Zeising)于 1854 年发表"论黄金分割原则"的论文,由于当时欧洲时兴关于美的客观标准的争论,而引起很大反响。

事实上,黄金分割率也是自然科学家感兴趣的一种自然关系。它表现在鹦鹉螺壳的延长曲线、猫爪的曲线、松果的螺旋形生长、向日葵的图案、雏菊的花蕊等等中。植物学家发现,树叶和花卉中的螺旋形曲线可以在连续性的黄金分割率的矩形中得到证明。我国数学家华罗庚发现的优选法也利用了黄金分割率。

现代艺术家也根据黄金分割率的标准边框形式来创作绘画。法国 20 世纪点彩派画家乔治·修拉就在绘画中运用黄金矩阵的数学比例,如他的《马戏杂耍》。

第二节 柏 拉 图

柏拉图(Plato,前 427—前 347)是古希腊最有影响的哲学家之一,关于美和艺术的思想是他思想体系的重要组成部分。

一、柏拉图的世界格局

要了解柏拉图的美学,首先要了解柏拉图的世界格局的理论。

柏拉图把世界分为上界和现实界。柏拉图认为人来自上界,本是在天上自由翱翔的灵魂。上界是神建造的集真善美于一体的永恒而完美的光明世界,包括神在内的所有灵魂都居住其中。人的灵魂由于屈从于情欲,在上界沾染了沉重的东西,被束缚入肉体,而掉落到现实世界中。

现实中任何一个事物都有一个唯一的原型或理念(idea),它在上界。现实世界中的物体是对上界本真原型的摹仿,是第二位的。所以,真实界在上面,而现实世界是不真实的,或非本真的。

降而为人的生活是不幸的,分裂的,因为虽然进入肉体,但是人有灵魂,而灵魂有对上界至真至善至美世界的记忆。如果人想回到完美的上界,他就必须摆脱现实的羁绊。而人本能上的形而上倾向,例如要透过感性现实去追求本质、追求真理的本能,是人生的真正意义和价值所在。人在现世的使命就是过一种按真理而行的正义的生活,修炼灵魂,脱尽肉体和俗世的拖累,重返上界天国。堕落的灵

魂不想上升,且执迷苟且于虚假丑陋的现实生活,他的生活本质上就是不幸的。

二、柏拉图论美

1. 美的本体论性质

按柏拉图关于世界框架的理论,毫无疑问,真善美的本体在上界。

按照区分,美"被规定为最能向感官显现的"❶,它是上界理想境界与我们感官打交道的界面;但是美本身来自至高无上之处,又不是流于表面的感觉能够触及的。

柏拉图关于美的本体的另一个重要思想是真善美一体。真善美同为上界至高的本体,它们原为一体。所以智慧、理性也是美的:"智慧是事物中最美的,而爱以美的东西为他爱的对象。所以,爱必定是智慧的热爱者。"❷在上界,任何东西,包括现实中不能为感官触及的,都能够被观照,因为那是另一个世界。对美的追求就是对上界向往的表现。

2. 尘世的美与美本身

尘世的美具有两种相反的性质:

第一,如果尘世的美可引起人对上界美的回忆,这时它就是通向上界的通道,所以虽为个别的,现实的,却是有价值的。第二,如果人在现实世界遭遇的仅仅是那种表面的、愉悦感官的美,不能通向上界,它就会成为淫欲和堕落的陷阱,只会引导人注重肉体和感官的刺激。

所以,应该努力从尘世的美上升到美本身。柏拉图称这个返回过程为"爱的秘仪"。

在柏拉图看来,重返上界的种种努力都表现为爱,对上界的爱。对美本身的追求作为爱的秘仪,可以先从个别的美的形体开始,一步步导向体制和法律的美,然后人的双眼就会凝神观照到美的汪洋大海,产生崇高的美的思想和知识。到了这个时候,人的灵魂会涌现出神奇的美景,达到美本身。

另一方面,事物中包含的纯粹形式因素,如直线和圆、平面形和立体形,或者柔和清晰的声音所产生的纯粹的音调❸。把这些纯粹的审美要素从不纯粹的现世事物中提出来,我们也能透过事物的外表而捕捉到事物内在的、分有美本身的那些性质。

可以得出这样的结论:美是因为分有美本身才美的,脱离美本身的尘世的美

---

❶ 柏拉图:《斐德罗篇》,见《柏拉图全集》第二卷,王晓朝译,人民出版社2003年版,第165页。

❷ 柏拉图:《会饮篇》,见《柏拉图全集》第二卷,王晓朝译,人民出版社2003年版,第246页。

❸ 这方面的论述见柏拉图对话《斐莱布篇》50E以下。

是没有意义的。

三、柏拉图论艺术

根据与真善美本体的关系,艺术也处在两种不同的状况里。

1. 艺术价值论

（1）理想的艺术在理想国中的地位

为了在地上建立一个依照天国原则组织起来的国度,柏拉图撰写了他最著名的对话《国家篇》（又译《理想国》）。这是一部有关理想世界的全面设想的书,包括了对理想的艺术的描述。

柏拉图认为,在理想国里,艺术十分重要,尤其对于儿童,艺术教育所起的作用要比体育还要大。理想国的公民具有保卫城邦的义务,因此从小就必须锻炼身体,以便拥有健壮的体魄与敌人搏斗。但是柏拉图说,儿童接受音乐（包括诗）的教育更重要,因为音乐陶冶心灵,好的音乐节奏可以把幼小柔嫩的心灵塑造成为理想国所需要的那种类型。

理想的诗歌应该是颂神的,鼓励勇敢和正义;理想的音乐应该是威武雄壮的,而不是靡靡之音。可惜现实的艺术大部分达不到柏拉图的这种要求。为此,柏拉图提出建立审查制度,由哲学家为代表的精英审查所生产的艺术作品,凡是符合标准的有益的作品,才可以被允许进入艺术品消费领域。

（2）灵感说:理想艺术的合法性来源

柏拉图认为,好的艺术来源于灵感。所谓灵感,就是神赋予诗人的创造性感悟能力。诗的创作发生在灵魂对上界观照之时,这时艺术家处于非理智的迷狂状态,因为他已不在现实中。诗神缪斯附着于诗人,使之具有灵感。这时的诗人已经不是他自己,诗神借助于他的口创作。有诗神附着的创作来自上界,所说的话都是神的话。这种神化的创作还会如磁铁一样吸引诗人乃至于听众,使得他们也像被诗神附着般的进入至高境界。❶

2. 艺术贬值论

但是,柏拉图认为,他当时代的艺术基本上找不到符合理想的。诗歌充满了渎神的话语和腐败柔弱的情感,音乐充满了靡靡之音。这都是因为这些作品的境界远离上界,以现实为满足。这样的艺术是没有价值的。

（1）艺术摹仿的坏处

柏拉图对艺术的批评沿用了当时流行的摹仿论的逻辑,他认为,摹仿使艺术

---

❶　这方面的论述见柏拉图对话《伊安篇》。

失去了合法性。艺术摹仿的坏处有二：

第一，远离真理。

柏拉图以床为例，指出，如果床的理念在上界的话，艺术家所画的床就距离这理念甚远，因为他摹仿的甚至是木匠造的床。木匠造床，摹仿的是理念；艺术家画床或者诗人描写床，是对木匠摹仿的摹仿，与真理隔了两层。

摹仿最大的问题莫过于对摹仿者的伤害。以戏剧为例，角色中有英雄，也有坏人。如果演员演坏人，就必须使自己跟坏人一样坏，从心底里摹仿坏人的思想行为，这样，摹仿者的心智就必遭损害。这更损害观众的心智，因为观众也会摹仿剧中的人物。

第二，迎合人性中低劣的部分。

如果把人性分为感性和理性，理性显然是人性中比较高贵的部分，而感性则是比较低劣的部分。艺术摹仿只能煽动人的各种情感，而不涉及理性。

柏拉图并不反对所有情感，情感中也有比较高尚的部分。但是诗歌不论好坏，把所有情感都纳入摹仿的范围，而那些消极的情感，如感伤的情感与哀怜的情感，特别能够引起人们的同情，所以在悲剧中被特别放大。柏拉图希望理想国的国民是勇敢无畏的，而不是哭哭啼啼的，所以他号召要用理智来控制住这些人类情感的低劣部分。

（2）诗人的地位

对于艺术的这些评判也引出了柏拉图对诗人和艺术家的评判。仅仅是远离真理和伤风败俗这两条，就足够令柏拉图做出了将诗人驱逐出理想国的决断。柏拉图还找到了艺术家和诗人的其他缺陷，最主要的就是无用。诗人除了摹仿不能做任何实际的事。那么，理想国里要他们何用？

柏拉图曾经按灵魂接近上界的程度把人分为九等。哲学家的灵魂是最靠近上界的，为第一等，诗人仅仅在第六等。所以哲学家被任命为理想国的管理者。

第三节 亚里士多德

亚里士多德（Aristotle，前384—前322）是柏拉图的学生。他有一句著名的话："我爱吾师，我尤爱真理。"他的《诗学》中的美学思想与柏拉图针锋相对，为诗作了最著名的辩护。这部书构成了亚里士多德美学思想的主要来源。

一、亚里士多德美学思想的哲学基础

亚里士多德完全同意柏拉图的观点，认为存在着不以人的意志为转移的真理，世界是有客观准则的。但是他对于真实世界和现实世界的关系的理论与柏拉图的哲学有很大区别。在柏拉图看来,真理在上界,尘世现实是不真实的,因而他对现实采取否定的态度。亚里士多德则把真理与现实世界沟通起来,认为理念不是脱离事物存在的,理念就表现在物质现实之中。感性世界就是真实世界本身。

美学研究的是感性现实,对感性现实的基本估价的巨大变化导致了亚里士多德的美学呈现新的特征,改变了审美和艺术的地位。

二、亚里士多德美学对感性的辩护

亚里士多德对人的感性作了辩护,由此也奠定了他美学艺术理论的基础。

1. 快感与天性

亚里士多德把快感与人的天性联系起来。他说:"作为一个整体,诗艺的产生似乎有两个原因,都与人的天性有关。首先,从孩提时候起人就有摹仿的本能。人和动物的一个区别就在于人最善摹仿,并通过摹仿获得了最初的知识。其次,每个人都能从摹仿的成果中得到快感。可资证明的是,尽管我们在生活中讨厌看到某些实物,比如最讨人嫌的动物形体和尸体,但当我们观看此类物体的极其逼真的艺术再现时,却会产生一种快感。这是因为求知不仅于哲学家,而且对一般人来说都是一件最快乐的事,尽管后者领略此类感觉的能力差一些。因此,人们乐于观看艺术形象,因为通过对作品的观察,他们可以学到东西,并可就每个具体形象进行推论,比如认出作品中的某个人物是某某人。倘若观赏者从未见过作品的原型,他就不会从作为摹仿品的形象中获得快感——在此种情况下,能够引发快感的便是作品的技术处理、色彩或诸如此类的原因。"❶

这就是说:诗是一种摹仿,摹仿将生活中的事物转变为艺术中的相似物,挑战并最终认可人的辨认能力,从而使读者得到快感;如果有的诗不具有摹仿性,那么它的快感就是由作品的技术处理引起的,比如色彩(这主要是对绘画而言)、音调感和节奏感(这显然是对音乐和诗而言)。上述不论是哪一种情况,诗都是由于有快感才被创作和欣赏的。而快感就是人的天性。摹仿因为能得到快感,所以符合天性,音调感和节奏感也因为能够产生快感而符合人的天性。

2. 对摹仿的辩护

辩护了快感,就辩护了摹仿。首先,摹仿是对艺术本体的定义。所有的艺术都是摹仿,只是摹仿的媒介、对象和方式各不相同。悲剧是对有一定长度的行动的摹仿;喜剧演员是对比我们一般的人差的人的摹仿。其次,摹仿是判断艺术好坏的尺度。例如对于叙述和摹仿两种表现方式,以及悲剧和史诗两种艺术类型的

---

❶　亚里士多德:《诗学》,陈中梅译,商务印书馆 1996 年版,第 47 页。

优劣的判断。柏拉图因为叙述可以加进故事叙述者的道德判断,而认为多用叙述的史诗要比纯粹表演(摹仿)的悲剧好一些。亚里士多德则正好相反,他认为,如果艺术是摹仿,那么摹仿性越强的艺术种类就越好。悲剧通过直接表演的方式摹仿,可以给人留下更鲜明的印象,因此是比史诗更好的一种艺术形式。亚里士多德的艺术理论建构围绕着摹仿和快感的主题。

3. 情感的净化作用

快感是积极的情感,如果要为诗辩护就必须全面为情感辩护,包括为消极的情感辩护,比如柏拉图讨厌的伤感、哀怜、恐惧等等。亚里士多德对这些情感作出辩护的理由是,这些情感的作用并不都是消极的,有它们积极的一面。比如悲剧通过引起人们怜悯与恐惧之情,来使这些情感得到宣泄,从而带来心理和精神上的健康。这就是所谓的"卡塔西斯"(katharsis)作用:通过宣泄把累积在人内心的消极情感能量释放出去,以保持健康。

三、亚里士多德美学对理性的维护

亚里士多德只是给予感性和情感以正当地位和合法性,并没有走到感性至上的极端。相反,他把感性与理性结合起来,把理性的某些方面认定为艺术的内在性质。

1. 必然律和可然律是诗艺的内在特征

必然律与可然律是逻辑理性范畴,但是亚里士多德把它们认定为诗的标志,诗与其他文本尤其是历史文本之间的本质区别就是给出了必然律与可然律。"诗人的职责不在于描述已经发生的事,而在于描述可能发生的事,即根据可然或必然的原则可能发生的事。历史学家和诗人的区别不在于是否用格律文写作(希罗多德的作品可以被改写成格律文,但仍然是一种历史,用不用格律不会改变这一点),而在于前者记述已经发生的事,后者描述可能发生的事。所以,诗是一种比历史更富哲学性、更严肃的艺术,因为诗倾向于表现带普遍性的事,而历史却倾向于记载具体事件。所谓'带普遍性的事',指根据可然或必然的原则某一类人可能会说的话或会做的事——诗要表现的就是这种普遍性,虽然其中的人物都有名字。所谓'具体事件'指阿尔基比阿得斯做过或遭遇过的事。"❶这儿的阿尔基比阿得斯是苏格拉底的一位学生和朋友,是实有其人。易言之,历史只写发生过的事儿和实际存在的人物;而诗要表现必然律和可然律,所以它必须选择和加工,可以虚构人物事件。必然律和可然律使诗中的人和事具有了普遍性,合理性。

---

❶ 亚里士多德:《诗学》,陈中梅译,商务印书馆 1996 年版,第 81 页。

2．理想化的艺术理论：三种摹仿说

亚里士多德的摹仿理论超出了对事物外表的再现,体现了某种理性主义的实质。

亚里士多德说,诗可以摹仿三种对象：一是摹仿已经发生过的事,二是摹仿听说(传说)的事,三是摹仿应有的事。

第一种对象相当于历史记载,亚里士多德要求这种描写必须写出可然律和必然律,以区别于历史。第二种对象是传说中的事,有的并没有实际发生过,但亚里士多德认为这也是合法的摹仿对象。第三种摹仿的对象更不符合日常有关摹仿的概念,所谓"应有之事"就是按想象或按可能性推测应该发生的事,这样的对象实际上属于柏拉图的理念世界,在现世是见不到的,它是靠艺术家按灵魂回忆创造出来的理想原型。

3．有机统一的艺术整体论

艺术是有理性的,这还表现在艺术品本身的整体性上。

首先,整体性表现在有一个有始有终有边界的独立的艺术世界。亚里士多德要求悲剧和史诗控制长度,删繁就简,抓住重点,形成事件的整一性。

其次,整体性还要求这个完整的独立世界内在的各部分协调一致,有头,有尾,有中段,各在其位,配合良好。没有多余的部分,有机组合在一起,像活的动物机体一样。

第四节　达·芬奇

达·芬奇(Leonardo da Vinci,1452—1519)是一位著名的画家、发明者,也是思想家。作为近代欧洲文艺复兴运动的杰出代表,他的观点具有鲜明的现代人本主义特色。而他的时代,哲学仍处于前认识论时期,所以他的现代观念是在本体论框架内阐释的,他的美学思想也不例外。

一、作为第二自然的艺术观

对于世界整体的看法,达·芬奇认为上帝是造物主,自然就是上帝的直接产物。所以关于艺术的本质,达·芬奇特别强调自然第一、艺术第二的观点,称艺术为"第二自然"。这样,在给艺术的本体定位上,达·芬奇的观点与古希腊的艺术摹仿论是一致的。但是他的第二自然的艺术观,其价值取向却与古希腊的艺术摹仿论完全不同。他从这儿引出了完全不同于柏拉图的结论。按柏拉图,艺术由于是摹仿,所以与真实隔了两层,结论是它不真实,虚假。达·芬奇则认为,由于艺

术是第二自然，所以它仅次于自然，是所有人造物中最真实可靠的。他借用但丁在《神曲·地狱》中对艺术的定位，说"我们的艺术可以称为上帝的孙女"❶。上帝创造了自然，艺术则取法于自然，所以他要求艺术家要做自然的儿子。他比较了科学，认为艺术（主要是绘画）"无比崇高超过一般科学"❷，因为艺术可以把上帝直接表现出来让人们顶礼膜拜，而一般科学只能表现我们能见的事物。和亚里士多德一样，他赋予摹仿的艺术以创造性。他认为，由于艺术是第二自然，是摹仿，所以当画家把不在一个空间里的事物放置在一起（也就是创造一个新的空间）的时候，它们的逼真会产生梦幻般的真实效果。在这个意义上，"画家是形形色色的人和万物的主人"❸。轻视艺术的人意味着既不爱哲学也不爱自然。达·芬奇的第二自然艺术观对艺术价值的认可也与亚里士多德的摹仿论不一样。亚里士多德认为艺术是可以辩护的，他找到了许多辩护的理由，但他的辩护基本上是防卫性的。而达·芬奇则是攻击性的——艺术是如此重要，其他东西不能与它相提并论。

二、在宇宙论框架中对人的感性的张扬

与之前的本体论美学观不同，达·芬奇的美学观明显地具有了现代意识，把感性放在了突出的、根本性的位置上。

达·芬奇指出："欣赏——这就是为着一件事物本身而爱好它，不为旁的理由。"❹这个观点引人注目的地方有三点：A. 反映了现代性去魅的倾向。"不为旁的理由"，针对中世纪每件事都需找到一个为神的理由，如果与神无关，事物本身毫无价值这样一种价值观。达·芬奇在此强调了事物本身的吸引力，认为审美不需要别的理由。B. 强调"事物本身"也就是强调感性，因为感性是人与外部事物的界面。在柏拉图看来，爱好感性事物就是放弃对天上本真界的追求而堕落于非真实的现实界。达·芬奇的这个观点无疑反映了现代的人本倾向。C. 这个观点导致重视对现实事物本身的研究。达·芬奇研究许多具体的艺术细则，如人体比例、解剖、透视，企图找到形式美法则。他的艺术是这方面研究的受益者。

与此相应，达·芬奇第二自然艺术观实际上是一种以逼真为特点的摹仿论。他认为艺术家应直接摹仿自然事物，所摹仿的要酷似自然原本。达·芬奇提出，绘画应遵循"照镜子"原理，艺术作品应当成为反映客观事物的一面镜子，因为只有镜子才能"忠实"地"把它所反映事物的色彩摄进来，前面摆着多少事物，就摄取

---

❶ 艾玛·阿·里斯特编著：《莱奥纳多·达·芬奇笔记》，郑福洁译，三联书店1998年版，第191页。

❷ 同上，第187页。

❸ 同上，第186页。

❹ 伍蠡甫、胡经之主编：《西方文艺理论名著选编》（上），北京大学出版社1985年版，第159—160页。

多少形象"❶。达·芬奇"笔记"中有许多关于不同艺术种类优劣的论述。他把绘画放在高于一切的地位,优于诗歌,也优于音乐,甚至雕塑。他的评判标准就是感性的强度。绘画之所以优于诗歌和音乐,是因为眼睛作为感官就优于耳朵。诗人要描写事物,而这不如画画来得直接;音乐转瞬即逝,不能持久,而绘画能够长期保存。至于雕塑,则虽然也是视觉形象,却缺少色彩、深度、光线、环境等更全面的感性现实。

重感性的美学观念一般是与认识论哲学联系在一起的,在认识论的背景下加以论述。但是达·芬奇的这一观念却是在本体论框架下阐释的,具体说来,是在宇宙论的理论框架下阐释的。以下这段话表达了他的这个观念:"爱好者受到所爱好的对象的吸引,正如感官受到所感觉对象的吸引,两者结合,就变成一体。这种结合的头一胎婴儿便是作品。如果所爱好的对象是卑鄙的,它的爱好者也就变成卑鄙的。如果结合的双方和谐一致,结果就是喜悦,愉快和心满意足。当爱好者和所爱好的对象结合为一体时,他就在那对象上得到安息。"❷感官与世界事物之间有一种契合关系,这种关系便是宇宙的鲜明特征。宇宙与人同是一个生命整体,在这种宇宙观视野下,强调感官与强调世界事物具有相同的价值。达·芬奇的阐释符合古希腊思想家的这种宇宙观,他对感性的强调也是在这个观念框架下获得合法性的。

---

❶　伍蠡甫、胡经之主编:《西方文艺理论名著选编》(上),北京大学出版社1985年版,第161页。

❷　同上,第159页。

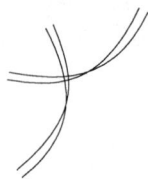

第二章　认识论时期的西方美学

从笛卡尔开始,西方哲学进入认识论时期,这个时期的美学也深受认识论哲学的影响。美学在这一时期得以创建和命名,是认识论哲学的一个必然产物。

第一节　认识论哲学及其与美学的关系

一、笛卡尔对哲学的改变

笛卡尔以前的哲学,包括柏拉图和亚里士多德的哲学,关心的是世界的本质、构成和格局,是对世界直接思想的结果。这种思想方法有一个前提,即把客观世界作为存在的依据。在柏拉图那里,这个客观世界是上界的独一本体及其在尘世的仿品;在亚里士多德那里,这个客观世界就是与我们感官直接交往的却体现了本质性的事物。笛卡尔在他的《第一哲学沉思录》中对此作出了诘难。他指出,事物本身并不能保证存在的真实可靠,因为我们在面对任何事物以及得到任何印象的时候都可能怀疑其真实性,我们的感官经常欺骗我们,一切可能是错觉。即使是科学定理,也可能搞错。存在必须建立在绝对可靠的基础上。这个基础就是思考着的我,是理性。我们固然可以怀疑一切,但是在我们怀疑一切的时候,我们唯一不能怀疑的是我们正在怀疑这一点。我思故我在。认识是存在的基础。

这意味着,世界并不是自在在那儿,等着我们去见它,而我们认识的任务是与之相适应;世界的存在取决于我们见它的方式,如果我们以错误的方式与之发生关系,就会得出错误的观念。笛卡尔认为,清晰而自明的理性是我们借以与世界打交道的唯一正确途径。康德则认为,理性也是要区分的,不同的理性应用于不同的思维领域,彼此不越界,才能确保合理的认识。为此,他写了三大批判,分别对纯粹理性(《纯粹理性批判》,针对真)、实践理性(《实践理性批判》,针对善)、判断力(《判断力批判》,针对审美)加以探究。认识论时期,哲学的主题就是对人的这些不同的意识功能进行探讨和研究。

二、美学与认识论哲学

审美作为混乱的认识,曾经是不受重视的。现在既然哲学要全面研究人的各种意识功能,那么,鲍姆加敦提出要探讨这个当时哲学遗漏的意识方面,就显得顺理成章了。美学是哲学转向认识论的必然产物。认识论的关注重心也使这一时期的美学成就集中在审美理想、审美心理学,以及审美与各种意识、甚至无意识功能的关联。

第二节　鲍姆加敦

鲍姆加敦发明了"美学",但他的贡献不止于此。他有一些实质性的理论贡献。

一、鲍姆加敦对美学的开创和维护

1. 人的认识系统与美学的开创

鲍姆加敦(Baumgarten,1714—1762)在哲学上属于十八世纪欧洲大陆莱布尼茨—沃尔夫学派,是先验理性优先论者,其学理渊源可以上溯到笛卡尔。他们主张通过清晰明确的先验理性解决认识问题,因为与当时英国哲学重经验的传统有别,故称"大陆理性主义哲学"。

这派哲学划分的认识系统可以如下图表加以说明:

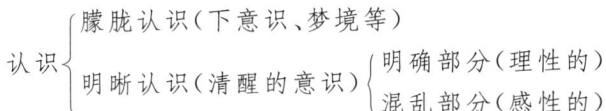

$$认识 \begin{cases} 朦胧认识(下意识、梦境等) \\ 明晰认识(清醒的意识) \begin{cases} 明确部分(理性的) \\ 混乱部分(感性的) \end{cases} \end{cases}$$

认识首先分为人清醒时的认识——明晰认识,和不清醒的认识——朦胧认识。后者因为无法控制,因而不在哲学研究范围之内。清醒时的认识又可以区分为理性的和感性的两部分,前者是清醒认识中的明确部分,比如科学的认识,推理、归纳的认识。后者则虽然是清醒的认识,却无法加以清楚的表述,属于清醒认识中的混乱部分。

正是在这个体系中,鲍姆加敦发现,已有的哲学对人的清醒认识的研究只限于明确部分,即理性认识部分,在这方面有发展得很完备的学科,比如对理性中的行为实践方面有伦理学,对理性中认知的方面,则有逻辑学。但是对感性认识,却还没有一门相应的专门学科。这是哲学学科的一个漏洞。而鲍姆加敦认为感性认识很重要,需要一门专门的学科来加以研究。这样,他的"美学"(感性学)就应运而生了。

2. 美学的独特性

美学研究感性认识,而感性认识在理性主义哲学范畴中属于人的低级认识能力,它是混乱的,且被认为是经常会阻碍清醒的理性认识的一种功能。但是鲍姆

加敦改变了这种观念。

鲍姆加敦指出,感性认识虽是混乱的,但是一个独特的领域,它涉及的并不是理性认识不屑于解决的问题,而恰恰是理性认识不能解决的问题。它有其独特的对象,有其独特的完善与和谐,因而有其独特的法则,需要独立的学科加以研究。这是一个与趣味和想象力有关的领域,是艺术家和诗人思考问题的方式。存在着两种感性认识的混乱,一种是逻辑不清晰意义上的混乱,另一种是汇聚和综合意义上的混乱,就像一幅绚丽的绘画,其中的色点其实很难分析,但凭直觉就能够立刻对整体有所把握。美学研究的感性认识的混乱是后一种,所以鲍姆加敦表示,理智判断对美不具有什么意义❶;审美的法则有特殊的适用领域,"只要什么地方以美的方式去认识更好些,只要什么地方不需要科学的认识更好些,这些法则就适用"❷。所以研究理性的学科对于这种感性认识并不起作用。

美学并不是有一个名称就算建立起来了,它必须要有独特的对象和方法,在这一点上,鲍姆加敦提供了坚实的基础。

3.审美是完整人格的必备能力

除了上述对美学必要性的阐述和辩护外,鲍姆加敦还从人格的完备这个角度论述了美学的必要性。他说,理性的高级认识和感性的低级认识都是人拥有的认识能力,既然两者不可替代并共存于一个人之中,那么哲学家就不应因为感性认识是不配他来思考的而放弃对美学的研究。哲学家也是人,对一个人而言,必须两者兼备,才能在人格上表现得完整。

另一方面,感性认识与理性认识是可以和谐共存的,人既要有逻辑推理和演算的能力,又要有以美的方式进行思维的能力,"以美的方式和以严密的逻辑方式进行的思维完全可以和谐一致,并且可以在一个并不十分狭窄的领域中并存"❸。

沿着鲍姆加敦的这一思想,席勒提出加强审美教育以培养完美自由的人格的理念。马克思也提到人的全面发展问题。

二、鲍姆加敦的主要美学命题——"感性认识的完善"

鲍姆加敦把美学的目的定义为"感性认识本身的完善"❹。这个定义有十分丰富和重要的含义,对美学具有奠基式的价值。

---

❶ 鲍姆嘉滕(即鲍姆加敦,这是本书中文译者使用的译名):《美学》,简明、王旭晓译,文化艺术出版社1987年版,第24页。

❷ 同上,第36页。

❸ 同上,第27页。

❹ 同上,第18页。

1. 感性认识的内涵

首先,鲍姆加敦《美学》一书中定义了他要在"感性学"里研究的感性认识的性质。他说,这里所谓的感性认识是指"在严格的逻辑分辨界限以下的,表象的总和"❶,也就是指尚未进入逻辑演绎阶段的表象,"总和"指所有表象混成的总图景,且它们不在逻辑思考的范围内。

感性认识的能力包括:① 敏锐的感受力;② 幻想的才能;③ 洞察一切的审视力;④ 记忆力;⑤ 创作的天赋;⑥ 良好高雅的趣味;⑦ 预见未来的能力;⑧ 表述表象的能力。很明显,这些能力实际上就是审美和艺术创作及欣赏所需要的能力,是哲学上一般所说的感性认识的一部分。这部分感性认识实际上是与理性认识相平行,并且互相不可取代的,是直觉式的,但却能够抓住本质。而另一部分感性认识指低级阶段的理性认识,它有待于被归纳(所谓"上升")为理性认识或者作为理性认识的例证。后者其实不包括在鲍姆加敦理论视野中,尽管鲍姆加敦本人并未意识到这一点。

2. 感性认识的个性特征

按鲍姆加敦,感性认识与理性认识的另一个不同之处在于,理性认识是对共性的认识,是抽象的认识,而审美所代表的感性认识则是对个别的认识。在《诗的哲学默想录》中,鲍姆加敦反复表明,表象的具体性越强,就越有诗意,越是诗歌(审美)的对象。他曾经举贺拉斯的诗为例,说贺拉斯用"奥林匹亚的尘埃"代替竞技的灰尘,以"棕榈叶"代替荣誉,以"利比亚的打谷场"代替富饶的国家,等等,就是为了用较为清晰具体的表象来表现比较抽象的表象❷。这样描写实际上也构成了隐喻,即通过描写个别事物喻示一种无法或不便于表示的意义。我们知道,隐喻是诗性文化的标志。鲍姆加敦的审美(感性认识)概念涉及文学艺术最根本的东西。

3. 审美现象的主观性

鲍姆加敦把审美现象限定为"事物和思想的美",是一种"现象的统一体"。也就是说,审美现象不是对象本身的一种性质或要素,要有思想(在这儿指感性认识)涉及它,并构成一个思想和事物互相适应的统一体,即现象。他特别指出,要把对象和材料的美与此区别开来,如果在这方面有混淆,会导致错误的研究❸。这种"感性认识的美和审美对象的雅致构成了复合的完善,而且是普遍有效的完善"❹。那么,怎么才能构成这种统一体或复合的完善呢? 主要靠"感性认识的美"。所谓"感性

---

❶ 鲍姆嘉滕:《美学》,简明、王旭晓译,文化艺术出版社 1987 年版,第 18 页。

❷ 鲍姆嘉滕:《诗的哲学默想录》,王旭晓译,见《美学》,文化艺术出版社 1987 年版,第 134—135 页。

❸ 同❶,第 19 页。

❹ 同❶,第 21 页。

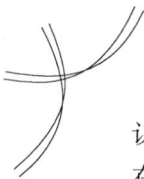

认识的美"是指用美的（或丑的）方式去思想对象。决定性的因素在于思想，而不在于对象。"丑的东西可以想成是美的，比较美的东西也可以想成是丑的"❶。

鲍姆加敦的这个思想十分重要，因为这关系美学未来的前途。不存在"客观事物的美"这样一个命题，任何确定客观对象美的标准的努力都是徒劳的。尽管"各说各的美"这句话是错的，因为审美现象有客观标准，只不过这种标准要从感性认识内部来找；但它也表明了一个事实：是每一个个人以自己的方式在作出审美判断。事实证明，在鲍姆加敦以后，有一度美学曾经偏离了他的这一轨道，走向研究客观的美的方向，致使对美学的一些基本理论问题众说纷纭，莫衷一是。

4. 感性认识的完善和凭感性认识到的完善

最后，也是最重要的，这个命题肯定了感性与完善可以直接结合在一起。

按大陆理性主义，只有理性可以是完善的，感性认识只是认识的低级阶段，不可能直接触及完善，而鲍姆加敦改变了这一看法。审美的感性认识直接就是完善的。首先，这个命题是指感性认识的完善，即以完善的感性方式去"思想"对象。在鲍姆加敦那里，完善的指和谐一致的，用完善的方式感性地认识就是倾向于把多样芜杂的对象往和谐这个方向去感受。另一方面，经过这种审美认识的作用，审美对象就体现为人们凭借感性认识到的完善，在审美对象身上，和谐的次序，匀称、优美的比例，被直接感觉到。

只有在完善这个层面上，审美，或感性认识的合法性才真正得以确立。后来的康德提出审美判断力包含了"主观的合目的性形式"，因而与理想世界相一致，是对鲍姆加敦的这一"感性认识的完善"理论所诉求的东西的更加深入和缜密的阐释。所以说，鲍姆加敦不仅命名了美学，他的理论对后来人们逐渐发现的各个理论细节都有奠定基础的作用。

三、鲍姆加敦美学的缺陷

鲍姆加敦在美学上的地位是无法取代的，但对他的理论一直有种种批评。比较极端的是二十世纪意大利美学家克罗齐，他认为鲍姆加敦只是命名了美学，美学并没有因此就建立起来了，它仍然有待建立。可以肯定的是，克罗齐并没有客观估价鲍姆加敦的很多观念（有的甚至还处在萌芽阶段）的真正后果，他苛求一种完善的美学框架和细节，而这是鲍姆加敦远远没有建立完全的。不过，克罗齐对鲍姆加敦理论的批评中的有些内容是中肯的，是其他一些批评者也都指出过的。如果要说鲍姆加敦美学的缺陷，我们可以见到以下三点：

---

❶　鲍姆嘉滕：《美学》，简明、王旭晓译，文化艺术出版社 1987 年版，第 19 页。

1．先验理性哲学的框架与美学的矛盾

鲍姆加敦没有完全从莱布尼茨—沃尔夫哲学体系中走出来，他过多地承袭了莱布尼茨对感性认识的说法——低级、混乱的认识，他对感性认识的诸多辩护是从"低级认识也有它的功能"这样的立场出发的，由于在哲学原理上不彻底，这种辩护多少有点乏力。

2．明晰性对审美的损害

与上述哲学立场上的不彻底有关，鲍姆加敦把明晰的思想奉为至上标准（这一点尤其在《诗的哲学默想录》中很强烈），要使得审美也能体现这种明晰性，而又没有区分美学的明晰性与理性认识的明晰性的不同，使人有把理性认识的标准用在审美上的感觉。事实上，有时候审美并不具有明晰性，尽管有时候是明晰的，但即使明晰，也与理性的明晰性完全不同。

3．缺乏艺术鉴赏的努力

作为美学著作，无论在《诗的哲学默想录》还是在《美学》中，鲍姆加敦都全力为美学找到哲学性的解释，使之在一般哲学中找到位置。这种努力无可非议，但是对美学的主要对象——艺术作品，这些著作缺少深入的涉及，只有很少一些举例，这不能不说是一个遗憾。他仍然是在用对待哲学对象的方法处理美学学科。所以《诗的哲学默想录》英译本导言批评鲍姆加敦说："鲍姆嘉滕在追求关于艺术的科学明晰的理想。……他寻求的是一个模糊主题的明确观念。"❶

第三节　阿贝·巴托

阿贝·巴托（Abbe Batteux，1713—1780）是十八世纪法国神学家和艺术理论家。身处大陆理性主义哲学和美学思潮中，巴托所做的最主要工作是以认识论哲学的观念对艺术进行革命性的分类，而我们之所以对他的成果加以介绍，主要因为他的艺术分类奠定了迄今为止关于艺术的概念的基础，而艺术是美学的一个主要对象。

一、阿贝·巴托的艺术分类系统

在阿贝·巴托以前，艺术在西方是一个几乎无所不包的概念，任何涉及技术或者技巧的手工活动都包含在艺术大类之中。这种以技术含量判断艺术的方式

---

❶　阿什布鲁那·霍尔特：《诗的哲学默想录》英译本导言，王旭晓译，见《美学》，文化艺术出版社1987年版，第203页。

既大而无当,相当混乱,又不符合十八世纪人们开始重视审美文化特别是以审美为目的的艺术(诗歌、小说、绘画、雕塑等等)的潮流。在哲学意识到感性的重要性并赋予审美以一席之地以后,对优美艺术的欣赏和创作方面的理论探索显得十分迫切。而最首要的是确定优美艺术的边界和范围。

1746年,在《归结到同一原则下的美的艺术》(The Fine Arts Reduced to a Single Principle)一文中,巴托对以前全部混为一谈的"艺术"加以区分。他首先突出地强调了"美的艺术",并把以下五种主要艺术集合到这一名目下:音乐、诗、绘画、雕塑和舞蹈。巴托第一个看到这些艺术有一个共同的显著特征,就是它们能引起人们的审美快感,以及它们模仿自然的特征。除此以外的其他艺术绝大部分归类到"机械的艺术"中。这样,他就把传统上"艺术"的范围区分为"美的艺术"和"机械的艺术"两类。前一类服务于愉悦的目的,后一类服务于实用的目的,而后他又补充了第三种"居中的艺术",即既使人愉快又有实用价值的艺术,包括建筑和论辩术。

可以将巴托关于艺术的分类体系列表如下:

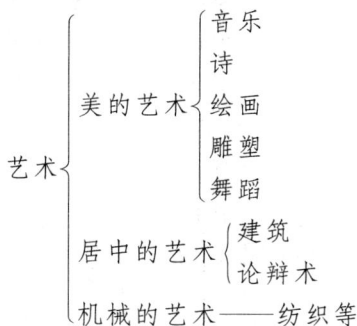

艺术 {
  美的艺术 { 音乐 / 诗 / 绘画 / 雕塑 / 舞蹈 }
  居中的艺术 { 建筑 / 论辩术 }
  机械的艺术——纺织等
}

这个分类系统中最精华的部分,就是"美的艺术"的范畴的提出,这是前无古人的。前人是把"艺术"作为一个庞杂的无所不包的技艺概念来使用的。古希腊没有"美的艺术"的概念。尽管法国建筑家布隆代尔在《建筑教程》(1675)中首次暗示,在建筑、舞蹈、诗歌、绘画、雕塑中所"得来的快乐全部立足于某种共同的原则",但他未指明这共同原则是什么。直到巴托提出五种美的艺术。巴托以后,狄德罗的《百科全书》(1750—1780)"艺术"条(达朗贝尔撰写)列音乐、绘画、诗、建筑、雕塑五种为艺术,除了建筑一条,其他与巴托相同。可见巴托的分类有着公认的基础。

二、阿贝·巴托的分类原则

值得注意的是巴托分类的原则。阿贝·巴托确定优美艺术边界的原则有二:

一是对美的自然的摹仿;二是以愉悦作为这些艺术的目的。

对美的本质的摹仿这一原则来自亚里士多德的摹仿论,亚里士多德认为所有艺术都是摹仿,这种摹仿是本质性的,而不是柏拉图认为的那样是不真实的。不同的艺术只是在摹仿的方式、对象和媒介上有区别而已。既然如此,阿贝·巴托把这一原则适用于其他优美艺术,例如绘画、雕塑等。但是巴托将"艺术模仿自然"改变为"艺术模仿美的自然",将模仿论推向与再现论完全不同的方向,赋予了它理想性和创造性,这一点是他的创新。

在第二个界定原则上,我们可以清楚地看到认识论哲学和现代性的明显烙印。把愉悦作为艺术的目的,体现了人本主义的现代诉求,这一点之所以能够被鲜明地提出来,首先得益于认识论哲学对感性问题的正视和深入探讨,同时还需要使快感获得合法性。阿贝·巴托毫不犹豫地把它作为一种好的艺术的标志,反映了他理论的现实意义。

巴托的分类原则对后代影响巨大,他的"美的艺术"就是我们今天概念中的艺术,而机械的艺术已经被排除在艺术范围之外了。西方当代和现代美学都沿袭了巴托的分类法,只是略有修改而已。今天我们称有八大艺术,其中,巴托所说的五种艺术除了音乐、绘画、雕塑和舞蹈四项仍然在内,诗则分成了今天的文学与戏剧两项,加入了建筑(在巴托体系中列入"居中的艺术"),最后一项电影,则是巴托死后一百多年才出现的。

第四节　英国经验主义美学

一、英国经验主义哲学与美学

笛卡尔以后,欧洲的认识论哲学形成了两个大的派别,大陆理性主义学派和英国经验主义学派。

大陆理性主义将先验理性置于认识的优先位置,认为先于经验和认识的理性范畴使认识得以可能,认识在这些范畴中进行。英国经验主义则认为,在认识以前,人心是一张白纸,后天的经验就如在这张白纸上刻写的记录,使人心有了内容。通过经验的重复,构成观念联想,通过对种种经验的归纳,知识产生出来。经验主义对世俗心理的研究比较深入,特别突出了对情感的研究。在英国经验主义哲学的推动下,心理学发展起来。

在这种哲学观念下,英国经验主义美学除了将他们哲学的一些发现,如观念联想律,用于对审美经验的解释外,特别强调了情感和欲念在审美机制中的功能。这有助于美学摆脱以理性为中心寻找自己的合法性的做法。

二、霍布斯

霍布斯(Thomas Hobbes,1588—1679)是早期的英国经验主义哲学家。他认为认识起源于感觉,感觉经验的积累和相互联系构成思想。他最早建立了观念联想律。

霍布斯认为美是一种善,他把欲念与善联系起来,又把美与欲念联系起来。他认为,人有趋善避恶的倾向。所谓善,就是对自己有利的东西,恶则是有害的东西。人得利便有快感,快感就是善的表象;相反,痛苦是恶的表象。人的经验记忆中快乐的经验因此成为寻求的目标,而痛苦的经验就成为躲避的目标。而寻求就是创造。审美就是循着这一条路线进行的。在这里,霍布斯把情感作为创造的内驱力,在他看来,认识不是消极的认知,而是积极的目标性活动。善也不是一种事物间和谐的比例关系,而是与欲念的满足有关的"好"。

但是,审美中的善与一般的有利有什么区别呢?审美中的善不是直接的物质满足或利益的获得,而是作为理想存在的善。他说,有三种善:一种是作为手段的善,指有用的有利的东西,它把我们带向欲念的满足,它本身并不是目的;另一种是效果上的善,它是欲念所向往的目的,也就是愉快;还有一种是指望中的善,所谓"指望中"也就是非现实的、想象中的,是依理应该会实现的善,这种善就是美。"某种表面迹象预示其为善的事物"❶,即美。也就是说,指望中的善是通过某种表面迹象(符号)被表征的,它是一种内在价值,而不是直接的效果。例如,艺术就是一种符号,表征理想的或善的世界。这样,美虽然是善的一种,却仍然与非现实的理想世界结为一体。

霍布斯对审美心理机制的解释可以用如下公式表示:冲击——情感反应(快感或痛感)——欲念(或厌恶)——创造性寻求或想象——目标(指望中的善即美)。

三、休谟

休谟(David Hume,1711—1776)被称为英国经验主义的集大成者,他把经验主义的主要主题都发挥到极致,这些主题包括观念联想律、心理经验机制,以及情感在认识中的作用。休谟的哲学在欧洲大陆产生很大影响,使得经验主义成为整个欧洲哲学的主要组成部分。据说是休谟把康德从哲学的沉睡中唤醒,在康德的哲学和美学中有太多休谟的影子。

休谟美学观中值得注意的有如下内容:

---

❶ 霍布斯:《利维坦》,黎思复、黎廷弼译,商务印书馆1997年版,第37页。

1．审美的主观性

休谟继承了霍布斯开始的把美感看作一致快感的观点，认为，美并不是一个对象的性质，而是人的一种情感，所以，审美的发生不在于有没有美的对象，而在于主体的寻找。

休谟说："美是一些部分的那样一个秩序和结构，它们由于我们天性的原始组织、或是由于习惯、或是由于爱好，适于使灵魂发生快乐和满意。这就是美的特征，并构成美与丑的全部差异，丑的自然倾向乃是产生不快。因此，快乐和痛苦不但是美和丑的必然伴随物，而且还构成它们的本质。"❶美的确要有一个对象，但它并不附着在对象的物质性上，而是与对象的秩序与结构有关；进一步说，也并不是有了一定的秩序结构就可以了，这些秩序结构必须适合于使灵魂发生快乐和满意，而根本的是，它们使灵魂快乐，是"由于"人的爱好、习惯等等，是人的这种主动意志和习性，把某种秩序和结构俘获到审美快乐的产生过程里。休谟举例说，像审美中常有的惊奇，也并不是对象的性质。人们可以为了制造惊奇而纯粹虚构一些故事，来获得满足。这说明，审美是主体的一种情感寻求，它的根源是人的主观需求。

因此，休谟注意到，对审美现象的判断与理智的判断有一个很大的区别：它"只能借着一种鉴别力或感觉被人辨识"❷，而不是通过推理或逻辑判断定其真伪。感觉是对个别的，辨识却是一个一般性概念活动——由一般而认出个别。那么感觉和辨识的结合是如何可能的呢？康德将这个话题大大地推向前进。他把鉴别力归入反思性的审美判断一类，从而解决了这种结合的问题。

2．审美趣味的标准

如果审美是一种主观的判断，这种判断有没有普遍性的原则或标准呢？休谟的回答是有的。他为此专门写了《论趣味的标准》❸一文加以论述。

休谟说，尽管审美趣味是一种主观情感，但是有几条理由足以看出它是有普遍性标准的：第一，艺术作品的好坏有一定的公论；第二，那些经过时间考验的好作品会获得稳定的声誉，这种稳定性远远超过了任何一门科学成果，成为全社会的共识。

但是这种普遍性的依据是什么？为什么人们在趣味问题上的常态是公说公有理，婆说婆有理，莫衷一是？

休谟分析了几种影响审美公正判断的因素。第一种是感官的缺陷。审美是

❶❷　休谟：《人性论》（下册），关文运译，商务印书馆2004年版，第334页。

❸　休谟：《论趣味的标准》，以下所述均援引该文的观点，见《古典文艺理论译丛》第五册，吴兴华译，人民文学出版社1963年版，第1—18页。

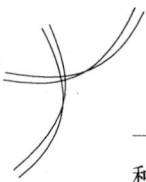

一种快感,要依赖于人的感官,如果感官不健全或有病,就会影响审美判断。第二种是偏见。导致审美判断出现谬误的偏见来自两个可能的地方。第一个是个人气质,一个人的审美判断难免受自己的教养、习惯、脾性等等的影响,如果这方面有偏向,有问题,就不可能公正判断;第二个是本国习俗的影响。好的、合理的习俗在审美中起作用是可以允许的,但是陋习就难免带来偏见。在排除了这一切可能的干扰以后,休谟认为,审美趣味的普遍性应该建立在"人同此心,心同此理"的原则上。而既没有病态的感官,又不受偏见的干扰,这样的批评家才是审美趣味标准的来源,不仅如此,这样的批评家还必须达成一致,他们的一致意见才是审美趣味的标准。

很明显,休谟并没有真的解决审美标准问题。要让孔子和老子、亚里士多德和柏拉图这些批评家达成一致,似乎很不现实。但休谟提出了趣味标准问题,并且认定要在主观性中寻找这种普遍标准,这就是一种贡献。后人(比如康德)据此致力于在人的主观心意功能中探索并最终找到了这种标准。

四、博克

另一个对美学作出特殊贡献的英国经验主义者是爱德蒙·博克(Edmund Burke,1729—1797)。

1. 把崇高与美区分开来

博克的《论崇高和美两种观念的根源》一书首次对"崇高"与"美"这一对重要审美范畴加以深入探讨,做出区别。

与经验派的通常思路相似,博克对崇高与美的来源作了心理学的解释。博克认为崇高和美根源于人的两种不同本能,崇高根源于"自体保存"的本能,激起它们的是痛苦或危险,它们的情绪内容是恐惧,引起痛感;这种痛感是生命对恐怖对象的防卫性反应。但是痛感怎么成了审美享受呢? 因为对崇高的痛感夹杂着快感。与实际危险不同的是,崇高体验中的危险"处在某种距离以外,或是受到了某些缓和,危险和痛苦也可以变成愉快的"❶。博克还进一步找出刺激崇高感的客观对象的条件。刺激崇高感的对象首先是体积巨大,其次是晦暗、力量、笨重、空无、无限、壮丽、突然性等等。这些想法对康德的崇高研究有很大的影响。另一方面,美根源于"社会生活"情欲,所谓"社会生活"情欲是指人基于性欲而产生的社会交往的欲求,因此,"爱"就是美感的主要心理内容。因而,博克寻找了能够引起这种"爱"的客观基础,即事物的小的性质。他认为小的东西就是可爱的,美与事物的

---

❶ 博克:《论崇高和美两种观念的根源》,转引自朱光潜《西方美学史》上,人民文学出版社1979年版,第237页。

小的性质有关。

2. 把审美从理性和完善中区分出来

作为霍布斯和休谟的后辈,博克似乎对前辈学人不加区分地把"善"、"有利"作为美的特征感到不满,同时他也觉得当时流行的用某些理性原则界定美的做法有欠妥当。因此他的《论崇高和美两种观念的根源》花了很多篇幅试图在审美与道德功利以及理性原则之间划清界线。

首先,博克否定了美取决于一定的比例关系的观点。博克不认为比例是美的原因,他用了四节的篇幅对三种不同的审美对象的美作了分析,指出,比例不是植物美的原因,比例不是动物美的原因,比例也不是人类美的原因。最主要的理由是,比例属于理智,而美属于情感和想象力。"我们发现一个物体美,并不是靠长时间的注意和探究,美不需要借助于我们的推理;它甚至和意志无关。美的出现引起我们一定程度的爱,就像冰块或烈火之产生冷或热的观念一样的灵验。"❶因此,按博克,如果一事物符合黄金分割率,也被判断为美,这种判断只能是因为它引起了爱的情感,而不是因为它符合黄金分割比例关系。作为反例,他指出,许多植物各有其内在比例关系,但并不妨碍我们觉得它们都美。而非常符合一定的比例关系的事物往往过于刻板而缺乏美感,美恰恰体现在新奇。

其次,博克也用了三节的篇幅否定适宜性和圆满是美的原因的观点。所谓适宜性就是事物符合某种实际目的的性质,符合功用的性质,这实际上与欲念的满足以及功利性有关。博克指出,适宜性和圆满都隶属于道德判断,是道德理性的功能。但美是一种情感,一种爱,它通过直觉就可以判断。

康德写《判断力批判》前专门研究了博克的《论崇高和美两种观念的根源》一书,给予很高的评价。正是博克的探索,包括他的贡献和失误,催化出康德的美学。

第五节 康 德

康德(Immanuel Kant,1724—1804)是认识论时期最重要的德国哲学家,也是现代美学最重要的开创者。

康德在美学上的重大贡献表现在以下几方面:

一、美的分析

康德对美的分析反映了他美学思想的主要思路,是他全部美学的基础。他从

第一编 西方美学的历史回顾

---

❶ 柏克(即博克,这是本文中文译者使用的译名):《关于崇高与美的观念的根源的哲学探讨》,见《古典文艺理论译丛》第五册,孟纪青、汝信译,人民文学出版社 1963 年版,第 39 页。

四个方面来分析美的特质。

1. 美的质的分析

康德首先从质的角度分析美,认为,凭借与利益无关的主观感受(快感或反感)而感到对象令人愉快,这种对象是美的。美是一种主观感受的对象,美感与利益无关。一般的感受都与利益有关,生理上的感受与欲望有关,它的满足称为快适;道德上的善带来的愉悦感,也与利益相关,它是因理性设定的目标被实现后的结果。一朵花的美不涉及理性目标,也不涉及生理满足,是不牵涉利益关系的。

2. 美的量的分析

从量的角度看,美是不依赖于概念而普遍令人愉快的。普遍,就是非个别的。美依赖于感觉,却具有普遍性。概念具有普遍性,因为它是公认的。但是,一般来说,感性的东西(审美是感性的)都是主观的,因而就是个别的。一个人愉快时,不能肯定、更不能保证所有人都愉快。而康德认为美感却有这种奇特的性质:它是主观的,却有普遍性。理由是:当人们审美时,由于与个人利益无关,他就会认为每个人处在他的情况下,都会享受到他感到的美。康德实际上把感性的一己性归咎于个人利益,只要不涉及个人利益,感性就会有公共性。

3. 美的关系的分析

关系是指美对于目的性的关系。康德认为,美是一个对象中的合目的性的形式。在美的对象中,人们是意识不到目的的,带有目的的人也欣赏不到美。但一旦我们感到某事物美,我们就会感觉到它的一切似乎都是经过精心安排的,合乎目的性的,虽然我们不知道那种安排或目的到底是什么。这样,就出现了一个合目的性的形式:因为我们不知道这目的的内容,所以它只是形式,只具有一种合目的的性质。

4. 美的模态的分析

模态是指判断的模态。判断有或然性判断,有必然性判断。美的判断就是,它不依赖于概念而认为对象必然会引起愉快。必然性判断一般是对概念的判断,因为概念有普遍性。但美的判断是感性的,为什么它能有必然性呢?康德说,由于与个人利益无关,在审美中就可假定有一种"共通感"(common sense),即可以普遍传达的情感,它就是美的必然性的基础。

二、美学在认识论框架中的合法地位

康德以前,在认识论哲学中,美学要么没有位置,要么其地位未经合法性论证。大陆理性主义的莱布尼茨—沃尔夫学派把审美置于低级的感性认识中,所以根本用不到一门学科来专门研究。鲍姆加敦意识到他们哲学中的这个漏洞,创立了美学,但在定位时,仍然定在研究低级感性认识的学问之列,这样美学就没有独一无二的对象。英国经验主义的一些哲学家虽然对情感问题极其重视,用了种种心理学模式解释审美问题,但是他们把审美情感与感官的效应联系在一起,使审美缺失了普遍有效性,这样,美学就仍然没有合法地位。康德直到在写作《纯粹理性批判》的时候,还是把审美当作一种经验现象。我们知道,在认识论传统中,只要没有获得先验基础的知识,都是经验性的,没有根基的。

康德在写完《纯粹理性批判》和《实践理性批判》后,意识到知性和理性两者巨大的鸿沟带来的缺憾,发现审美判断力可以作为两者沟通的桥梁,为审美找到了先验基础,从而完成了他的哲学体系的巨大架构。他指出,虽然审美涉及的是主观情感,审美判断力作为一种心意能力,不像知性和理性那样起规定性作用,为某一领地(知识或道德)中的事务立法;但是由于自然世界和自由世界必然具有的联系性,审美作为这个中间环节,具有它在认识论体系中的逻辑地位,它起一种调节性作用。而审美判断力是具有先验基础的意识功能——当我们审美时,我们会在主观(引起理解力和想象力的自由游戏)和客观(对象象征德性概念)两方面都用合目的性来预设审美对象。在完成了这个艰难的审美先验性论证过程后,美学被赋予了必然和不可或缺的地位,知性、理性、审美判断力三种意识功能分别处理真、善、美三个领域的事务,在完整的知识架构中,美学与科学、伦理学一样是不可替代的。

三、美的理想性的证明

审美的真正的合法性在于它与超越现实的理想有联系,如果没有这种联系,审美就仅仅是柏拉图所批判的感官的愉悦。在康德以前,这个问题在认识论层面上并未得到很好的解决,是康德从认识论意义上证明了美的理想性。

首先,康德发现了合目的性这一道德王国的概念是审美判断力的先验基础,他指出,"美是德性—善的象征"❶,美是通过一个个别的感性对象表现并且演示超感性的、更高的理念。因此,当人们审美时,随时会对审美对象作出"它与最高的善有关"、"它与理想有关"这样的判断。也就是说,只有作出了这样的判断,人们才会真正享受极致的审美乐趣。至于那些仅仅靠魅力引起人们注意的东西,并不足以进入审美的视域。

其次,康德也把这种理想性贯彻到他的艺术论中去。康德对艺术的要求是它应当像自然一样,而人们对自然的审美是与人们的道德水准和思想境界相联系的。康德说:"对自然的美怀有一种直接的兴趣任何时候都是一个善良灵魂的特

---

❶　康德:《判断力批判》,邓晓芒译,人民出版社 2002 年版,第 200 页。

征;而如果这种兴趣是习惯性的,当它乐意与对自然的静观相结合时,它就至少表明了一种有利于道德情感的内心情调。"❶为什么对自然的审美与高超的道德境界有关呢?因为自然从某种意义上也是一种创造品,它如此完美精当地呈现在我们面前,令人惊叹。欣赏自然的美包含着对自然背后的力量和超越性的遐想和赞叹,这种追求理想性的状态应该体现在艺术中,尽管艺术并不是自然,但它应该显得与自然一样,以完美的原则加以创造。艺术家因而具有一种与科学家不同的能力,就是天才。天才是把艺术创造得与自然那样美,并且不留痕迹的禀赋。因而,艺术理应与某种超越性、理想性联系在一起。

四、现代主义美学基础的奠定

现代主义艺术和美学是在康德以后五十年左右才开始出现的,但是康德独特的美学思想为现代主义美学奠定了重要基础。

1. 边界的概念和艺术的独立自足性

现代主义美学的一个基本观点是认定每一门艺术有其独特的本质,因而是不可取代、无法翻译的,它在自身范围内具有独立自足性。

这个观念的合法性论证来自康德。康德把人的意识能力分为三个部分:认知理性、实践理性、判断力。认知理性管认识,是科学知识的来源;实践理性管实践行为,是伦理道德的来源;而判断力管审美,是艺术活动的基础。这三个部分适用不同的原则和标准,互相不能取代和混用,例如知性的逻辑范畴不能用来推导意志伦理世界的事儿,也不能指导艺术创作,否则就会导致谬误。康德建立了边界的概念,各种意识功能要有效地起作用,就必须恪守自身独特的原则,不能越界。正是这种边界的概念,为现代主义关于艺术的独立自足性观念奠定了基础。

2. 形式的概念和形式主义美学倾向

绝大部分现代主义美学和艺术流派都强调艺术的形式因素,认为艺术的力量不在于内容,而在于形式;艺术不是摹仿现实的,也不是表现个人情感的,而是运用艺术自身的各种形式因素来达到艺术特有的效果的。

这种形式优先的论点来自康德的美的分析。康德把审美看作一种特殊的感性愉悦现象,其特殊性在于,这种愉悦不像大部分快感那样是依赖于欲望的满足,它与物的实在性没有关系,所以审美与事物没有利害关系;审美的愉悦是来自对物(审美对象)的观照所引起的遐想,这种遐想使得人的认知能力与想象力都能够亢奋起来并且互相协调,从而导致某种精神上的愉悦感。在审美状态中,不仅对

---

❶ 康德:《判断力批判》,邓晓芒译,人民出版社 2002 年版,第 141 页。

象是抽去内容的,而且这个对象被联系到的某种理想也是被抽去内容的,就是说,这种理想不是真正的有内容的道德理念,比如公正、正义,而是理想的形式,人们像想象超感性的道德理念那样来对审美对象作想象,但并不能指出它的确切内涵。康德把这称为"合目的性形式"或"形式上的符合目的性"。正是抓住了康德的这个理论,现代主义号召人们在解读作品时把它从物的关联性上解放出来,哪怕它是描写了事物;同时也从道德和知识中解放出来,哪怕它确实涉及了道德和知识;而在创作作品时,现代主义号召艺术家尽可能地阻断人们对作品作现实的联想。在现代主义时期出现了抽象表现主义、构成主义等等纯形式的艺术。

3. 对艺术质料和规则的重视

艺术所涉及的主观能力是天才,即用非推理认知性的个别形式表达丰富含义的才能,它主要涉及想象力。在康德前后,很多美学家对天才的作用十分推崇,认为艺术只要天才的能力就够了。但是康德注意到,对于艺术活动而言,天才并不是唯一需要用到的能力,艺术包含对物的有目的的制作,所以艺术中还有一些"机械性"的东西,要通过学习和训练才能做好。这些"机械性"的东西就包括材质及其加工技术。

材质的作用在现代主义艺术中被极大地凸显出来。按现代主义绘画的主要理论家格林伯格的说法,突出材质的作用是现代主义绘画与古典主义绘画的根本区别,究其理论根源,它来自康德。而对于康德来说,看到并且重视艺术材质及其技术,是理所当然的,因为康德思想的一个基本点就是划分边界,每一门艺术的边界要取决于一些基本的条件,包括材质。只有建立在亚麻布平面、颜料、画笔的基础上,绘画的天才才能有效地起作用。

第六节　费希纳与心理主义、科学主义美学

一、对思辨哲学的质疑和美学的科学主义倾向

十九世纪末,思辨哲学遭到愈来愈多的质疑,与思辨哲学相联系的体系化的美学也遭到众多质疑。一些理论家指责那种把美的本质以及建立美学体系作为美学的主要议题的研究方法,他们开始尝试用科学实证的方法研究美学问题。虽然针对的仍然是人的审美情感的形成和运作机制这一类认识论问题,但是他们决定另辟蹊径,放弃思辨理性,求诸科学理性,提出和解决一些可以通过实验和数据加以说明的问题,或者摆脱形而上设想的可以通过观察方法加以实证的具体审美实践和艺术的问题。与此同时,美学研究的立场也发生了变化,原先的美学研究者多是哲学家,他们的研究伴随着对艺术的体会和热爱。现在,在科学态度的审

视下,这样的立场被认为有失于偏颇,冷静的科学态度和科学家成为研究的主体,研究者甚至被认为不必爱好艺术。

在研究对象方面,很自然地,首先,审美心理现象就成了关注的重心,因为审美情感作为人的一种心理现象是可以通过实验手段加以观察的,也很容易出数据;同时,一些相关的心理学方法也被用于美学研究。其次,各门类艺术,而不是笼统的艺术中的具体问题,也成为关注的重点,因为在这些研究对象中,存在着很多可统计、可观察的内容。这样,美学出现了一些明显的变化。

二、费希纳

费希纳(G. T. Fechner,1801—1887)是十九世纪末德国实验心理学家、美学家。他是科学美学的肇始者。

1. 对过去美学的批判

费希纳对到他为止的传统美学,特别是思辨美学进行的总结和批判奠定了他在美学史上的地位。费希纳认为,过去的美学总想确立某种审美的客观标准,总想找到普遍的美的形式要素或形式关系,并以这样的目标来设定美学研究的问题,所以,回答诸如"美是什么"或者"什么样的形式是美的"之类的问题成为绝大部分美学著作的主题。但是实际上审美的客观标准是不存在的,因此至今未能找到这方面的公认的答案。他总结到,传统美学的研究方法是"自上而下"的,他提出,要用"自下而上"的美学代替"自上而下"的美学。按费希纳自己的说法:"自上而下地研究美学,就是从最一般的观念和概念出发下降到个别;自下而上地研究美学,就是从个别上升到一般。在前者,审美经验领域只被纳入或从属于一种由最高观点构造出来的观念的框架;在后者,则根据审美的事实和规则自下开始去建造整个美学。"❶所谓"自下而上"就是从审美的经验事实出发,经过深入观察、实验和归纳,产生结论。他要用这种方法替代那种思辨的和充满想象的美学研究方法。

费希纳对以往美学的批判以及用"自下而上"的美学代替"自上而下"的美学的倡议,在以后的美学研究领域,特别是科学美学路线的继承者那里产生了重大影响,使他获得了"现代美学之父"的美誉。

2. 实验心理美学的尝试

比起他在批判传统美学方面的影响,他对美学的建设性工作就没有那么出色了。

---

❶ 费希纳:《美学导论》,见《十九世纪西方美学名著选·德国卷》,蒋孔阳主编,复旦大学出版社 1990 年版,第 417 页。

费希纳本人是实验心理学创始人,而且他呼吁"自下而上"的研究,因此,顺理成章地,他找到的首要观察和实验点就是审美心理现象——什么样的刺激能够产生什么样的审美反应。他把审美情感看作一种可分析的特质,就像物质元素一样,它是由一定的其他物质促成产生的。在审美快感和可感物体之间存在着因果关系。为此,他发明了三种实验方法:选择法,作图法,测量法。其中第一种方法比较有名,其效果得到一定的公认。其他两种则被认为与美学不那么有关。

他的选择法实验,是用十块形状不同的矩形白纸板,随意放在桌子上,让实验参与者说出他们比较喜欢哪一块,最不喜欢哪一块。这些实验参与者是受过教育但未受过艺术训练的人,他们的选择就比较客观。实验的结果证明了这样的观点:某些比例关系拥有特殊的审美价值,比如34∶21的白纸板得到大部分人的喜欢,而34∶21正好是黄金分割率。

但是费希纳的这种研究也遭到很多人质疑,因为它是建立在"美是由单独元素决定的"这种立论的基础上的。当我们看到一个符合黄金分割率的形状时,所产生的感受与物品的其他方面也有关联,例如记忆、联想等等,特定文化环境、历史传统和民族因素也会对感受产生影响。为了弥补这些显而易见的缺陷,费希纳也做了一些理论修补工作,比如引进英国经验主义的"联想"概念,试图把它插入他的总原则之中。但是这样做又使得他的基本立论处于不可解决的矛盾中。

总的说来,费希纳自己所做的具体工作成就有限,但他的科学美学理念在当时是有震撼力的,也引起了世界范围的关注,并得到其他人的继承和发展。

三、阿恩海姆

在科学美学的研究中,美国学者鲁道夫·阿恩海姆(Rudolf Arnheim,1904—2007)的工作及其成就是最引人注目的一个。他的关注重点是人的知觉构成及其在艺术创作和欣赏中的运作方式,运用格式塔心理学来解释审美心理现象。

1. 知觉与格式塔

"格式塔"(Gestalt)是一个德文词语,意为"构形"。十九世纪末,奥地利心理学家埃伦菲尔斯首先提出"格式塔性质"一词,以后德国心理学家对此又作了多方发展,形成了格式塔心理学的主要观念和方法。格式塔心理学又称"完形心理学",主张人的知觉不是由各种知觉要素相加而成,人不是先感知个别成分,然后把它们组合成一个知觉整体,相反,人在知觉时,先有一个关于整体的概念,然后用这个整体去完成各个成分的组合和构形,从而确认该整体。比如人在夜间听见一种陌生的声音,对它的知觉必须有整体概念为引导,比如它是一种"鸟叫"或者"金属摩擦声",这样,这种声音才能被理解。

阿恩海姆认为艺术是建立在知觉基础上的,研究艺术作品的审美问题应该以

研究人的审美知觉结构为前提。他用格式塔心理学的方法重点研究了视觉艺术，写下了《艺术与视知觉》等书。

2. 知觉的概念引导与审美简化作用

知觉是处于概念引导之下，这个理论带来一系列后果。

首先，这使得知觉具有一种简化作用，即，在整体概念框架内的对象要素都被捕获，但是超出整体之外的要素都被忽略，所以知觉对一个对象有简化作用，它只知觉被整体捕获的东西，其他的则被抽去或忽略不计。在诗歌中，我们注意月亮的圆，它象征团圆的意义，却不在乎月球表面的尘土。阿恩海姆把这称为审美视知觉的"简化原则"。

其次，简化实际上是一种人的构造，简化意味着事物并不以它原来的样子被认知，意识对事物做了一种赋形的工作，这种工作，在视觉艺术方面，就产生了线条、形状、色彩这些抽象的构成。物质实体的区别不影响事物构形上的相同，异质可以同构。知觉的格式塔效应创造了我们视为艺术形式的各种要素。因此，抽象是艺术的题中应有之义。阿恩海姆由此为现代的先锋派艺术，特别是抽象派的先锋艺术提供了理论基础。在他看来，传统的写实艺术是通过对象的自然构形去揭示某种本质，而抽象艺术则直接揭示本质性的东西。

第三，为知觉提供引导的整体的概念是有意义的，抽象本身就是有意义的，其意义并不需要附丽于事物。这样，对于艺术的形式因素，我们要从意义的角度来理解它们。阿恩海姆举了很多绘画的例子，有古典写实的，也有现代抽象的，来说明它们都充满意义。比如阿恩海姆以米开朗琪罗在西斯廷教堂的天顶画《创造亚当》为例，指出《创造亚当》的真正价值并不在于它记录了上帝创造人类的故事，而是当上帝的手指将要接触到亚当的手指时所产生的动力学形式意义上的视觉冲击力。二十世纪的抽象表现主义大师康定斯基曾经进一步对完全抽象的形状、线条等形式因素的意义作过描述。他说，在一个画面上如果有三角形和圆形两个形状，这本身就有一种紧张的意义，其冲击力不亚于上帝的手指接触亚当的手指所产生的冲击力。

3. 审美知觉的动力学模式

艺术的格式塔（完形）效果也依赖于审美知觉的动力学模式而产生。

所谓审美知觉的动力学模式，是指知觉在构形时将静止物体看成动态的，从而产生一种相应的审美理解。早在二十世纪早期，格式塔心理学家就已经发现了似动现象。德国心理学家惠尔泰墨于 1912 年在《关于运动视觉的实验研究》一文中发表了他的实验报告，称，在暗室里，如果两束光出现的间隔不超过十分之一秒，人们就可以看到一条连续的光线。在没有运动的情况下出现了类似运动的现象。这说明,人的理解力倾向于用完整性解释单独的因素,似动就是这种倾向性的表现。

表现在艺术上,特别是视觉艺术上,这种似动倾向对静止的画面作了动态的理解。比如上引米开朗琪罗《创造亚当》一画,由于将上帝的手指画在接近亚当的手指但尚未触及的位置,画面就被赋予了时间性,很小的空间变成了很短的瞬间,它让人有了动态的感觉,像是活的。视觉艺术对这种似动现象的运用非常充分,这也就是艺术杰作能够使静止的东西有了生命的原因。阿恩海姆认为,所有对视觉艺术的知觉都是动力学意义上的知觉,包括画面的稳定感、画面中物体之间的关系,都是一种动力学的关系。我们很容易理解,雕塑之所以要表现高潮前的瞬间,也完全是由于它能够产生动态效果。动力是视觉艺术意义产生的源泉。

四、门罗

托马斯·门罗(Thomas Munro,1897—1974)是二十世纪科学美学最有力的倡导者。他做过大学教授,也曾受雇于艺术博物馆做艺术教育的指导和艺术史研究,长期担任创刊于 1941 年的《美学与艺术批评杂志》主编。

1. 作为科学的美学

托马斯·门罗坚决地认为,美学必须从推演和形而上领域走出来,成为一门科学,这样才能摆脱困境,为此他写了《走向科学的美学》一书,阐明观点。

从形而上领域走出来,就必须脱离哲学,美学应该成为单独的一门科学,而不再是哲学的分支。门罗反对传统美学给美或者艺术下定义的做法,他认为美和艺术是发展着的,所有给美或艺术定标准的做法都是不合适的,也是徒劳无功的。美是什么或艺术是什么的问题是以时间、地点、条件为转移的。他也对传统美学的审美范畴持异议,认为它们太过笼统,不够精确。

美学的科学化就是把美学变成一门描述性的科学。美学应该具体描述发生在艺术审美活动中的各种现象,他主张采用一切可以利用的角度和工具,如心理学的、社会学的、相对主义的、工具主义的等等,对审美现象进行全方位的扫描,从而作出证据确凿、数据确切的理论结论。他的这些想法与费希纳是一脉相承的。

2. 作为工艺学的艺术

科学美学的一个重要任务就是考察和了解艺术创作过程中的每一个具体环节,艺术运作的各种细节和问题。门罗是一个艺术史专家,他对艺术史的研究运用了各门有关科学的概念和方法,自然科学、社会科学以及各门人文学科的知识和视点都被他用到,以尽可能全面地、历史地作出描述。

在艺术史研究方面,门罗的观点是把艺术看作一门以心理学和社会学为背景的"心理—社会工艺学"。他指出,艺术就是工艺学,每一个古代人都知道这一点,艺术是对美的技巧的一种掌握。正因为如此,作为科学的美学应当关注与制作有关的各种条件,包括材料、技术、环境,以及各种经济的、社会的制约条件。

五、科学美学的利弊

科学美学的出现是对思辨哲学在美学研究上的停滞不前的一个反应,也是现代科学主义思潮在美学上的表现。费希纳提出的问题击中了要害,如果没有对审美经验的具体观察和描述,高高在上的结论只能是空洞的。阿恩海姆和门罗的研究更是对各门具体艺术中一直被忽视的心理和形式因素给予深入的揭示,展现了美学研究的一个新天地。但是把美学科学化作为方向是有问题的,费希纳的矩形实验并不能直接导致确定的美学结论,因为人们对于形状的选择和偏好还受到生理—心理以外的很多因素,包括社会历史、传统观念等的制约;阿恩海姆对《创造亚当》的描述也必须顾及宗教、文学等多种原因,才能合理地说明该画的审美价值。把美学当作一门解释、说明和描述的科学,认为依靠科学和旁观的立场能够最终解决问题,这种潜在的态度本身是可疑的。科学要找的是因果关联,是事物的一种理性联系,但是审美反应绝对不是找到一个刺激源就可按刺激—反应模式解释的,它要复杂得多。

科学美学到二十世纪中叶开始失去了势头。

第三章　语言论时期的西方美学

第一节　哲学的语言论转向及其对美学的影响

二十世纪初开始，西方哲学的焦点逐渐转移到语言问题，这也带来了美学的变化。让我们从索绪尔的语言学开始。

一、索绪尔与结构主义语言学

1. 索绪尔以前的自然语言观

在索绪尔(Ferdinand de Saussure，1857—1913)以前，流行的语言观是自然主义的。它的基本观点是：语言是对客观世界的命名和表达，词语与客观世界存在着一对一的关系，有什么样的事物，就有什么样的词语。所以，语言是人们借以观看世界的一扇透明的窗户，它是工具和通道，终点和目标在事物上。今天当我们说“不管你怎么说，事实只有一个”，或者“那只是不同的说法，实际上是一样的”，我们所持的也是这种自然的语言观。

在自然语言观视野下，语言本身不被重视，就像玻璃本身不被重视，因为重要的不是玻璃，而是玻璃外面的世界。

但是索绪尔不认可这种语言观。

2. 语言只是一种符号

索绪尔指出，语言只是一种符号，也就是说，它不是实质性的，它是一个记号。记号或者符号似乎应该与事物有一对一的关系，比如“树”是生长在土壤上的那棵植物的符号。但是索绪尔指出，如果我们注意这个符号本身，就会看到十分稀奇的事情。首先，这个符号拥有一个声音(语音)，索绪尔把它称作“能指”，即用来指代的物质载体，而这个载体(声音)与事物本身毫无关系，每一种语言对“树”的发音都不一样，而且没有任何道理可讲。其次，这个符号所代表的(索绪尔称之为“所指”)并不是一颗具体的树，而只是“树”的概念，它是抽象的。

3. 语言的共时性与结构

如果语言与它所说的事物没有必然联系，那语言怎么能够被理解呢？它自身

的合理性是由什么导致的呢？

索绪尔认为，共时态的结构关系是语言系统的关键。语言符号的能指（发音）并不取决于事物，而是取决于使用某种语言的共同体所采用的特定的音位体系，在这个体系中一个词的发音能够与其他词相区别，这就够了。所以差异的原则是语言的根本原则之一。符号的所指也取决于差异，任何一个词的存在都是由于它具有别的词所不能替代的所指，一旦它不能体现区别性，它可能会消亡。中文里的"我"、"吾"、"寡人"虽然都是第一人称代词，但我们都知道它们在语义上和使用场合上有区别。所以当我们说"我听清了他所说的"，意思就是指我辨清了他的发音，我理解了他的发音的所指，那是由确切的"能指"和"所指"所合成的符号及其组合。由于符号是一个差别体系，所以它们的价值和意义都是在横向的关系中得到确认的。语言首先是一个共时态的结构，我们不能离开同时存在的语言内的其他要素去理解或者研究语言。举一个索绪尔用过的例子，在英语中 sheep 指作为动物的羊，mutton 指作为食品的羊肉，如果你要用"吃"这个动词，它的宾语就应该是 mutton，而不应该是 sheep。但是在法语中，没有相当于 sheep 的词，"羊"和"羊肉"的意思都用同一个词 mouton，法国人既可以说吃 mouton，也可以说牧养 mouton。所以人们怎么说并不取决于事实怎么样，而是取决于特定的语言结构，而反过来，当法国人这么说的时候，他所说出的就与英国人所说出的有微妙的区别。某种特定语言的结构和各要素在此结构中的功能，这才是语言学的焦点。

二、语言论转向

索绪尔是一个纯粹的语言学家，他从来无意涉足哲学，但他的语言学发现在二十世纪思想哲学领域引起了重大改变。

索绪尔的理论有两点产生了革命性的后果：第一，语言是一个任意的和武断的结构系统，即，一种语言为什么这样分派语音和语义，能指为什么与所指发生如此关联，这是没有道理可讲的、任意的；但是一旦形成这种关系，它又是硬要语言共同体遵守的，不可改变的。第二，语言不依附于事物，相反，语言的安排和用法创造并改变着意义。第一点意味着，语言根本不是一种可以随意使用的工具，它有一些我们无法认清和解释的性质，我们的认识是靠着这样一种性质的媒介加以表达和整理的，在弄清这个媒介之前，要说"我认识到了……"，就会显得极为轻率。第二点意味着，意义的问题是一个语言的问题，而不是我们过去以为的事物本身的问题，所以"认识事物"这个目标本身是不恰当的。

这样，二十世纪哲学的重心从认识论转向语言论就是顺理成章的了。这种转向符合哲学本身的发展逻辑,而索绪尔的语言学提供了这种转向的契机和理论依据。

三、语言论转向对美学的影响

比利时画家马格利特1928年画的一幅画很好地说明了语言论转向对人们的审美观念带来的改变。他画了一只烟斗,同时在画上题词说"这不是烟斗"。他要告诉人们,关于烟斗的画与一只实际的烟斗有本质的区别,因为它已经是一个用绘画语言表达的作品,而绘画语言并不是透明的通道,它造成了一个新的事实。

绘画中的形象不再被看作现实中形象的再现,文学中的形象也不再被看作生活的摹仿。既然意义是一个语言的问题,美学也把自己的关注点从审美意识的构成和运作,从情感、理性、直觉这些意识要素在审美中的作用,转向审美意义通过语言得以生产的方式。这儿的语言是一个广义的概念,指所有艺术及自然的审美对象的表达要素,包括乐音、色彩、体量、姿态、景观材料等等,以及它们的构成。语言论转向后的美学关心每一门艺术的媒介材料,这些材料的各种感性和形式的效果。这些都直接催生了现代主义和后现代主义艺术运动。

第二节　媒介与形式的美学:贝尔、格林伯格、雅各布逊

贝尔、格林伯格和雅各布逊分别向我们展示了语言论美学在美术和文学这两门艺术研究中的代表性成果。

一、贝尔

克莱夫·贝尔(Clive Bell,1881—1966)是最早从形式着眼看待艺术本质的美学家。他在1914年写下《艺术》一书,宣告了一种新的美学观,那就是,看待艺术要从形式入手,艺术的价值并不在于它所描写的对象及其社会学、历史学、美学的意义,而在于它的形式本身。

1. 艺术是有意味的形式

贝尔承认艺术中存在着情感,但是他强调,艺术作品唤起的是一种特殊的情感,其特殊性源自艺术的构成。一切审美对象中能够唤起审美情感的特殊的东西是"有意味的形式"。

有意味的形式包含着两个要素:形式和意味。

"形式"是贝尔理论中最具价值的概念。贝尔指出,艺术是"按照某种不为人

知的神秘规律排列和组合的形式"❶,他的"形式"是指某种排列和组合。在艺术中,需要加以排列和组合的是艺术的材料。贝尔指出,形式并不是携带形象及其意义的工具,它本身就有意义。一根线条本身就有意味;好的画家"会运用颜色的层次和把诸种层次结合起来"❷。有意味的形式和携带意味的形式是不同的,后者是工具性的,代表了古典美学的理念,而前者则是创造性的。艺术就在于通过其自身的造型要素创造一种能唤起审美情感的形式,而不是描绘一种能够调动人们现实生活联想的图形,从而引起对那个现实联想物的好恶。线条和形状表现自身的情感性(柔和、尖锐、平缓等等),它们不是用来描绘人物、景物的工具。描绘性绘画只有将形象变成形式的因素才有价值。

形式的背后是意味。贝尔认为,艺术的意味就是情感。但是这种情感不是对艺术所描绘的事物的情感,而是对艺术形式本身的情感,贝尔称这种情感为"纯形式的情感"。在他看来,情感和形式是融为一体的,观赏纯形式而能够产生情感,这才是真有艺术品味的人。

贝尔的这种"有意味的形式"观为先锋派美术作出了理论上的辩护并推动了它的发展。

2. 艺术的独立性

如果把艺术与生活区分开来,艺术不依附于生活,艺术的独立性就顺理成章了。

贝尔反对当时一批意大利艺术家搞的未来主义运动,认为他们把艺术与政治联系起来,用艺术做反对社会保守的工具(未来主义倡导在艺术中表达迅速变异的社会,称赞时间的流逝,攻击提倡稳健生活的人)。他认为,艺术和生活必须分开,不能用生活中的观念去欣赏一件艺术品,艺术中只有艺术形式,它们充满情感和意义,但这种情感和意义却与生活不相干,他认为艺术家并不需要熟知生活中的情感,艺术的情感是艺术所独有的。

不只是情感,艺术也表现道德和善,但是,"艺术是表达善的直接手段"❸,而不是启发善的工具,也就是说,它对善的表达不依附于一般的道德,在艺术形式中直接就有善。所以贝尔认为,在一幅画上,艺术高于道德。艺术形式本身,就是真、善、美。

3. 贝尔理论的意义

在美术领域,形象一直因其与实物的相似性而具有对现实的联想性,艺术的

---

❶ 克莱夫·贝尔:《艺术》,周金环、马钟元译,中国文联出版公司1984年版,第6页。

❷ 同上,第161页。

❸ 同上,第12页。

价值因而是依附性的,混同于日常生活的价值。这掩盖了一个真相,即画中的烟斗不是实物的烟斗,更重要的是,这也使得艺术贬值。贝尔理论的意义在于,它把艺术和审美落实到艺术自身的构造和形式上。贝尔要求人们如其所是地看待艺术,要求人们去欣赏一根线条本身的优美,一种色彩组合本身的庄严。这是现代主义先锋艺术的主旨,也是美学的语言论转向的明显标记。

二、格林伯格

克莱门特·格林伯格(Clement Greenberg,1909—1994)是现代主义美术理论的主要代表,他为先锋艺术的合法性作出了关键性论证。他的论证途径是,现代主义先锋派艺术通过转向艺术媒介和语言,使艺术回归自身。

1. 界限批判与艺术语言

格林伯格是从批判的角度走向语言论美学的。批判是康德哲学的标志,康德用它界定各认识功能的界限范围,但格林伯格通过它找到了艺术的落脚点——艺术语言,这是确定各门艺术界限的基础。

格林伯格指出,现代主义艺术源于康德的批判,也就是康德提出的划定每一种认识功能乃至每一门学科适用的范围和边界的任务。每一种艺术都有其具体性,也应该通过批判的方法,去拷问"它何以可能"做到我们希望它做到的事,从而设定它的范围和边界。现代主义艺术,主要是绘画,取消对生活的摹仿,倾向于抽象和平面化,所有这些巨大的改变都来自绘画艺术的自我批判。这种批判发现,绘画并不能做人们通常要求它做到的对生活形象的摹仿,因为绘画受制于它的媒介材料,特别是它的平面化存在方式,而这些就是绘画说话的方式,绘画语言的特性决定了它能够做到的和无法做到的东西。所以,当我们划定一种艺术边界的时候,实际上就是在考虑它的语言特质。艺术的现代性批判使人们发现,语言才是艺术存在的基础。"关键在于表现,而不在于表现什么。"❶

根据这个发现,以前的艺术美学观就有越界之嫌。比如在绘画艺术中,要求绘画摹仿现实生活的形象,这就超越了绘画的可能性,因为绘画的存在方式是平面的,尽管古典主义绘画在摹仿现实形象方面做到某种程度的逼真,但是这是通过制造幻觉的方法(例如透视投影、明暗对比等等)实现的。另一方面,绘画很多时候又被要求去制造文学性效果,比如展示情节性,或者制造雕塑的三维空间效果,去摹仿文学、雕塑或其他艺术。这是双重的越界,既混淆了艺术与生活的界

---

❶ 格林伯格:《前卫艺术与庸俗文化》,见《世界美术》1993年第2期。

限,也混淆了一种艺术与另一种艺术的界限。其结果是绘画沦为其他事物的附庸,它本身的发展却受到阻碍。

2. 艺术局限性与回到艺术本身

（1）艺术是对局限性的创造

探明一种艺术的界限,就是显明它的局限性,具体的就是艺术语言的局限性。格林伯格认为这并不是一件消极的事儿,相反,它可以使一门艺术大为发展。因为,首先,这可以使该门艺术明确自己的权限,"在其权限领域内处于更牢固的地位"❶,排除别的东西的干扰。其次,可以使该门艺术发掘它自己的语言材料的可能性并在此基础上创造独特性。所以,格林伯格称艺术是"深思熟虑的选择和对局限性的创造"❷。这是在另一个层面作出的对艺术自由的注解,它意在使艺术创造的自由获得合理的合法性。

（2）聚焦艺术媒介,回到艺术本身

批判使我们得以面对艺术本身——艺术语言。贝尔用"形式"一词称谓艺术语言,形式主要指线条、色彩及其构成。而对于格林伯格来说,"媒介"是称呼艺术语言的最恰当的用语。就其内容来看,格林伯格涉及的显然更加全面和彻底。

所谓媒介,就是艺术语言的物质性限制及其视觉后果,对于绘画而言,就是指绘画使用的感性物质材料,包括布面、画框、颜料、涂抹工具等等,以及在这些材料制约下的视觉后果,包括平面性、画面边界、构成性、抽象性等等。格林伯格认为,十七世纪以后的绘画离开媒介,追求题材,承担了写实的功能。从这些画中,人们看到的首先是内容,画面空间不是纯粹属于绘画的,而是一种幻觉空间,人们设想自己可以走入其中。现代主义绘画则首先是一幅画,它突出了画框、画面构造和平面性,突出媒介的要素,打破了空间幻觉,让人们看到构图和色彩的创造性,它进行各种平面视觉探索,因为它要让绘画回归自身。抽象表现主义甚至摒弃了任何形象,仅以平面图形、线条和纯色块入画,目的就是为了阻止对生活世界的联想,只关注绘画本身。在回归绘画的过程中,特别要克服的是绘画的文学性和雕塑性。文学借助语言的优势把叙事性强加给绘画,而雕塑与绘画同属于造型艺术,但拥有绘画所没有的三度空间,比绘画更有逼真的优势。绘画如果要回归自己本身,必须摆脱文学和雕塑的影响,要在二度空间上发挥创造性。

---

❶ 格林伯格:《现代派绘画》,见《现代艺术和现代主义》,弗兰西斯·弗兰契娜、查尔斯·哈里森编,张坚、王晓文译,上海人民美术出版社 1988 年版,第 3 页。

❷ 同上,第 10 页。

（3）现代艺术与艺术传统

那么，突出媒介局限性的现代主义绘画是不是对绘画传统的一种革命呢？现代主义是不是与绘画传统背道而驰？现代主义的拥趸和反对者常常对此持肯定意见。但是格林伯格对此作出了否定的回答。他指出，现代主义从未表示要与过去决裂，恰恰相反，现代派的艺术创新最终都以继承传统趣味的方式出现。过去的错误仅仅在于，为古典大师们的行为所找到的理由是错误的或不着边际的。达·芬奇、伦勃朗的绘画价值并不像过去解释的那样，仅仅在写实性上达到高峰，它们在绘画语言、构图和造型上都创造了前所未有的成就。事实上，面对自身的限制条件作精心的选择和创造，一直是绘画艺术的主题。现代主义只不过把这一点突出出来而已。

三、雅各布逊

雅各布逊（Роман Осипович Якобсон，1896—1982）把美学的关注点转向了语言，他的诗学理论向人们展示了语言作为一种材料是如何获得审美功能，并进而使语言作品成为艺术的。

1. 语言的要素功能与诗的审美

雅各布逊指出，作为交流的媒介，语言有六个要素。一是发信人，发出言语的人；二是收信人，接收言语的人；三是信文（或话语符号），它是语言文字构成的文本；四是语境，言语涉及的内容；五是信码，言语的规则，包括语法、语义等交流双方都懂得并遵守的约定；六是接触，双方心理的和身体的联系。在交流过程中，这六个要素分别产生不同的功能：注重发信人一端，产生的是表情功能，说话人通过言语表现他的喜怒哀乐；注重收信人则产生意动功能，对言语接受者提出要求、提请注意等等；语境具有描绘性，能够产生指示和交流功能；注重信码，意味着交流双方需要确认是否使用同一语言规则，它产生的是元语言功能，元语言是指语言背后的规则；如果重视接触，就会产生呼应功能，例如人们用交谈来拉近关系；而重视信文这一端，产生的就是语言的审美或诗学功能。

在一段言语交流中，这六种功能可能都会起作用，也可能其中的几种起作用。但是，其中的一种会是主导性的，这就使该次交流具有了某种性质，例如新闻文本会以指示性功能为主，但是它的标题也会用对称、押韵等审美功能，甚至提请人们注意某个重点的意动功能。诗的文本以审美功能为主导。

这种信文（符号）的审美（诗歌）功能到底是什么呢？就是以话语符号为注意力的焦点，就是符号本身被突出，不是作为意义，而是作为物质材料被突出。为什么注重信文能产生审美功能呢？因为这意味着符号成为感性材料，能够被构造，

能够直接产生感性效果。所以雅各布逊说,"诗歌功能加强了符号的明显性,因此也深化了符号与对象的基本对立"❶,符号本身被突出了,它与它所代表的东西(所指、对象)分离、对立,将它们弱化或改变。所以,如果一段文本引起了我们对它的构造材料的注意,它的材料和构造本身产生了意味,我们所注意的就是它的审美功能。

2. 诗源自对语音的利用

具体地说,诗歌中的符号,突出的主要是它的语音(能指)。

雅各布逊用一个很学术化的句子给这一诗歌功能下了定义:"诗歌功能就是把对应原则从选择轴心反射到组合轴心。"❷

按索绪尔的理论,语言的运作有两个轴,一个是纵向选择轴,用于选词;一个是横向组合轴,用于造句。选词要与所表达的意思相对应,所以纵向选择轴的原则是对应性;造句要让所选的词连得起来,所以横向组合轴的原则是毗连性。"把对应原则从选择轴心反射到组合轴心"就是在词语连接组合的时候用了对应原则,"对应成为顺序关系的规定因素"❸。比如五言诗以每五个音节一行来排列组合,七言诗以每七个音节一行来排列组合,各行之间就有了对应关系。又比如,偶数句押韵,也在语言的接续过程中构成了对应关系,这些对应关系都是通过语音的可辨认的重复性建立起来的。雅各布逊认为,言语要成为艺术作品,关键就是使符号能指的构造具有这种空间的对应性,而不仅仅是时间的流动性,使符号成为有声音的感性建筑材料。

但这种对于语音的利用不是仅为产生好听的声音,而是利用声音做意义的游戏。符号是能指与所指(意义)的统一体,当相同数量的音节重复出现的时候,被重复的不仅是语音,还有语音所代表的意义,诗歌中大量的隐喻都是这么产生的。中国古诗中用"柳"表达"留"的意思,就是很好的例子。所以雅各布逊说,诗歌并不是单纯的语音游戏,套用诗人瓦莱里的话,诗是一种在音义之间周旋的艺术。

3. 双轴运作与文学艺术的审美

语言的纵轴运作原则是对应性,这实际上就是隐喻的原则,语言的横轴适用毗连性,这实际上是换喻的原则。雅各布逊发现,隐喻和换喻是文学和其他艺术审美操作的两个主要方向,它们产生不同的文学艺术类型及风格。

根据上面的介绍,诗主要是隐喻操作,所以诗人对于音节的复现、谐音和同音

---

❶　罗曼·雅各布逊:《语言学与诗学》,见《结构—符号学文艺学》,波利亚科夫编,佟景韩译,文化艺术出版社1994年版,第181页。

❷❸　同上,第182页。

现象特别敏感,对一个词背后隐藏的其他含义特别有想象力。而叙事艺术,例如小说,实施的主要就是换喻操作。小说要求对事件的连续性进展有想象力,关注细节,通过细节把事件引到不可思议之处。雅各布逊指出,现实主义风格的作品与换喻有紧密的关系,而浪漫主义作品则比较注重隐喻,相应的,浪漫主义也以诗歌为主。实际上,在其他艺术中,也存在着注重关联性、连续性与注重对应性、相似性两个不同的倾向,它们导致不同的艺术流派风格。立体主义绘画把物体改变成一系列的提喻(换喻的一种,用事物的局部特征代表整体,如以服装颜色代表某个人),具有明显的换喻特色,而超现实主义绘画因暗示梦境而有隐喻特点;电影艺术中,蒙太奇是换喻式的,淡入淡出则是隐喻式的;等等。

但是不论在哪种艺术中,都不可能是单轴的运作,只有两根轴配合运作才能产生完整的作品,就像言语的组词成句两者缺一不可一样。小说以换喻为主,但是小说必须有主题,有意味,不能只有情节进展,有意味就是隐喻功能在起作用;诗句也必须符合毗连性,否则就不像话,尽管诗歌艺术主要体现在隐喻方面。雅各布逊指出,一个人的语言出现单轴运作,那是一种病,即失语症。因此,艺术应避免失语症。

第三节　罗兰·巴尔特

罗兰·巴尔特(Roland Barthes,1915—1980)是符号学美学的创立者,他的活动领域是结构主义符号学。他把索绪尔的符号概念推及广泛的文化领域,致力于揭示社会文化现象背后的结构运作奥秘。他的理论具有很强的批判性,他把符号学作为社会文化批判的工具。

一、艺术的深层结构与元语言

在美学方面,罗兰·巴尔特首先告诉人们的是,艺术中的形象和故事其实都是符号操作的结果,而不是如人们以为的那样是自然而然的事实。这种符号操作是在深层结构的层次上进行的,而人们所看到的只不过是这种操作的表面效果。

1. 深层结构

深层结构是结构主义和巴尔特美学分析的主要焦点之一。

在《叙事作品结构分析导论》一文中,巴尔特尝试像分析句子那样分析叙事作品,主要是小说。他将叙事作品看作一个大的句子,用来自索绪尔的结构主义语言学方法探究其深层结构。巴尔特发现,叙事作品的深层结构与句子的结构一样,都是由两个基本的关系构成的,即分布关系和结合关系。前者是各种叙事元

素的横向展开,是故事线索,它就像语言的连词成句(横组合轴)程序,必须符合毗连性原则;后者是纵向垂直的轴线,使得横向展开的序列产生意义,就像语言的选词程序,必须符合对应性原则。叙事作品由于其庞大的组织结构与浩瀚的内容,它的纵向轴呈梯级排列,共有三个层次:功能层,行动(人物)层,叙述层。每一个层次都是分布和结合的双重运作,每一较低层次又通过垂直轴与上一个层次相结合,确证意义。整个叙事作品就是对这些深层结构的要素在横向的情节连接轴和纵向的意义暗示轴两个方向上的操作。这其中最值得注意的东西就是叙事作品的"纯逻辑现象":事件的每一环都自然相扣,结局在作品中不可避免,具有必然性,而这个结局的意义正是作品要暗示的。这样,作品所推销的意识形态和伦理价值就获得了合法性,故事像真的一样。

2. 元语言及其美学意义

叙事作品的深层结构就是所谓"元叙事",即叙事得以进行的话语材料及规则。元叙事属于"元语言(metalanguage)"范畴。所谓元语言就是当人们谈论事情或对象时所使用的作为工具的语言,它是相对于语言对象而言的。简单地说,当英语教师用汉语教我们英语的时候,他的语言对象是英语,他的元语言则是汉语。当然,具体地说,他的元语言是他说话时所使用的语言的一切规则及特征,包括教学化的特征,条理化、理性化的特征等等,是这一切的总和。如果说以前的美学让人们去谈论审美对象,以前的文学让人们注意文学所描写和表现的东西,那么,罗兰·巴尔特的理论让人们关心的是艺术家如何构造审美对象,对象的审美效果是怎么通过语言的结构性构造达到的,总之,让人们关心审美对象或艺术作品的元语言。按巴尔特的说法,就是对文学自身的反思。

这种反思带来了双重的美学后果。一方面,人们不再天真,不再受骗,人们知道看起来像真的一样的故事或视觉作品是符号操作的结果;而另一方面,艺术的魅力不再,过去意义上的艺术作品解体了,因为过去意义上的艺术作品的魅力就是建立在它的深层结构不直接暴露的基础上,建立在人们相信"从前有一个人……"是真的基础上。这也直接带来艺术死亡的感觉。所以巴尔特说,文学因认识自己而死去。

二、神话分析与大众文化的意义生产

巴尔特对美学的第二个重要贡献,是揭示了文化符号的意义产生模式,使我们可以进一步窥见各种文化产品特别是流行的大众文化产品的意义,它们是通过怎样的密码操作而被生产出来的。

巴尔特把社会文化特别是大众文化的符号操作所产生的产品都叫做"今日神话"。在今天,人们通过广告、体育明星、影视明星、故事甚至新闻报道生产神话。

今日神话不再像古典神话那样具有超自然的载体和幻想性的对象,但是在把流行观念置入形象,使之具象化方面,两者是一样的。今日神话的意义是怎样生产出来的? 它是怎样让人们放弃警觉而接受其喻示的?

巴尔特指出,在神话话语中,存在着一个二级符号系统,它与一般语言的符号系统不一样。普通的语言符号系统是:

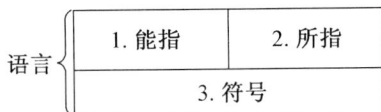

语言	1. 能指	2. 所指
	3. 符号	

在这儿,语音(能指)和意义(所指)在符号中直接统一起来。如果我们说"树",那么这个符号既是确定的声音,又是这个声音所代表的意义——多年乔本植物。但是神话的符号系统却如下:

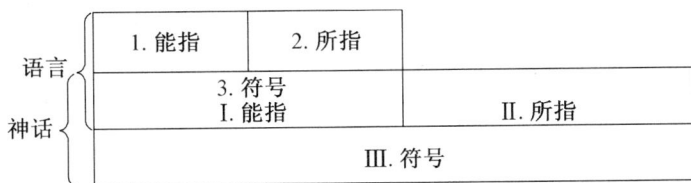

语言	1. 能指	2. 所指	
神话	3. 符号 I. 能指		II. 所指
	III. 符号		

在这儿,最明显的区别就是它构成了一个第二级符号系统。第一级系统中的符号(即一个意义和一个音响联系在一起的整体),在第二级系统中仅仅成了一个能指。

如果"树"成了能指,那么它的所指就不是"多年乔本植物",但那是什么呢? 罗兰·巴尔特指出,那取决于神话的设计和操作。在绿色和平组织的广告里,它可能意味着环境保护,或者生命的滋养。问题是,"多年乔本植物"是如何变成环境保护或者生命的滋养的? 关键在于它经历了一个变形过程。在神话里,第一级系统中的符号,其意义被部分抽空,它遭到歪曲或者异化。"树"的植物分类学以及其他一些含义被抽空,部分保留的是它的绿荫,它的光合作用的后果(产生氧气);另一方面,即使它的绿荫和光合作用也发生了畸变,被夸大(生命的全部滋养都来自树的光合作用),上升到人类生命的高度。这样,第二级符号系统的所指就产生了,并且,"树"与它一起融合成一个新的符号,"树"意味着"保护生命"。之所以说它是神话,是因为它融入了流行的观念,并且具有某种夸大性。巴尔特把这种从第一级到第二级演变的符号过程称为符号的意指作用。

现代神话玩的是意义变形游戏。巴尔特的神话分析揭示了文化意义的生产方式。

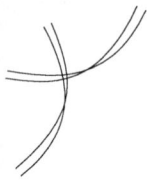

第四节　维特根斯坦

维特根斯坦(Ludwig Wittgenstein,1889—1951)是英美分析哲学的代表人物。他在英美数理逻辑哲学和后来的语言论哲学两方面都成就巨大。这种影响在美学方面也显现了出来。

一、词的家族类似性理论与美学

词的家族类似性是维特根斯坦后期语言哲学的一个核心概念。人们一般认为每一个词都有一个本义,本义是根据这个词所代表的所有事物的共同特征归纳出来的。但是维特根斯坦发现,对一个词所指的东西很难用一个共同特征加以概括,大部分词的各种所指之间差距甚大,且没有任何一定可遵循的联系线索。比如"游戏"这个词,既可用来指小孩的虚拟游戏,也可用来指大人下棋,它可以指体育运动(比如奥运会也是一种"games"),甚至赌博也是"游戏"一词的所指。它们没有一个大家共有的性质,但有一些基于不同性质的相似性,就像一个家族有血缘关系的人之间的相似性,你不能说他们的鼻子或者颧骨长得一样,也许其中两个人鼻子相像,另两个人的皮肤相像,但是人们仍然会认为他们有相似性,是同一个家族的。词义之间之所以会产生这种似乎偶然却又确实的联系,主要是因为语言是活的,语义不是规定好的,而是在使用中不断激活和延伸的。

词的家族类似性理论的意义在于:首先,它在另一个层面上表现了福柯后来坚持的反本质主义理念:词的意指不是本质性的,所谓共同本质的设想并不真实;其次,一个词的诸所指之间有联系,但那是一种不能归纳的、具有随机性的松散的联系;第三,语言是活的、开放性的,在研究语言时必须对言语的创造机制加以考虑;第四,也是最重要的,是研究重心的改变。维特根斯坦强调,正确的研究不应该是寻求或说明词的定义,而是描述词的用法,以及词义得以出现的条件。

这个理论对美学产生的影响是令人瞩目的。首先,美学不应该把研究重点放在说明"美是什么"上,而应该致力于描述人们在哪些情况下使用"美"或者"艺术"一类词语;其次,"美"、"艺术"或"美的"这一类词也并没有共同本质,它们的所指是由非常不同的东西组成的,相互间仅仅有家族类似性;第三,研究美学也应该有助于审美和艺术创造,而不仅仅是说明已有的东西。

二、"美"的用法与审美的具体性

如果把重心放在描述词的用法和词义得以出现的条件上,那么我们就可以发现,审美是非常具体的,每一个事例相互是很不相同的。美学应该关心每一个审美经验以及用词的具体性。

通过对美学中使用最多的词"美"或"美的"出现的语境作考察,维特根斯坦得出的结论令人瞠目结舌:"美"或"美的"都是表示赞同的叹词,相当于说"啊"、"好",它们出现的语境几乎是无法计数的,因此,什么是"美"的问题差不多是无法回答的。更引人注目的是,当人们真正作出审美判断的时候,用的往往不是"美"或"美的"这样的词。维特根斯坦举例道:"如果某个人审视服装店里的极其多的服装样式,(并且)说:'不,这衣服的颜色略嫌暗淡,这衣服的颜色略嫌花哨',等等,那么,他就是我们认为的衣料鉴赏者。他是一位鉴赏者,这一点不是通过他所使用的感叹词来表明的,而是通过他的挑选、选择等方式来表明的。与此类似,在音乐方面,如果有人说:'这支乐曲的演奏和谐吗?不,低音部不够响亮。我恰好希望这里出现不同的东西……'那么,这就是我们所认为的鉴赏。"❶针对音乐鉴赏,他还说道:"假定有一个人赞美和喜爱公认的好的乐曲,却不能记住最简单的曲调,那么当低音部出现时,以及当其他变奏出现时,他是根本听不懂的。我们会说他没有领会这首乐曲中的东西。我们使用'某人是精通音乐的'这个短语,并不是为了在演奏一支乐曲时,如果有人说了声'啊',就称他为精通音乐的,如同在演奏音乐时,如果一只狗摇晃起它的尾巴,我们也并不称它为精通音乐的那样。"❷

这样,在美学用语词典里,阴暗、明亮、柔和、刚硬、高贵、平庸、忧郁、宁静等等词语,比起"美"、"美的"这一类词语来要常用和重要得多,美学的主要方向和重心应该是在具体的审美经验上。

三、语言游戏与美学研究

维特根斯坦发现,词义的不规则性的一个重要原因是在语言的使用条件和场合上,也就是语言的用法上。在他看来,"用法"比"意思"更重要,用法产生了意思。所以他特别重视语用学方面的研究。

维特根斯坦有一个"语言游戏"的概念,他把人的言语行为称作语言游戏,它包含了言语所要遵循的特殊规则以及说话者对这种规则的操作,包含了语言表达加上某种外界环境并且伴随其他动作所构成的一个复合行动。"语言游戏"的概念要我们注意言语行为现场涉及的一切要素,而不只是所说的因素。只有考察了

---

❶ 维特根斯坦:《美学演讲》,见《二十世纪西方美学名著选》(下),蒋孔阳主编,复旦大学出版社1988年版,第87页。

❷ 同上。

53

第一编 西方美学的历史回顾

这一切，我们才能算是弄明白一段具体文本所包含的东西。

与这种强调语用的观点相一致，维特根斯坦表达了语言游戏观念在美学上的两个后果。

第一，审美的言语行为是综合性的、复合的，不能作单一的理解。一种审美判断在描述审美事实的时候，必须把狭义语言（比如文学的语言，舞蹈的舞姿）以外的言语行为要素都包括进来。维特根斯坦指出，在朗诵一段诗歌作品时，断句、重音都是必不可少的表达因素，而且，说话者的手势、身体其他部分的姿势以及面部表情等等，也是有效的表达因素，舍弃这些，理解就是不完全的。

第二，审美要与民族的整体文化联系起来加以考察。维特根斯坦认为，"附属于某种语言游戏的，是某种完整的文化。在描述音乐趣味的过程中，你必须描述儿童们是否举行音乐会，妇女们是否举行音乐会，或者是否只有男人们才举行音乐会，等等"❶。音乐不能作为一个抽象的事实，或者纯粹审美的事实加以描述。音乐同时也是一个民俗的活动、庆典的活动，各种不同的音乐表演掺杂着诸多属于民族、地区、特殊文化群体的复杂因素。把音乐从这些复杂性中抽象出来，成为纯粹的审美现象，那它首先就不真实。按维特根斯坦的这个观点，审美独立性的议题是不能成立的，美学也不能作为一门独立的学科与其他学科划清界限。

第五节　语言论转向对现代美学的意义

一、语言论美学与现代主义、后现代主义艺术

十九世纪下半期，西方出现现代主义艺术运动。现代主义艺术，如同格林伯格所说，其动力来自康德的划界冲动，是对艺术语言局限性的自觉和创造，它把重心放在艺术的语言和形式上，从艺术语言中寻找创作灵感。就其与语言论美学的关系而言，现代主义运动在先，语言论哲学—美学转向在后，但现代主义把焦点指向艺术的形式、媒介和构成，与语言论哲学的指向是一致的、重合的。而语言论美学反过来又推动了现代主义运动的发展，为其提供理论动力。

现代主义是现代性发展的一个阶段，是康德哲学的一个逻辑后果，这也说明，在认识论（现代性初期阶段的主导性哲学）和语言论哲学之间存在着比它们与本体论哲学更亲密的关系。

---

❶　维特根斯坦：《美学演讲》，见《二十世纪西方美学名著选》（下），蒋孔阳主编，复旦大学出版社1988年版，第89页。

后现代主义与语言论哲学—美学的关系略有不同,它基本上是由后期的语言论哲学思想引起的。后现代主义对现代主义将所有领域独立,严格划分界限的立场不满,诉求拆分边界,反对因专业独立带来的精英主义倾向及其本质主义的实质。德里达的解构主义既是语言论哲学的一个发展,又是后现代主义运动的一支,后者建立在他的语言解构哲学基础上。福柯和后期的罗兰·巴尔特的思想也被称为后结构主义思想,前者的话语理论直接导致了后现代主义各种文化运动,包括后殖民主义、身份政治批评、新历史主义,并且丰富和推进了女权主义以及文化研究等后现代主义运动。

所以,语言论哲学—美学在十九世纪末至今的社会文化运动中扮演了十分积极的角色,产生了明显的现实效应。

二、语言论美学的贡献

1. 从根本上打击了美学中的形而上学倾向

自有哲学以后,就有形而上学。哲学形而上学的主要表现就是认为通过概念和理论能够达到真理本身,它混淆了真理与对真理的谈论之间的区别,把后者看成前者本身。

形而上学在美学上的表现就是再现论和表现论。再现论把艺术看作对客观事物的再现,认为艺术与客观事物之间存在着相互替换关系,用客观事物的标尺衡量艺术的真伪好坏。表现论则把艺术看作艺术家主观思想感情的喷发器,在审美对象与人的主观情感之间存在着一一对应的关系。语言论既然把语言看作符号,也就取消了它的实质性,语言与客观事物和主观情感都没有对应性,它只是一种被指定的用来谈论它们的代码。因此,"愤怒"这个词不可能等同于愤怒的情感本身,"树木"一词也不是树木本身。艺术既然都使用语言——词、颜料、乐音、石料等等,它就不可能"再现"或者"表现"任何语言以外的实体或者心理特质。这样,用艺术来直达事物本身的美学上的形而上学就失去了其立足之地。

2. 拓展了美学的新领域

早期语言论美学关注审美和艺术中的表达和形式问题,把美学的重心从过去认识论时期的"表现什么"转向"怎么表现",产生了形式主义美学、结构主义符号学美学、现代叙事学等一系列相应的理论成果。后来的语言论美学开始打破学科和文化领域的界限,关注语言本身的政治学效应,发现了语言(话语)在各种文化运动中的轴心作用,使美学越出了艺术领域,关心各类文化事件,视野更加宽阔。相对于过去的美学,美学的领域大大扩展了。

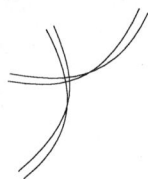

三、语言论美学的消极面及其反思

语言论哲学—美学发现语言不具有实质性,而人类的文化艺术又都要通过语言媒介加以表达,这种发现的后果之一必然是对人类的文化包括审美文化的失望,促成相对主义和虚无主义思潮的泛滥。相对主义不相信任何绝对的事物、绝对的价值,认为所有有关文化的议题和答案,其有效性都仅限于一个有限的范围,对任何绝对的东西的设想都是毫无根据的。相对主义也留下了虚无主义产生的空间:由于所有东西及其价值的相对性、易逝性,没有任何东西能够留下来,最终一切都归于虚无。语言论哲学—美学客观上所具有的这些消极面,实际上影响着现有的思想文化。费耶阿本德提出的"怎么都行"这个口号表现了人们面对语言论消极后果时的心态——彻底的解放,伴随着幻灭。

第二编
中国美学的历史回顾

　　西方美学思想一直存在着形而上学的梦想,因此在其美学发展的各个阶段之间有很明显的逻辑关系,后人的创新都是对前人提出的问题的回应,是通过理性通达真理的终极设想这个老根上发出的新芽。这样,我们就有可能按本体论、认识论、语言论三个时期来展示西方美学的学理逻辑,并看到每一个后者对前者的超越。而传统的中国美学,主要是中国古典美学,以其精妙的领悟见长。领悟的前提是把人作为接受者,以人与自然和世界融为一体的姿态体会各种真谛。这样,中国的哲学——美学思想就不会有一条前后一致的明确的逻辑发展线索,以及后人对前人不断超越的标记,我们见到的是一座座散见于历史各处的思想高峰,其中每一座都是体会的极致,不可超越。

　　为此,在介绍中国美学的时候,我们要使用不同的叙述。我们将分两个部分介绍中国美学:一是历史上产生重要影响的一些思想流派、人物和著作;二是中国古典美学的几个标志性主题。

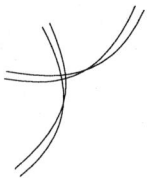

第一章　重要的思想流派和人物著作

第一节　儒家的美学思想

以孔子(前551—前479)为代表的儒家思想无疑是中国历史上影响力最为深远的思想流派之一,它的美学思想也是中国传统美学的主要精髓。

一、孔子的和谐社会理想与美学

儒家的美学思想是其理想社会理论构造的一部分,通过了解其理想社会的理论,我们才可以理解孔子关于音乐、文学以及其他审美方面教诲的真正含义。

儒家的理想社会是一种和谐社会,这种社会建立在自然秩序的基础上。孔子为此提供了基本的理论。

1. 仁与礼的社会理想

孔子的社会理想以"仁"为核心。

何谓"仁"? 我们可以从孔子的两句话来了解"仁"的含义。这两句话都出自《论语·颜渊》:"樊迟问仁。子曰:'爱人'";"颜渊问仁。子曰:'克己复礼为仁。一日克己复礼,天下归仁焉。'"前一句指出了"仁"的社会理想的实质,后一句说明了达到"仁"的途径。毫无疑问,孔子的理想社会是仁爱的社会,其中人和人之间的关系是爱与和谐。但是这个爱与和谐要通过克己复礼来实现。礼就是君君臣臣父父子子,每个人恪尽职守,就是社会秩序。克己复礼就是克制一己小我的私利,恢复西周全盛时期的礼制。一旦克己复礼,天下就会显示仁爱和谐的景象。

2. 礼乐刑政——维护仁爱社会的手段

孔子思想的核心是创造(或恢复)一个仁爱的社会,他的各种其他思想,包括美学思想,都是为此目的服务的。具体说来,就是通过礼乐刑政四种手段来维护他的理想社会构想。

礼规定了社会秩序。刑是惩罚性的,当有人冒犯礼的秩序的时候,就要用刑罚。政是社会管理,通过行政手段实施各种有利于社会和谐的政策。而更重要的是乐。刑政是管外部事务的,而乐则是管人的内心的。乐是用情感打动人,有利于修身养性,达到说教所不能达到的效果。所以,比起刑政,孔子更注重礼乐,经常是"礼乐"并称的。而所有这一切,都以建立一个和谐社会为目标。

二、与善相结合的审美理想

因此,儒家美学思想最主要的特点就是将美始终与善(有利于社会,有利于道德修养)结合在一起。

1. 作为社会和谐整体组成部分的美

孔子从来不单独谈论独立的艺术欣赏和艺术创作,他对纯粹的审美问题不感兴趣,他总是在对理想社会境界的憧憬里,把艺术活动,主要是音乐和诗歌的欣赏和创作,作为这种最高的理想生活的内容加以描述。他对自己的得意弟子颜渊描绘的和谐社会典范是"行夏之时,乘殷之辂,服周之冕,乐则韶舞,放郑声,远佞人"❶。和谐社会是一个整体,其中应该用最合理的夏历作为历法制度,最实用的殷商之辂作为车乘,最华美的周代冠服作为服饰、社会风气诸方面的正确选择,驱除奸佞小人。在这样一个理想社会中,袅袅入耳的恰是韶、舞之乐,只有韶、舞才配得上这种美妙的生活。如果是吟诵诗歌,那就是吟诵诗三百,那是孔子删编过的健康的诗歌。

音乐与诗歌都会随着社会状况的改变而发生变化,艺术是社会的神经。"治世之音安以乐,其政和;乱世之音怨以怒,其政乖;亡国之音哀以思,其民困。"❷艺术深刻地反映着一个社会的精神和政治风貌。正因为如此,对诗歌的采集整理成为后世遵循儒家治国之道者的一项政治任务,先秦的《国风》,两汉的乐府诗,都是自民间采集而来,用于当政者了解民众心声和考察政治风向。

2. 作为内心修养的审美

一个仁爱的理想社会体现在每一个人,特别是文人士大夫的精神世界中,表现为一种很高超的思想情感方面的修养。这种内心修养依赖于并且表现为艺术和审美的生活状态。

孔子描述了这种修养的形成过程:"兴于诗,立于礼,成于乐。"诵诗是修养的开始,不学诗,无以言,诗经教会人文明的说话;学会礼,就可以在社会上站得住;而修养的最终完成,有待于音乐生活的陶冶。有一次孔子要求他的几个弟子谈谈各自的志向,当其他人大谈辅佐国君治国抱负时,他听到弟子曾皙与众不同的理想:"暮春者,春服既成,冠者五六人,浴乎沂,风乎舞雩,咏而归。"❸这描绘的是一幅礼与乐的宴乐图,其中的人与自然融为一体,充分享受自然和艺术的快感。孔

---

❶ 《论语·卫灵公》。

❷ 《毛诗序》。

❸ 《论语·先进》。

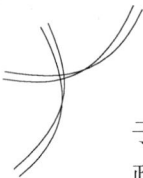

子对曾皙的志向大加赞赏,表示曾皙说出了自己的理想。这似乎与孔子为积极的政治主张奔走呼号的形象并不一致,其实恰恰深刻表现了孔子政治理想的实质:政治最终要使每一个人进入一种内心和谐的状态,如果人们享受礼乐,有健康和审美的处世态度,那就不会有阴谋和争斗,不会有奸佞小人,不需要外在硬性的惩罚性行政措施和规定。这也是孔子和儒家学说把人的内心修养作为首要目标的原因。

3. 尽善尽美的艺术理想

孔子对艺术的最高要求是"尽善尽美"、"文质彬彬"。

所谓"尽善尽美"就是内容上要有利于善的伦理道德,形式上要优美。这句话本来是针对音乐说的:"子谓《舞》:'尽美矣,未尽善也。'子谓《韶》:'尽美矣,又尽善也。'"❶《舞》和《韶》都是音乐作品,孔子对《舞》的美虽然作了赞赏,但认为它不够善,也就是说不够和顺、安逸、文雅。孔子一向喜欢《韶》乐,有"子闻韶,三月不知肉味"的记载,原因在于它尽善尽美。

美善结合的儒家美学原则的另一个表现就是"文质彬彬"。孔子说:"质胜文则野,文胜质则史,文质彬彬,然后君子。"❷质是材质朴实,注重内质,文指表现得有文采,注重外表,文(外表)和质(内里)要和谐,实际上也是美与善的和谐共处。其中,善是更加优先的因素。这是对君子为人以及艺术作品的共同要求。

4. 温柔敦厚的诗教

《诗经》作为先秦语言艺术作品,汇集了当时民众喜怒哀乐的艺术表达,但经孔子整理后成为儒家经典,在伦理道德上具有了典范的价值。孔子说,"诗三百,一言以蔽之,曰思无邪"❸,成为教育人的行为规范。美善结合的《诗经》成为一个教育的科目,叫做"诗教"。

诗经能够教人什么呢?

主要是两个方面——修身养性和改善社会。

孔子说,"诗可以兴,可以观,可以群,可以怨。迩之事父,远之事君;多识于鸟兽草木之名。"❹前两者,"兴"指启发鼓舞,是想象力;"观"指观察认知,是理解力,两者涉及的是修身养性。后两者"群""怨"则是社会功能,群指"群居相切磋","怨"则指劝喻上级统治者。"事父事君"也是服务社会,而"多识于鸟兽草木之名"则是知识功能之一,属于修身养性之类。儒家经典《毛诗序》进一步总结道,先王用诗经来"经夫妇,成孝敬,厚人伦,美教化,移风俗"。就是说,诗经可以使夫妇亲

---

❶ 《论语·八佾》。

❷ 《论语·雍也》。

❸ 《论语·为政》。

❹ 《论语·阳货》。

密,使社会养成孝敬长辈的风气,人与人之间关系淳厚,民众有好的教养,社会风俗转向高尚。《毛诗序》主要是就改善社会说的。

所谓"温柔敦厚,《诗》教也"❶,是对诗经教育在这两方面所达到的效果的总结。诗教能够使社会和个人都达到温柔敦厚的境界。通过诗经的教育,人们学会通过赋诗达意,不违礼节,婉转地陈述自己的愿望、要求、观点。在外交场合,则常常需要引述《诗经》中的诗句,曲折地表达自己的意思,这叫"赋《诗》言志",有批评和不满,也要通过《毛诗序》所谓的"主文谲谏"的方式,即用隐约的言辞谏劝而不直言过失,由此体现社会的和谐仁爱。

5. 中和之美的理想

儒家的另一个重要美学思想是提倡中和之美。这显然出于中庸的思想,凡事不能过,过犹不及。《礼记·中庸》说:"喜怒哀乐之未发谓之中,发而皆中节谓之和。中也者,天下之大本也;和也者,天下之达道也。致中和,天地位焉,万物育焉。"诗歌音乐是发乎情,发乎喜怒哀乐的,要有中和之美。孔子称赞《诗经·关雎》"乐而不淫,哀而不伤"。"淫"是水满漫出的意思,也就是过分,"关雎"有快乐,但不过分,有悲哀,但没有达到伤人的地步。过分的快乐会失去快乐的本分,乐极生悲,这跟没有快乐是一样的;悲哀没有节制就会导致伤痛,失去了被诗歌歌咏的意义。美都是中和的,中和的美才能达到和人心、使社会和谐的作用。

第二节 道家的美学思想

道家思想是中国历史上另一个思想宝库,与儒家思想并行至今,影响深远。

道家创始人是老子和庄子。老子(生卒年代不详),春秋时期楚国人,著有《老子》即《道德经》;庄子(约前369—前286),战国时期蒙人,著有《庄子》,今存33篇。

一、道家思想的几个要点

与儒家一样,道家的美学思想也是其总体思想的一部分,所以理解道家美学首先必须了解其宇宙观、社会观。

1. 自然之道

道家思想的核心是道。道指"天道",即宇宙天地万事万物的自发的运行,因为这种运行被设想为有规律的,所以天行就有道。这个道是人不可能掌握和认识的,大于人的存在。道是万物的本源,道生一,一生二,二生三,三生万物。道家就

---

❶ 《礼记·经解》。

是强调道在宇宙天地的优先地位。

在道家思想中,道不仅是本体论设定,而且也是伦理的基础。道化育万物,生成万物,并且运作万物,道的运作对人对物都是最好的,最有利的。道在人和物之间没有分别。这种既是本体论又是伦理基础的道,用一个词来概括,就是"自然"。自然不仅是人和事物本身的状态,也是人和事物最好的状态。道最终归结于自然。"人法地,地法天,天法道,道法自然。"

2. 绝圣弃智

道是自然,自然的最大特点就是出自本性,浑然天成,就是没有人的主宰和刻意介入。

因此道家反对通常意义上的思想。通常意义上的思想是把事物作为对象,试图通过思想把握事物发生发展的规律,从而达到掌握和控制事物的目的。道家认为所有一切均属自然而然,当因果关联被思考,它就不再是因果关联本身,如果再用思考去干涉事物的自然进程,其结果只能适得其反:"天下皆知美之为美,斯恶已;皆知善之为善,斯不善已。"❶如果人们知道某人美是因为她的双眼皮,所有的人都去割双眼皮,世上就不再有自然美的眼睛;如果人们知道扶老人过马路是道德高尚的表现,而都去扶老人过马路,做好事就成了做秀。知道了善恶而去行善,行善就成了有目的的行为,这样做,"擢德塞性以收名声"❷,把本来是天然性情的善变成了沽名钓誉的手段,败坏了社会道德。

道家不是不要思想。绝圣弃智,思想与天地万物融为一体,共同运行,这样的思想功能是觉悟和领会。觉悟和领会没有功利性,没有侵略性,没有目的,是什么就接受什么,没有人为的东西,这是真正的聪明。

3. 无为而为

自然之道表现在实践伦理方面,就是无为。

老子说:"以正治国,以奇用兵,以无事取天下……故圣人云:'我无为,而民自化;我好静,而民自正;我无事,而民自富;我无欲,而民自朴。'"❸无论是得天下,还是治国、为富、教化民众,都以无事、无为的方法来做。如果世界万物是在天道运行中自然化成的,并且自然化成的是最好的,那么人的努力就是多余的。因为人的目标无非就是取得最好的结果,人的努力必须合乎自然之道,方能达到此目标。而如果合乎自然之道,人与宇宙自然一起运作,事情看起来就像自然生成,而不是人刻意努力得来的;如果不合乎自然之道,那么越努力就越远离此目标。所以无为实

---

❶ 《老子·第二章》。

❷ 《庄子·骈拇》。

❸ 《老子·五十七章》。

际上是最大的作为，无为而无不为。刻意的有所作为反而画蛇添足，往往适得其反。

4. 抱朴归真

老庄的自然无为思想是有很强的现实针对性的，它抨击的是以儒家为代表的积极作为的思想。老庄认为，树立仁义道德，规定法制，显明好坏，这些治理社会的方法完全是失败的，其代价是毁道德，灭真性，反素朴。三皇五帝以来，治理的结果是社会愈来愈乱，世风日下，盗贼淫乱日盛。这些批判很尖锐，也很击中要害。但是在寻求出路方面，道家的理论基本上是倒退的，它主张返璞归真，回到过去的那种原始状态的生活中去。"小国寡民，使有什伯之器而不用，使民重死而不远徙。虽有舟舆，无所乘之；虽有甲兵，无所陈之。使民复结绳而用之。甘其食，美其服，安其居，乐其俗。邻国相望，鸡犬之声相闻，民至老死，不相往来。"❶很小的国家，很少的人口，没有能力动武，也就不需要军队兵器，不需要复杂的计算，结绳记事即可，民众因此安居乐业，并不觊觎邻国的财富，因而国家间相安无事。

二、道家的美学思想内容

道家的思想是以道与自然一以贯之的，这也推及美学。因此，道家美学思想的最大特点是把美与自然联系在一起。

具体说来，道家美学思想有这样一些内容：

1. 大美不言——美是道的表现

这是道家美学思想最基本的观点。

庄子说："天地有大美而不言"❷；老子说："大音希声，大象无形。"❸"大"即是道，大美是道的美，是美的极致。大音是音乐的极致；大象是图形的极致。老庄崇尚大美。大美是自然天地的美，唯有它是值得追寻的。按老庄，极致的大美有三个特点：

第一，它们不表现，不夸耀，低调，平淡。自然中的美的极致是天地的美，天地的美可谓之大美，但自然并不到处向人宣告这美，它对这美保持沉默。"不言"是指不表现，不张扬。"大音"是最好的音乐，它却很少有声音（"希"同"稀"，稀声就是没有什么声音）；"大象"是最美的图形，但它无形，肉眼看不见它。庄子在"齐物论"中提到，音乐根据发声的器物可分为三种，有天籁，有地籁，有人籁。人籁和地籁都有声，而天籁就是自然本身，是无声的，但却是大音，是最美的音乐。

❶ 《老子·八十章》。
❷ 《庄子·知北游》。
❸ 《老子·四十一章》。

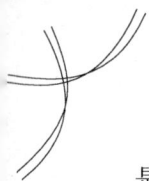

第二,它们是自然的,不是人为的,不是刻意造成的。道法自然,道的美当然是自然的。在这儿,自然的意思有两重,它既是自然界意义上的自然,即,大自然的美是大美,美的极致;它又指自然而然意义上的自然,凡事顺其自然才能美。老庄反对五色、五音,因为它们是人为的,而非自然的。"五色令人目盲,五音令人耳聋"❶;"五色乱目,使目不明","五声乱耳,使耳不聪"❷。五色是人从自然界中抽象区分出来的,人对五色的运用是竭力使之从最极端饱满的色谱上表现自身,并将它们组合混杂,这样自然的眼睛就被绚丽的色彩眩晕,失去了接收微妙的自然之色的能力。耳朵对五音的接受也是如此。

第三,它们是浑然一体、不可分割的。自然的声色都是浑然玄妙的,不是彼此分明交杂的,因为它们都处于变化之中,互相融合吸收和包容。所以自然也意味着彼此不可分割。

大美是艺术和文章的最高境界,而达到大美的唯一途径就是借助于天地自然,借助于它们的启示和进入。所以李白有"阳春召我以烟景,大块假我以文章"的说法,其中的"大块"就是用了庄子的概念(《庄子·大宗师》:"大块载我以形"),指大自然,好的文章是借助于大自然而生成的,它根本上就是道之文。

2. 有无相生——审美辩证法

我们在变化的意义上使用"辩证法"一词。老庄的学说是有关变化的,他们看见的与常人不一样,常人抓住某些明显的东西来认知,并且把被认知的东西固定化。老庄要告诉人们的是,当我们谈论某样东西的时候,它已经不是那样了,所以"有"其实已经"无"了,而"无"则正在成为"有"。

老子说:"天下皆知美之为美,斯恶已;皆知善之为善,斯不善已。故有无相生,难易相成,长短相较,高下相倾,音声相和,前后相随。"❸这儿的有无、难易、高下等等,它们的关系是多样的。有的是相互产生,有的是相互成全,也有的是相互跟随,但其根本关系是:一者里有其相反的另一者。具体到审美上,这个思想的启发性是非常丰富的。二十世纪西方绘画流派中有一个影响很大的派别——抽象表现主义,为首的有康定斯基、蒙德里安等人。他们对《老子·十一章》特别感兴趣,在那一章里,老子说:"三十辐共一毂,当其无,有车之用;埏埴以为器,当其无,有器之用;凿户牖以为室,当其无,有室之用。故有之以为利,无之以为用。"毂是车子辐条的汇聚处,但它中心是空的,可以塞入车轴;埴是陶土,它被用来做碗、盘等盛器,但碗、盘中间必须做(埏)成空无的,这样才可用来盛东西;房子的门户

---

❶ 《老子·十二章》。

❷ 《庄子·天地》。

❸ 《老子·二章》。

看起来是一个洞,是无,但没有它们,房子就不能用。"无"可以成为"有"。抽象表现主义就以这个思想为核心提出"极少主义"理念,相信画面上的颜料和画痕越少越好,因为"无"中间是有东西的。美国当代行为艺术家约翰·凯奇,他的作品《4'33"》,人站在钢琴前达四分三十三秒之久,却完全不作弹奏,意在使人们从无声中获得音乐体验,这儿也可以看到有无相生哲学的影子。其实在中国古代,诗人、画家、环境艺术家早已实践了道家的这一思想并使之成为经典的中国美学理念。

3. 人之所美——审美的相对性

道之美是美的极致。除此之外,其他的美都在相对性的序列之中。老庄的美学思想中,有比较浓厚的相对主义色彩。

庄子举过一个著名的例子:"毛嫱丽姬,人之所美也;鱼见之深入,鸟见之高飞,麋鹿见之决骤。四者孰知天下之正色哉?"❶可见,美有相对性。

老庄的相对主义美学观有两个含义:一是各种存在(比如动物)都有其自身的审美标准,每一种标准都不能取代或涵盖其他的标准,由此可以得出,审美判断有族类的相对性(按老庄,物我齐一,人并不是最优势的族类);二是不可自以为是。《庄子·秋水》讲黄河神河伯在秋水涨潮之际看到自己水面宽阔,自豪感油然而生,"以天下之美为尽在己"。当它顺流向东见到海,才知道自己的渺小,望洋兴叹。山外还有山,即使大海也不是宇宙中最大的。这表明,万物与至高无上的道相比,没有什么是伟大的,都处于相对主义的循环之中,说明真正的美不在人间,而在自然。

4. 得意忘言——意蕴优先的美学思想

在语言与意蕴、艺术符号与艺术符号所显现的东西的关系方面,道家的观点是清楚的,即重视意蕴以及被显现的东西,而把语言和符号置于次要位置。"道可道,非常道,名可名,非常名"这句话表明,语言不能直接触及常道。对于思想而言,可以不通过言语而去领悟常道,但对艺术作品就不能这样,它不得不使用艺术语言去彰显某些东西。杰出的艺术作品当然以彰显常道为务。这就出现了一个问题:如何处理不能触及常道的语言与常道本身的意蕴之间的关系。

《庄子·天地》中说"世之所贵道者书也,书不过语,语有贵也。语之所贵者意也,意有所随。意之所随者,不可以言传也"。《庄子·外物》说:"筌者所以在鱼,得鱼而忘筌;蹄者所以在兔,得兔而忘蹄;言者所以在意,得意而忘言。"这表明,第一,言语不能达意,所以固着于言语、符号及其逻辑,是不能悟道故而也不能领会艺术深蕴的;第二,当言语符号用来作为达意的通道时,我们必须把注意力集中于

---

❶ 《庄子·齐物论》。

意蕴,而不是言语符号。就像钓鱼,人的注意力应该在鱼上,而不是渔钩上;追逐兔子,人的注意力应该在兔子本身,而不是它的足印上。言语符号本身不重要,达意即可,这意味着,在这方面没有定规,可以无限地推陈出新;另一方面,在最好的艺术品中,言语应该是不露痕迹的。这个思想深深地影响了中国经典美学。

5. 庄周化蝶——物我两忘的审美境界

道家美学的另一个重要思想是"化境"。

所谓"化境"是指一种境界,人的主体化入物之中,与物融为一体,从而取消人的主体性,并且,物也取消它的外在性。在这种境界下,物有了感觉,而人像物一样感受。

庄子通过讲述他梦中化蝶的故事演示这种境界。他说,当他梦见蝴蝶的时候,自己高高兴兴的就是一个活生生的蝴蝶,愉快而惬意,并没有意识到自己的真实身份是庄周;而当他醒来时,才惊悟到自己是庄周。但是这时真正的身份变得难以辨认,因为你不知道到底哪个时刻是在做梦,也就是说,自己到底是人还是蝴蝶,到底是庄周梦见了蝴蝶,还是蝴蝶梦见了庄周。主体性发生了位移,这种位移启示出,人的本体论性质其实是不能从世界中抽象出来的,人最真实、也最快乐的境界就是物我两忘的境界。

为什么化境能达到物我两忘呢?《庄子·齐物论》说:"南郭子綦隐机而坐,仰天而嘘,苔焉似丧其耦",这描写的是一个境界高人靠着几桌坐下,仰天长叹,化入宇宙天道的情形。"苔焉"是解体的样子,对于"耦"字,晋代郭象解作"匹配",意为"我"失去匹配,失去对象,清代俞樾解作"寓",人寓于肉体,故作肉体讲。这两种解释都可通,前者是说"我"失去了对象,即化入物中,物我为一;后者是说我的肉身解体、丧失,也是"化"的意思。可见,化是物我两失,因为当人失去对象的时候,也就没有了"我"的意识,反之亦然。但正是在此时,一个新的不分物我的存在状态就出现了。这种状态,其实就是自然。人要从小我中解放出来,成为自然的人,这时他的作品就如同自然本身的作品,没有做作,不求表现,意蕴深厚。化境是艺术创造的最高境界,也是庄子留给后世中国美学的一大精华。

第三节 《乐记》的美学思想

《乐记》是儒家经典《礼记》中的一部分,相传为公孙尼子(生卒年代不详)所作,成书于战国年代。这是中国历史上最早的一部美学专著,专门论述音乐理论,所以值得我们专门介绍。

乐在儒家思想中的重要性我们已有说明。因此,作为儒家经典的《乐记》,在讨论音乐时主要是围绕儒家礼乐思想的核心进行的。尽管如此,它仍然提出了许多极有价值的音乐美学思想。

一、感物而动与乐察民心

《乐记》认为音乐的发生是由于人心感物而动:"凡音之起,由人心生也。人心之动,物使之然也。感于物而动,故形于声。""动"是心动,也就是发生情感。受到物感动的是"情"。人对事物有所感动,产生情感,从而导致音乐表现的需求。情是音乐的直接推动力。"情动于中,故形于声,声成文谓之音。"❶这是音乐的来源。

这种感物而动的情感论的解释,目的是为儒家"声音之道与政相通"的思想提供合法性论证,说明音乐及其相关的诗歌与舞蹈的重要性。音乐反映了人心,而这个人心是对"物"(包括政治现实)的感动得来,因此音乐中反映的喜怒哀乐就是现实政治的写照,直接说明了政治的好坏。所以《乐记》说"治世之音安以乐,其政和;乱世之音怨以怒,其政乖;亡国之音哀以思,其民困。声音之道,与政通矣"。在《乐记》看来,五音的每一个都与一个政治功能有关,每一个音的混乱会导致该功能的紊乱,而五音之间的关系完全象征了国家整体状况:"宫为君,商为臣,角为民,徵为事,羽为物。五者不乱,则无怗懘之音矣。宫乱则荒,其君骄;商乱则陂,其官坏;角乱则忧,其民怨;徵乱则哀,其事勤;羽乱则危,其财匮。五者皆乱,迭相陵,谓之慢。如此,则国之灭亡无日矣。"

通过音乐可以体察政治和民心,这是从西周开始历代官府重视搜集民歌的原因,也正因为此,才有对诗经特别是十五国风的采集,汉代甚至专门设置官方机构"乐府"来负责这种采集的工作。

二、音乐和同社会人心的价值

音乐可以反映民心,从而反映社会政治状况;反过来,音乐也可以作用于民心,改善社会政治状况。"是故先王慎所以感之者:故礼以导其志,乐以和其声,政以一其行,刑以防其奸。礼乐刑政,其极一也,所以同民心而出治道也。"❷

《乐记》特别区分了礼与乐的不同社会价值:"乐者为同,礼者为异。同则相亲,异则相敬。乐胜则流,礼胜则离。合情饰貌者,礼乐之事也。礼义立,则贵贱等矣;乐文同,则上下和矣;好恶著,则贤不肖别矣。刑禁暴,爵举贤,则政均矣。仁以爱之,义以正之,如此,则民治行矣。乐由中出,礼自外作。乐由中出故静,礼自外作故文。大乐必易,大礼必简。乐至则无怨,礼至则不争。揖让而治天下者,礼乐之谓也。"礼的主要作用是别异,要让长幼上下有序,贵贱有别,使人们遵守社

---

❶ 《礼记·乐记》。

❷ 《礼记·乐记》。

会秩序。礼使人有敬畏之心，但如果做得过分，则会产生分离的力量。而乐的主要作用是和同，和同是内在的，它作用于内心，所以是静的；它寻求和合，所以产生相亲相爱的力量，消除怒暴之情感，没有怨恨，没有争夺之心，能够使人们以礼让为先，从而作用于治世的根本。"夫乐者，先王之所以饰喜也，军旅鈇钺者，先王之所以饰怒也。……喜则天下和之，怒则暴乱者畏之。"❶

所以，与孔子"兴于诗，立于礼，成于乐"的断论相似，《乐记》基本上认为音乐的主要作用在于修养和陶冶人心。"故听其雅颂之声，志意得广焉；执其干戚，习其俯仰诎伸，容貌得庄焉"❷，这就是说，经常听雅颂之乐，能够开阔人的志向和意念，而经常就着音乐跳舞（"干戚"是舞具），甚至能够美容，使得容貌端庄。

三、声、音、乐三层次的区分

音乐从感性方面看，是一种声响。但从它的内部看，是有差别的，因此对这种声响在审美意义上加以区分一直是美学上的难题。令人惊讶的是，《乐记》在这个问题上作出了精当阐述，特别是对音和乐的区分，对今天的音乐美学有直接的贡献。

《乐记》指出，声、音、乐是音响的三个不同的层次，这三者按序由低到高，反映了三种不同的境界。《乐记》说："乐者，音之所由生也；其本在人心之感于物也"；"声相应，故生变；变成方，谓之音。比音而乐之，及干戚羽旄，谓之乐"；又说"凡音者，生于人心者也。情动于中，故形于声，声成文，谓之音"；"凡音者，生于人心者也。乐者，通伦理者也。是故知声而不知音者，禽兽是也；知音而不知乐者，众庶是也。惟君子为能知乐"。从这儿可见，声处于最低层次，只要情动于中，感觉有所触动，都会发出声音。声是禽兽都能听懂的，但仅仅听得懂声，与禽兽无异。声互相响应，就产生很多变化的可能，把这种变化纳入一定的规则，就成了"音"，所以声要成文，才有音。所谓"文"，是"纹"的古字，指修饰美化、组织编制。好听的或组织编制过的声音才能被称为"音"。众庶可以理解接受"音"，"音"是大众层次的音乐。音乐的最高层次是"乐"。从形式上看，用乐器演奏编织好的声音（"比音而乐之"），并辅之以舞蹈（"干戚羽旄"），就是"乐"了。但是从内容上看，"乐"是通伦理者，伦理指条理、道理、理性，也就是说在好听的声音背后还有进一步的道理的，方能称得上乐。"惟君子为能知乐"，君子从好听的声音中能够领会其所包含的形而上的东西。这形而上的内容当然是与儒家的礼义有关的，但它不仅仅是社会道德。"大乐与天地同和，大礼与天地同节"❸，这是一种得自于宇宙天地的和气，是一种终极的领悟。

❶❷❸ 《礼记·乐记》。

音和乐的区分十分微妙。《乐记》记载魏文侯向子夏询问，为什么自己听到郑卫之音十分提神，而一听到"武"这样的音乐就打瞌睡。子夏回答说，你爱听的是沉溺淫乱的音乐，这种音乐充满了引诱，所以提神，但君子是不听这种音乐的；包括"武"在内的古乐，其音节和顺而不剧烈，看似平淡却义理深厚，只有深入其精髓才能为之感动。这两种音乐，一种是"音"，一种是"乐"，"夫乐者，与音相近而不同"，音与乐之间，咫尺天涯。

用上述理论来解释今天不同类型的音乐，严肃的（包括学院派、先锋派的）音乐可称为"乐"；流行的通俗音乐只能称为"音"，算得上好听的声音；而那些音响躁动剧烈，人们又不觉得好听的，就只称得上"声"。

四、音乐的几个审美特征

《乐记》对音乐的感性特征特别关注，作了多方面阐述。其中，有几点十分有价值。

第一，音乐是情感的表现，"乐"的本质是快乐。《乐记》说"歌之为言也，长言之也。说之，故言之；言之不足，故长言之；长言之不足，故嗟叹之；嗟叹之不足，故不知手之舞之，足之蹈之也"。"说之"即"悦之"，人感物而动，其中快乐的感动首先通过语言表现，语言不足以表现的时候，就用拖长声音的语言（诗歌），还不够，就用嗟叹以致手舞足蹈的方式表现。所以，"乐者乐也。君子乐得其道，小人乐得其欲。以道制欲，则乐而不乱"❶。君子乐道，表明这种乐是一种精神上的快乐。《乐记》涉及的音乐情感很多，除了快乐，还有哀怨、愤怒、悲伤等等，只有快乐情感的音乐称得上是"乐"。"治世之音安以乐，其政和；乱世之音怨以怒，其政乖；亡国之音哀以思，其民困"，这句话之所以用"音"称呼所有三种音乐，是因为怨、怒、哀、思等情感并不能称之为"乐"，只能称之为"音"，因为"音"是比"乐"更大的范畴。所以，最好的音乐是快感的表现。

第二，对音色与编织的区别。音乐的审美有赖于对其音响特征的认知，作为一部产生于公元前的古老著作，《乐记》并不笼统地描述音乐的音响特征，它对音响进行了分类。《乐记》指出："钟鼓管磬，羽籥干戚，乐之器也。屈伸俯仰，缀兆舒疾，乐之文也。""乐之器"即音色，是音乐的媒介，发声的器具，是音响特征的一个表现；"乐之文"是音乐的编织、组织结构，是音响特征的另一个表现。两者分别揭示了音乐的两种有区别但也互为合作的审美创造路径，音乐家可以在"钟鼓管磬，羽籥干戚"的乐器选择上动脑筋，也要通过乐音的编织对音响的"屈伸俯仰，缀兆舒疾"作出选择。通过对音色（媒介）与编织（结构）的分类，《乐记》使得系统地认

---

❶ 《礼记·乐记》。

知音乐审美特征成为可能。

第三,通过音质阐释音乐的意义。音乐的意义与音质相关,这听起来像是现代主义美学观念,但《乐记》的观点确实如此。《乐记》说:"乐者,音之所由生也;其本在人心之感于物也。是故其哀心感者,其声噍以杀;其乐心感者,其声嘽以缓;其喜心感者,其声发以散;其怒心感者,其声粗以厉;其敬心感者,其声直以廉;其爱心感者,其声和以柔。"其中噍以杀、嘽以缓、发以散、粗以厉、直以廉、和以柔等是音质特点,而哀、乐、喜、怒、敬、爱则是情感性质,不同的情感体现在音质上有不同的特点。这种音质是通过乐音的选择安排,即上文所说的"编织"实现的。《乐记》又说:"钟声铿,铿以立号,号以立横,横以立武。君子听钟声则思武臣。石声磬,磬以立辨,辨以致死。君子听磬声则思死封疆之臣。丝声哀,哀以立廉,廉以立志。君子听琴瑟之声则思志义之臣。竹声滥,滥以立会,会以聚众。君子听竽笙箫管之声则思畜聚之臣。鼓鼙之声欢,欢以立动,动以进众。君子听鼓鼙之声则思将帅之臣。君子之听音,非听其铿枪而已也,彼亦有所合之也。"这是用不同的乐器音色来表现不同情感。

第四节　刘勰《文心雕龙》的美学思想

刘勰(约441—约521)的《文心雕龙》是中国历史上一部影响巨大的文学理论著作,其中包含了很多独特和极有价值的美学思想。

一、严谨的体系性和逻辑性

《文心雕龙》是中国文学史上罕见的有完整体系的文论著作,它的体系性特别显眼,以致清代名家章学诚给它以"体大而思精"、"笼罩群言"的评价。近代学者黄侃也认为,像《文心雕龙》这样"敷陈详核,征证丰多,枝叶扶疏,源流粲然"的文论专著差不多是空前绝后的❶。《文心雕龙》共五十篇,头五篇从"原道"到"辨骚"是有关文学的总论,为文学作合法性论证,也是文学的本体论;第六篇"明诗"到第二十五篇"书记"共二十篇是对各类文体的文学作分别论述,属于文体论;第二十六篇"神思"到第四十四篇"总术"共十九篇专论文学创作方面的各种问题,属于创作论;第四十五篇"时序"到四十七篇"才略"专论作家,是作家论(也有人认为第四十六篇"物色"仍属于创作论的范畴);第四十八篇"知音"、四十九篇"程器"是有关文学欣赏的论说,属于鉴赏论;最后第五十篇"序志"是全

❶　参看黄侃《文心雕龙札记·题辞及略例》。黄侃:《文心雕龙札记》,华东师范大学出版社1996年版。

书的导言。

这个体系很完整,各部分之间逻辑很严谨,在整个中国古典文论中是非常罕见的。

二、对文学审美的合法性论证

1. 写作为文就是为产生审美效果

文学就是审美地操作语言文字,使之产生感性的审美效果,这是刘勰《文心雕龙》对文学的基本体认。所谓"文",就是美文,是审美的语言作品。"文心雕龙"这四个字,意为文章写作的用心,要像雕刻龙纹那样精细。为文就是通过布局谋篇达到审美的目的。

在刘勰那里,所有的语言文字作品都是审美的,所有千古流传下来的著名篇章,不论它是诗歌杂文,还是哲学著作,乃至经书,都富有并且追求文采。"圣贤书辞,总称文章,非采而何?"❶都需要围绕着某些特定的效果遣词造句。《文心雕龙》不是专门针对今天意义上的纯文学(诗歌、小说)的,它针对一切写作为文的实践。所以,在文体论中,刘勰用了二十篇的篇幅,分别讲了从诗歌、辞赋、史传、杂文一直到论说、哀吊、檄移、诏策、奏章、议对、书记等等诸多文体,几乎所有成类的语言文字作品都在其中。其中有些文体在今天可能会被归入应用文一类,与文学没有关系,但是在刘勰看来,所有的这些写作都是围绕特定效果谋篇布局、措辞成文的。针对论说文,刘勰说:"说者,悦也;兑为口舌,故言咨悦怿",论说是与愉悦有关的,是为了得到愉悦;又说:"说贵抚会,弛张相随,不专缓颊,亦在刀笔……喻巧而理至"❷,论说的艺术在于随顺机缘,应该张弛有节,善于使用比喻,比喻恰当,道理也就讲明白了。针对"诏策",也就是帝王发布的命令和政策文书,刘勰认为要根据不同的情况营造不同的审美效应:"授官选贤,则义炳重离之辉;优文封策,则气含风雨之润;敕戒恒诰,则笔吐星汉之华……"❸,刘勰评价了各种成功和不成功的诏书、策书的例子,主要的依据就是其效果的好坏。

出于对审美的重视,刘勰还专门针对语言的语音问题写了好几篇文字,如"声律"、"丽辞",前者主要谈诗歌的声音格律,后者谈对偶字词的应用。语音在诗歌中是审美效果的主要来源,在二十世纪西方现代派文论中,它被作为诗学的主要问题(参见雅各布逊),而刘勰在一千六百多年前就对它们作了深入研究。

2. 文学的合法性建立在"道"的基础上

这种对语言审美效果的创造仅仅是一种文人间的文字游戏和娱乐呢,还是一

❶　刘勰:《文心雕龙·情采》。

❷　刘勰:《文心雕龙·论说》。

❸　刘勰:《文心雕龙·诏策》。

件正事？如果是后者，它的合法性何在？

《文心雕龙》头五篇是论证文学的合法性的，其中第二篇"征圣"、第三篇"宗经"是要求写作者以孔子孔圣人为典范，以儒家经典为标准来为文，第四篇"正纬"是纠正对经典的各种误解的，第五篇"辨骚"是将屈原及其"离骚"立为后世文人写作的榜样。这四篇是论证文学如何才能达到高超的水平。而第一篇"原道"则是从天道的终极视点为文学作辩护的。

文学的地位到底如何？刘勰是这样论证的：在世间事物中，文学的重要性之大，只有天地能够与它相提并论。首先，天地本身就有文采，日月的亮丽，山川的光彩，乃至虎豹斑斓的颜色，龙凤绮丽的藻绘，花草树木的精彩，都是文，是天道之文。人参与天地，是（天地人）三才之一，人当然也有文。人的文就是文学。然而人的文由于是人创作的，这带来了两点疑惑：一是它并非自然生成，怎么能够与天地之文比较呢？二是由它生成的文，何以拥有自然之道的禀赋呢？刘勰指出了人的特殊的地位：人"为五行之秀，实天地之心。心生而言立，言立而文明，自然之道也。"❶人在天地万物中乃特殊一物，即有心之物，有心之物在无心之物中间，他的使命就是带着他的灵气感悟周围世界，天道要求人所做的是作为心参入世界，为世界也为他自己发言，他所发的言就是文。所以，与天地之文一样，人的文也授之于自然之道，文学与天地可以"并生"。

刘勰论证了文学有授之于道的合法性，跟《左传》"太上有立德，其次有立功，其次有立言，虽久不废，此之谓不朽"❷的定位相比，刘勰的对文学的定位更注重逻辑性，学理更强；跟亚里士多德把文学归结于真理的合法性论证相比，刘勰的论证则更具有中国特色，更重视天道，讲求天人关系。

三、风骨神气的文学美学

刘勰的理论都是针对实际写作的。在文学写作中，最主要的是要解决词与意的关系、物与意的关系。刘勰的观点是，写文章的人务必要把风骨神气放在首位，而不只是苦苦思虑文辞，寻章摘句。《文心雕龙·神思》说，"意授于思，言授于意，密则无间，疏则千里"，立意是为文的关键。神思，就是要"寂然凝虑，思接千载；悄焉动容，视通万里"，以排除杂念，专心进入文学的境界。当到达"神与物游"的时候，"神居胸臆，而志气统其关键；物沿耳目，而辞令管其枢机"，文学构思的最高境界是词、物、意融为一体自由游戏的状态。

---

❶ 刘勰：《文心雕龙·原道》。

❷ 《左传·襄公二十四年》。

《文心雕龙》中特别具有创造性的一篇是"风骨"。"风骨"完全是刘勰独创的概念,它的主旨就是创造立意(风、气)方面和缀词(骨)方面的两种大局面。风就是"气",一篇文章有了气,就有了整体性的洞明,通篇透亮,"思不环周,索莫乏气,则无风之验也"。骨则是使文辞各得其所的支撑性力量。骨与风是有连带关系的,有了通篇之气,文辞才能恰如其分,骨力清峻,支撑全篇。从风骨论可以看出,刘勰论文主要在乎的是文章的大局面。气和神有了,文章才有灵魂,也才有恰当的措辞。这个观点无疑表达了中国古典美学的精髓。

四、致用的文学理念

1. 文学经世济国的作用

刘勰指出,写文章要以圣人为榜样,因为他们的文章对社会、国家的建设有用。所以,美文的最终目的还是有利于社会的,其道德伦理作用是最重要的。"原道"篇说:"观天文以极变,察人文以成化;然后能经纬区宇,弥纶彝宪,发挥事业,彪炳辞义。故知道沿圣以垂文,圣因文以明道,旁通而无滞,日用而不匮";"宗经"篇说"致化归一,分教斯五"。五经和圣人(主要是孔子)的文章是文学的典范,其用处是教化万民,彰显圣人的思想,以此为圭臬,行事便可旁通无阻。写作应以此为目标。

2. 针砭文坛弊端

针对当时文坛现状,提出对风气的褒贬,这也是中国古典文学理论学者致用原则的体现。这在刘勰的《文心雕龙》里表现得很明确。

总的说来,刘勰比较欣赏古代的文学,特别是孔子等圣贤的作品。对他当时的文学,批评得比较多。他认为魏晋以后,文学掉落到绮丽轻浮的风气中,令人担忧。"晋世群才,稍入轻绮。张潘左陆,比肩诗衢,采缛于正始,力柔于建安。或析文以为妙,或流靡以自妍,此其大略也。……庄老告退,而山水方滋;俪采百字之偶,争价一句之奇,情必极貌以写物,辞必穷力而追新,此近世之所竞也。"❶这种绮靡的诗风,追求文必对偶,句必出奇,写物务必逼真,用词务必新奇,结果是文采达到了繁缛,风力却大大衰退。在"通变"篇里,刘勰力主文学向汉代以前的作品学习,而不能把视线仅集中在南北朝的刘宋,对当代文风加以改造。整部《文心雕龙》中,可以很明显看出刘勰在针砭文坛弊端方面的努力。

3. 对写作的指导

文学理论是对文学写作的指导,这也是中国古典理论的一个重要信条。这个旨意令人瞩目地贯穿在《文心雕龙》的每一个章节。

---

❶　刘勰:《文心雕龙·明诗》。

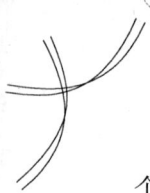

《文心雕龙》对于写作方法的描述可谓精细,仅仅不同的文体就涉及了三十来个,对每一种问题的写作,刘勰都作了细致交代,从文体特征、目的,一直到该文体写作中容易出现的问题,以及古往今来这方面的高手和名著的介绍,事无巨细,尽皆罗列。对于写作的重要问题,比如立意、境界的问题则是不厌其烦,在多处反复论述,反复强调。这使得这部著作在很多方面看来像是教人写作的教科书。

第五节　苏轼的美学思想

苏轼(1037—1101)是中国历史上少有的把入世和出世哲学集于一身且发挥到极致的文人。苏轼才华横溢,在诗文、绘画、书法上都达到了同时代的高峰,且历史影响巨大,是一个聚集和散发出中国古典文化馥郁芬芳的现象级人物。

一、审美作为人生：人与世界的自由关系

对于许多中国古代哲人来说,审美并不是一种认识,而是一种理想生活本身。

苏轼美学最基础的观点也是他的审美人生观,苏轼在这方面着眼于解决的是这种人生观中最关键的一个问题：人与物的关系。最自然、最理想的人生应该怎样理解和处置人与物的关系？

1. 改变人与物的关系,享受自然

从在他著名的《前赤壁赋》里,我们可以清晰地看到苏轼解决人与物关系的基本思路。

在这篇文章里,苏轼设立了一个对话者"客",他代表对物(水与月)的留恋。"客"羡慕水与月在空间和时间上的无穷尽,并且将这一点与人生的短暂相对比,从而生出无奈之悲哀("哀吾生之须臾,羡长江之无穷;挟飞仙以遨游,抱明月而长终;知不可乎骤得,托遗响于悲风")。苏轼从物(水与月)上看到了不同的意义。他对客说,首先,从时间性的角度看,物与人都有变与不变两个方面,在这一点上两者是相同的,物并不值得羡慕。第二,苏轼指出,人恋物的另一个原因是对物的欲望,想拥有物(包括物的某些性质,例如长久性),这个想法也违背了人和物的自然。因为"天地之间,物各有主。苟非吾之所有,虽一毫而莫取",想也没用。再说,即使你拥有物,那又怎么样？ 物还是那个物,你死了,它还在那里,它从未真正属于你。所以,月亮和江水的年龄是属于月亮的。那么什么是人之所有呢？ 属于人而其他物都没有的是人的一个特别的能力——人的感受能力,它来自人特有的器官：耳、目等等。"惟江上之清风,与山间之明月,耳得之而为声,目遇之而成色。取之无禁,用之不竭。是造物者之无尽藏也,而吾与子之所共适。"人真正能够拥有而且唯有人能够拥有的就是这种对物作用于感官后所形成的审美表象(江上之

清风与山间之明月)的欣赏和享受,而且这是取之无禁、用之不竭的。说到底,审美的生活就是与人的自然属性相适应的生活。

这样,在人和物的关系方面,苏轼提出的是一种本体论的结论——从两者本性上看人对于物所能够拥有的真正的关系,即审美关系。

2. 寓意于物的审美艺术观

据此,苏轼提出了寓意于物,不留意于物的审美艺术观。

苏轼说:"君子可以寓意于物,而不可以留意于物。寓意于物,虽微物足以为乐,虽尤物不足以为病;留意于物,虽微物足以为病,虽尤物不足以为乐。"❶所谓寓意于物,是指把物作为观赏对象,注重于物的呈现;所谓留意于物,是指注重于物本身,是对物的占有。物里面有意,意是人的内心所得,所以君子与物发生内心交流的关系,实际上只是与物象交流,寓意于物,得意于物,并且从物上得到精神的收获。诗歌、绘画、书法艺术,无不以物象来呈示,因此,这些艺术的上品充满"意"的形象。苏轼说,虽然老子说了"五色令人目盲,五音令人耳聋,五味令人口爽,驰骋田猎令人心发狂",但是所有的圣人都没有废除声色,就是要给艺术审美留下余地,因为物本身并不是坏的,对物的态度决定了它们的好坏。寓意于物,即使尤物也不会令人堕落。但是,如果留意于物,把物本身作为目标,把对物的占有作为目标,那么再小的物也会使人堕落,这时物会"移人"——对物的占有会使人自己被物所占有。苏轼举了一个特别的例子——书画,他说,书画是物里面最能满足人的精神享受的,但是如果人不是寓意于书画,而是留意于书画,以占有书画为目标,那么会带来可怕的祸害。

不被物占有的状态是一种从物那里解放出来的自由。这种解放的心性标志就是审美快乐。苏轼的人生,还有他的哲学、美学,以及诗文的一个显著标志,那就是"乐"。《前赤壁赋》以"乐"字作始终,《超然台记》则公然宣称"吾安往而不乐"。

二、自然至上的美学理念

苏轼对艺术的美学追求,可以用两个字加以概括——自然。

1. 风格——萧散简远,恬淡自然

苏轼最欣赏的艺术风格是萧散简远,恬淡自然。

在《书黄子思诗集后》一文中,苏轼论艺术风格的优劣,从书法说到诗,指出:"予尝论书,以谓钟、王之迹萧散简远,妙在笔画之外。至唐颜、柳始集古今笔法而尽发之,极书之变,天下翕然以为宗师,而钟、王之法益微。至于诗亦然。苏、李之

❶ 苏轼:《宝绘堂记》,见《苏东坡全集》上,北京市中国书店1981年版,第389页。

天成，曹、刘之自得，陶、谢之超然，盖亦至矣。而李太白、杜子美以英玮绝世之姿，凌跨百代，古今诗人尽废，然魏晋以来，高风绝尘，亦少衰矣。李、杜之后，诗人继作，虽间有远韵，而才不逮意，独韦应物、柳宗元发纤秾于简古，寄至味于淡泊，非余子所及也。❶钟繇、王羲之的书法为最上，他们高人一头之处在于平淡自然，而在笔划之外含意隽永。而到唐代颜真卿、柳公权，书法技术虽然极尽能事，却不再有超然之风。诗的高风延续时间长一些，到韦应物、柳宗元还能"发纤秾于简古，寄至味于淡泊"。平淡不是贫乏，不是寡味，而是"外枯而中膏，似澹而实美"❷。"淡泊"的意思，就是让自然自在地展示自身，从而将宏大的内涵蕴藉其中。

2. 目标——辞达而已

孔子曾经说道"辞达而已"。这句话常常被解释为，文辞只要做到通达就可以了，似乎辞达是很容易做到的。苏轼认为，辞达是文学的最高目标。

苏轼说："孔子曰：'言之不文，行而不远。'又曰：'辞达而已矣。'夫言止于达意，即疑若不文，是大不然。求物之妙，如系风捕影，能使是物了然于心者，盖千万人而不一遇也，而况能使了然于口与手者乎？是之谓辞达。辞至于能达，则文不可胜用矣。"❸苏轼把孔子的辞达与"言之不文，行而不远"的教海结合在一起，辞达是最好的文采。通常人们认为的"文"是突出文辞，显示词的华丽精彩，苏轼认为的"文"不在它自身，而在于它的状物效果，状物不是把物的外表写出来，而是"求物之妙"，言辞能够显示物的妙处，当然就文采四溢。为此，苏轼批评了扬雄，说他"好为艰深之词"，使得浅显的道理也变得难解，这样写作，就真正使文学变成了雕虫小技。

辞达，从而使文采四溢，文章的写作就会顺畅。苏轼描绘这种文章，说它"大略如行云流水，初无定质，但常行于所当行，常止于所不可不止，文理自然，姿态横生"❹。行文跟着文思运行，起承转合都会十分合理。辞达的关键就是自然。

3. 途径——得理、得妙

通达自然是一种境界。按苏轼，通达物要得物之妙，得物之理，而不仅仅是得物之外形。要画一个人物的像，必须传神，要得人之意思，而不是仅仅画他的外形。所以苏轼说，"论画以形似，见与儿童邻；赋诗必此诗，定知非诗人"❺。至于山

---

❶　苏轼：《书黄子思诗集后》，见《苏东坡全集》上，北京市中国书店 1981 年版，第 559 页。

❷　苏轼：《评韩柳诗》，见《中国美学史资料选编·下》，北京大学哲学系美学教研室编，中华书局 1981 年版，第 34 页。

❸　苏轼：《答谢民师书》，见《苏东坡全集》上，北京市中国书店 1981 年版，第 621 页。

❹　同上。

❺　苏轼：《书鄢陵王主簿所画折枝二首》之一，见《苏东坡全集》上，北京市中国书店 1981 年版，第 230 页。

水,竹木,水波,烟云,则是有常理的,一定要找到其常理,才能恰当地表现它们。

这样,得理和得妙就成为艺术家作诗作画以及书法的必备功夫。他们首先必须去观察对象,得其神妙之处。苏轼指出了这种获得过程的最关键步骤——化。他以他的表弟文同(字与可)为例,说"与可画竹时,见竹不见人。岂独不见人,嗒然遗其身。其身与竹化,无穷出清新"❶。其身与竹化,就是说人、画家自己,已经化身到竹子中去了,我们从画中看不见人的痕迹,人就在自然之中。

神似要比形似更加像。神似不是虚的,而是实的。苏轼极力称赞当时画家李伯时的山庄图,说:"或曰龙眠居士作山庄图,使后来入山者信足而行,自得道路,如见所梦,如悟前世。……此岂强记不忘者乎?曰:非也。……居士之在山也,不留于一物,故其神与万物交,其智与百工通。"❷要使一幅山水活起来,并不需要把树草石水的原有位置熟记在心,而是需对山水的整体胸有成竹,得万物之神,这样,下笔的时候每样东西都自会在合适之处。

总之,在苏轼的审美理念中,"自然"是一个中心词。但"自然"不是置于人之外的死物,而是人参与其中,因而人表现它时就能像表现自我那样顺势顺时而为的一个活的世界。

第六节　王国维的美学思想

王国维(1877—1927),浙江海宁人,是中国美学史上跨时代的人物,是中国古典美学的集大成者,也是近代美学的开创人。

一、审美与社会人生的改造

1. 审美人生与社会的改造

受康德美的无利害关系学说以及叔本华意志哲学的激发,王国维认定审美和艺术将是改造人生和社会的美妙途径。王国维论证道,人生而有欲,欲望决定生存意志,这就决定了人生要为满足欲望而战。只要有欲望,人就处在贫乏痛苦状态,只有欲望的达到才能助人摆脱贫乏,获得满足,从而快乐。但欲望的达到是短暂的情况,在拥有欲望而又尚未满足之际,人就处于痛苦之中。欲望的满足只能得到一时之快乐,伴随这种满足,新的欲望很快又产生,新的痛苦也伴随而来。这样,纵观人生,被欲望支配的痛苦时间长,而欲望的满足只占人生很小部分的时间,人的生活基本上在痛苦中度过。只有找到某种既能满足和愉

第二编　中国美学的历史回顾

---

❶　苏轼:《书晁补之所藏与可竹三首》,见《苏东坡全集》上,北京市中国书店1981年版,第229页。

❷　苏轼:《书李伯时山庄图后》,见《苏东坡全集》上,北京市中国书店1981年版,第304—305页。

悦我们又不会引发新的贫乏和欲望的东西,作为人生的追求,方能令我们摆脱这种欲望和痛苦的恶性循环。王国维指出:"今有一物,令人忘物我之关系,而玩之不厌者,谓之优美之感情。"❶这种审美的快乐不会令人产生满足和厌烦,因而不会带来新的痛苦。

艺术对于人生,有摆脱物欲和痛苦,使人崇高并且获得快乐之功,因此它是改造人生的最佳途径,也是人生最美好的生活内容。

进而,王国维指出,社会,特别是他当时代的中国社会,充满动荡和苦难的主要原因,就是有人欲壑难填,这种人如果恰好又掌有军队和权力,就会不惜以他人的痛苦和毁灭为代价,纵一己之私欲。因此,如果这个社会能够倡导审美和艺术的精神,战乱也就不难止息。否则,所有的法规措施仅仅能限制人们的私欲膨胀,并不能从根本上消除之。

2. 美育的重要性

为了用审美和艺术改造社会人生,就必须让民众了解这事。这样,王国维特别重视审美教育就是顺理成章的事儿了。

王国维认为,完整的教育应该包含体育和心育两部分,而在心育部分,不能只满足于智力教育和道德教育,特别要重视审美教育。"美育者一面使人之感情发达,以达完美之域;一面又为德育与智育之手段",而美是一种"高尚纯洁之域",审美是"最纯粹之快乐"❷。王国维特别指出,孔子其实最重视美育,他的教育是"始于美育,终于美育"❸,孔子关于"兴于诗,立于礼,成于乐"的说法证明了这一点。

在思考美育问题的时候,王国维还特别发明了一个概念——古雅。他说,艺术需要天才,需要天才去发现纯美的形式,但是艺术还需要对这种美的形式的表现,这就是古雅,王国维称之为"形式之美之形式之美",也就是艺术的技巧。天才是先天的,属于自然的,古雅则是后天的,属于人为的。故天才不可强求,而古雅可以经学习而得之。"以古雅之能力,能由修养得之,故可为美育普及之津梁。虽中智以下之人,不能创造优美及宏壮之物者,亦得由修养而有古雅之创造力,又虽不能喻优美及宏壮之价值者,亦得于优美宏壮中之古雅之原质,或于古雅之制作物中得其直接之慰藉。"❹换句话说,普通人虽然不能创造天才的艺术作品,但如果

❶ 王国维:《叔本华之哲学及其教育学说》,见《王国维文集》第三卷,中国文史出版社1997年版,第321页。

❷ 王国维:《论教育之宗旨》,见《王国维文集》第三卷,中国文史出版社1997年版,第58页。

❸ 王国维:《孔子之美育主义》,见《王国维文集》第三卷,中国文史出版社1997年版,第157页。

❹ 王国维:《古雅之在美学上之位置》,见《王国维文集》第三卷,中国文史出版社1997年版,第34—35页。

研习笔墨诗词,也是可以摆脱劳苦愁烦的日常生活,进入较低一级的审美领域的。因此,推广古雅,有利于在大众中推广审美的精神。

王国维关于古雅的理论虽然在学理上颇有可商榷之处,但其试图通过这一点让审美精神有利于社会人生的用心,可谓十分良苦。

二、境界——集大成的中国美学概念

王国维在美学建设上最重要的贡献是提出了境界说。他用境界说解说古典诗词,用境界说解说戏剧。他认为中国经典艺术的一种最有价值的东西可以归结为"境界"。

1. 境界说内涵

(1) 境界的含义

王国维说:"词以境界为最上。有境界,则自成高格,自有名句。"❶显然王国维把境界的有无放在诗词审美判断最核心的位置上。

境界指的是文学作品(诗词或者戏剧唱词、台词)中展开的一种超然卓绝而又可亲历的场面。境界是有超越性的,在境界中你所见到的东西绽出意义,令人感慨,所以有境界就"自成高格";但这里面尤为重要的是可亲历性,这高格要被人扎扎实实地感觉到。可亲历性有三个要件:第一,景物要让人觉得能够被鲜明地看到;第二,情感要让人觉得能够触及内心深处;第三,事件要让人觉得自然流畅。就像王国维在《宋元戏曲考·元杂剧之文章》中解释"意境"(相当于"境界")时所说的"写情则沁人心脾,写景则在人耳目,述事则如其口出"。做到这些,作品的世界就令人觉得是可亲身经历的。有境界是指作品中有可亲历的令人遐想的场面,这是一个真正的审美境界,因为它具有一个感性的品质,无论是景物还是情感,都通过语言的表达成为可感的。

(2) 境界的几组对别

王国维分别用几个二元对立组来解说境界,了解这些对别可以使我们更深地窥探到境界说的内涵。

首先,有造境和写境的区别。造境指所描写之场面乃虚构的,是理想之场面,写境指所描写的场面乃实有的,是现实的场面。王国维指出,两者很难区分,尤其在杰出诗人那里,两者是互相寄托的。这儿可以看出王国维对可亲历性与超越性的突出。就造境而言,如果所虚构的场面不合乎自然,那就根本不能亲历,即使诗人写了理想,那也没有审美的价值;就写境而言,如果那场面并

---

❶ 王国维:《人间词话》,见《蕙风词话　人间词话》,人民文学出版社 1960 年版,第 191 页。

不能给人提供超越此时此景的意义和回味的余地,写境的目标就没有达到。造境与写境没有高下之别。

第二,有我之境与无我之境的区别。"有有我之境,有无我之境。'泪眼问花花不语,乱红飞过秋千去','可堪孤馆闭春寒,杜鹃声里斜阳暮',有我之境也。'采菊东篱下,悠然见南山','寒波澹澹起,白鸟悠悠下',无我之境也。有我之境,以我观物,故物皆著我之色彩。无我之境,以物观物,故不知何者为我,何者为物。古人为词,写有我之境者为多。然未始不能写无我之境,此在豪杰之士能自树立耳。"有我之境与无我之境的区别,前者以我观物,以主观色彩渲染景物场面;后者以物观物,主体隐匿在物和场面中。王国维显然更欣赏以物观物,他认为只有豪杰之士可以做到这一点。

第三,大境界与小境界的区别。"境界有大小,不以是而分优劣。'细雨鱼儿出,微风燕子斜',何遽不若'落日照大旗,马鸣风萧萧'?'宝帘闲挂小银钩',何遽不若'雾失楼台,月迷津渡'也。"❶从这些例句可见,境界的大小是指所描写的景物、场面的空间规模。王国维特别指出,两者没有优劣之分。境界不取决于对象的性质,而取决于描写本身的质量。

第四,隔与不隔的区别。隔与不隔不是两种境界,而是描写的两种后果。隔指用词组句不当而导致的境界障碍,不隔指恰到好处的用词使得境界打开的情况,相当于孔子的"辞达",隔与不隔两者有明显的优劣之分。就王国维所举例子,南朝诗人谢灵运的"池塘生春草",隋朝诗人薛道衡的"空梁落燕泥"等,是不隔的范例,因为它们"语语都在目前"。而欧阳修的词"谢家池上,江淹浦畔",姜夔的词"酒祓清愁,花消英气",则是隔的例子,王国维说它们读起来"如雾里看花,终隔一层"。无疑,前两句诗让人直接"看到"了景色,每一个字都像是"透明"的,理解起来没有隔膜;而"谢家池上,江淹浦畔"则把典故和景物混合起来,读者在"观景"的时候受到知识性典故的干扰,完全不能亲历此场面。王国维用隔与不隔的对别说清了境界最重要的特质之一,即可亲历性。同时,也只有不隔的描写才能够产生无穷之回味,隔把意味也隔了起来。

2. 集情、景、事、辞之大成

文学描写的对象(景、事、情)和描写本身(辞)的关系一直是西方美学的焦点问题。孔子以后的中国美学一直把它们看做一回事,而很少论说。王国维的境界说则具体地表达了中国美学的这一立场。

首先,境界的概念很容易被人理解为与景物而不是情感有关。王国维明确地

---

❶ 王国维:《人间词话》,见《蕙风词话 人间词话》,人民文学出版社 1960 年版,第 193 页。

纠正了这一可能的误解："境非独谓景物也，喜怒哀乐亦人心中之一境界。故能写真景物真感情者，谓之有境界。否则谓之无境界。"❶这个说明不只把情感也把人的内心包含在境界中，因为境界可以理解为"心中的境界"。

其次，情与景并不能分开："昔人论诗词，有景语、情语之别。不知一切景语，皆情语也。"❷即使是有我之境的"泪眼问花花不语，乱红飞过秋千去"，抒情的特点非常突出，但它毫无疑问也是一种景色，其中的"花不语"、"乱红飞过秋千去"是融会了情感的景物，所以，它既是情语，亦是景语。境界把它们吸收在一起。

第三，王国维的境界是与语言融为一体的，他谈论的是存在于语言的境界。王国维不说"景色"、"情感"，而说"景语"、"情语"。境界的开合全在语言。"'红杏枝头春意闹'，着一'闹'字而境界全出；'云破月来花弄影'，着一'弄'字而境界全出矣。"❸境界的有无全系于一个字。语言的作用不是把诗人已经拟就的境界写下来，语言不是第二性的，诗人要靠语言点出境界，找到那个字，就找到了境界，找到了情、景及其可亲历性。

最后，叙事也被纳入境界的范围，而叙事是否有境界，其指标在于是否"如其口出"："述事则如其口出"；"语语明白如画，而言外有无穷之意"❹。这指标无疑也指向了语言。王国维不说"述事则如其事迹"，不认为述事要忠实于事情本身，而说"如其口出"，这意味着在事件的可亲历性方面，"怎么说"比"事情到底怎样"更关键。

综上所述，境界的概念将情、景、事、辞真正融为一体，在境界中，指及其中任何一者都同时意味着其他，抓住了中国古典美学的精髓。

3. 集中国古典美学之大成

境界说对于先秦以来流行的大部分主要美学观念都有集大成之功，它含蕴并突出了它们的价值。

（1）境界说与诗言志

《尚书》中"诗言志"一直被认为是中国最古老的诗学观念。"志"是意向，《毛诗序》说"在心为志，发言为诗；情动于中，故形于言"，情志合一。王国维说，"喜怒哀乐亦人心中之一境界"，他的境界说包含了诗言志的观念。

（2）境界说与辞达

孔子说"辞达而已"，王国维对辞达的观念作了具体阐发，辞通达情、景、事、境

---

❶❸　王国维：《人间词话》，见《蕙风词话　人间词话》，人民文学出版社 1960 年版，第 193 页。

❷　王国维：《人间词话删稿》，见《蕙风词话　人间词话》，人民文学出版社 1960 年版，第 225 页。

❹　王国维：《宋元戏曲考·元杂剧之文章》，见《王国维戏曲论文集》，中国戏剧出版社 1984 年版，第 86 页。

界把四者融为一体。

（3）境界说与自然

庄子和苏轼的"自然"观念都强调自然而然的意思，反对突出人为因素。语词要"得意忘言"（庄子），"求物之妙"（苏轼）。苏轼批评扬雄"好为艰深之词"，使得即使浅显的道理也被辞隔绝，变得难解。王国维赞扬元杂剧之文章，说："元曲之佳处何在？一言以蔽之，曰自然而已矣，古今之大文学，无不以自然胜而莫著于元曲……彼但摹写其胸中之感想，与时代之情状，而真挚之理，与秀杰之气，时流露其间。故谓元曲为中国最自然之文学，无不可也。"❶元杂剧因为摹写真挚之情和真挚之理，并且"语语明白如画"，而成为最有境界的文学。与苏轼对扬雄的批评一样，王国维批评"隔"的文学，"谢家池上，江淹浦畔"、"酒被清愁，花消英气"之类也属艰深之词，因为其未能自然贴切，而使人"如雾里看花，终隔一层"。显然，境界蕴涵着"自然"两字。

（4）境界说与韵味说

韵味说是一个总称，是六朝以后中国的诗论、画论、乐论中崇尚"韵"、"味"、"神"、"意"的审美倾向的总的概念。它上承梁代钟嵘"文已尽而意有余"的观念，王羲之"意在笔先"的观念，经唐代司空图的韵味说，宋代严羽的兴趣说，苏轼的"萧散简远"的书法观念和重在神似的绘画观念，等等，一直到清代王士祯的"神韵"说。韵味说的核心是艺术要有言外之意，能够给人无穷品味之余地。王国维的境界说要求场面的可亲历性和意义的超然卓绝，他说元曲的境界体现在"语语明白如画，而言外有无穷之意"，所以境界说突出体现了韵味说的精华。王国维甚至认为，境界说是对已有韵味说的一个修正和超越："严沧浪《诗话》谓：'盛唐诸公（诗话"公"作"人"）唯在兴趣，羚羊挂角，无迹可求。故其妙处，透澈（"澈"作"徹"）玲珑，不可凑拍（"拍"作"泊"）。如空中之音，相中之色，水中之影（"影"作"月"），镜中之象，言有尽而意无穷。'余谓北宋以前之词亦复如是。然沧浪所谓'兴趣'，阮亭所谓'神韵'，犹不过道其面目，不若鄙人拈出'境界'二字为探其本也。"❷

---

❶　王国维：《宋元戏曲考·元杂剧之文章》，见《王国维戏曲论文集》，中国戏剧出版社 1984 年版，第 85 页。

❷　王国维：《人间词话》，见《蕙风词话　人间词话》，人民文学出版社 1960 年版，第 194 页。

第二章 中国传统中几个主要的美学观念

中国美学不是以质疑和否定的方式前后相继和发展的,中国的美学观念一旦提出,会一直被沿用、被充实,它像一个酿造发酵的过程,历久弥新,愈久愈醇。因此,了解中国美学,需要了解这种带有明显中国色彩的超时间的一些观念点。

第一节 韵、味、神、意

一、概念及其渊源

对意味的追求,最早可追溯到老庄的"大象无形"、"得意忘言",以及孔子的"中和之美"。前者欣赏那种表面上不露痕迹却很有深蕴的审美效果,后者反对过分的表现,要求"文质彬彬"。到了六朝以后,这种审美倾向得到众多诗论、画论、乐论、书论的一致追捧,成为最有影响力的一种审美观念。

"韵"指风韵、神韵,是蕴涵于作品中的一种内在品格,淳厚、不显露,通常用于评价诗歌、绘画作品。"味"经常与"韵"合称"韵味",是艺术作品中的一种味道或品位,不显露但却可长久回味,通常用于评价诗、词、曲。"神"指神脉、精神,是艺术中最难以言传的东西,要靠人的领悟才能品尝,主要用来评价绘画、书法作品,有时也用于诗词。"意"指内在含义和意味,在文学和书法中用得比较多。

这种审美倾向出现在不同派别、不同时代的艺术家和美学思想家那里,时间从六朝到清代一千余年,代表人物不计其数。因此对它的解释自然是不尽相同的。但总的特色是一致的,就是强调美的"意味"。意味是内在的东西,不好把握,天才艺术家的超人之处就在于能表达出这种味道,出神入化。

二、诗论中的韵味

1. 钟嵘滋味说

文学方面,生活于六朝齐代的刘勰就用"味"来品评诗歌作品了,而更早的汉代王充认为文章也是可以品味的。到了梁代,钟嵘《诗品序》明确提出了他的诗歌艺术标准——滋味说。诗要有意味:"使味之者无极,闻之者动心,是诗之至也"❶,就是说回味无穷是诗歌艺术的最高标准。钟嵘的《诗品》是一篇对于此前中国诗歌的总评论,它既涉及评诗的标准,也涉及对各种诗体、描写方法、各代著名诗人的分别评论,所以这段对诗艺术标准的定义除了在序言中特别强调外,其意思还出现在其他部分。钟嵘认为,分别诗体的好坏、描写方法的好坏,都应从意味入手。他激赏五言诗,所以说"五言居文辞之要,是众作之有滋味者也。故云会于流俗。岂不以指事造形,穷情写物,最为详切者邪!"❷他看好"兴"的描写手法,这可以从下述评价中看出:"文已尽而意有余,兴也"❸。

滋味或意味,其最重要的特点是言外之意,"文已尽而意有余"意味着"意"并不附着在文字上,它溢出并且外于"文",虽然只有"文"才能引出这种"味"。结果是,在阅读以后,产生着持续不断的审美效应,这是"滋味"的评价标准在后代产生深远回响的主要原因。

2. 司空图韵味说

到唐代,在释皎然"味外之旨"的基础上,司空图提出了"韵味"说。他把对优秀诗歌的阅读类比于对烹调制作的食物的品味:"文之难,而诗之难尤难,古今之喻多矣,而愚以为辨于味,而后可以言诗也。江岭之南,凡足资于适口者,若醢,非不酸也,止于酸而已;若鹾,非不咸也,止于咸而已;华之人以充饥而遽辍者,知其咸酸之外,醇美者有所乏耳;彼江岭之人,习之而不辨也,宜哉。"❹醢即醋,鹾即盐。岭南人的食物味道有酸有咸,但是止于酸咸,而没有醇美之味。所谓醇美之味是余味,是品尝后留在嗓子眼里绵延不绝的余味,司空图也称之为"味外之旨"。中原人当时已经要食用有余味的菜肴。司空图也以这种烹调美学要求诗歌作品,说"近而不浮,远而不尽,然后可以言韵外之致耳"❺。"近而不浮"指清晰却不轻浮,相当于王国维"语语明白如画";"远而不尽"指其深远的内涵绵绵不绝,相当于王国维所谓"言外有无穷之意"。司空图的"二十四诗品"里,充满了对韵味的各种描绘,例如:"超以象外,得其环中";"遇之匪深,即之愈希。脱有形似,握手已违";"神出古异,淡不可收";"不着一字,尽得风流";"远引若至,临之已非"❻;等等。

❶❷❸ 钟嵘:《诗品序》,见《中国历代文论选》第一册,郭绍虞主编,上海古籍出版社1980年版,第309页。

❹ 司空图:《与李生论诗书》,见《中国历代文论选》第二册,郭绍虞主编,上海古籍出版社1980年版,第196页。

❺ 同上。

❻ 司空图:《诗品》,均见《中国历代文论选》第二册,郭绍虞主编,上海古籍出版社1980年版,第203—207页。

3. 严羽兴趣说

宋代严羽的《沧浪诗话》提出兴趣说,其中的一段广为引用,最能代表这种观点:"夫诗有别材,非关书也;诗有别趣,非关理也。然非多读书、多穷理,则不能极其至,所谓不涉理路、不落言筌者,上也。诗者,吟咏情性也。盛唐诗人,唯在兴趣,羚羊挂角,无迹可求。故其妙处莹彻玲珑,不可凑泊。如空中之音,相中之色,水中之月,镜中之像,言有尽而意无穷。"❶严羽的兴趣说对前人有了新的发挥。他首先把诗与散文(主要是议论文)作对比,指出诗有与议论文不同的材料,它不是从书籍知识中来;它有不同的旨趣所在,它不是说理的。即使要涉及知识学理,也应不露痕迹。接着他指出,诗的真正旨趣在于"兴趣",即性情的微妙表达。"莹彻玲珑,不可凑泊……"诸语形象地表达了这种可望而不可及和在与不在之间的妙处。严羽的新意还在于他用禅宗义理解释诗歌韵味在认识论上的特点。他认为诗既然是言不尽意的,诗歌的世界既然是莹彻玲珑,不可凑泊的,对诗歌的理解也必须用领悟的方法,而不是辨理的方法。"大抵禅道惟在妙悟,诗道亦在妙悟,且孟襄阳学力下韩退之远甚、而其诗独出退之之上者,一味妙悟而已。惟悟乃为当行,乃为本色。"❷诗人的与众不同之处,他给文化的贡献的独特之处,在于他善于妙悟,即使他的学问不好,也无碍于他的诗歌艺术成就。这跟理性的认识是不同的。

4. 王士禛神韵说

在诗歌中追求韵味的倾向在清代得到进一步的倡导。王士禛的神韵说就是一例。

王士禛进士出身,官至刑部尚书,在诗文上有很大影响力。他主要靠向诗坛发表意见、为所欣赏的诗文集作序,以及编纂前代诗集等方式宣扬他的诗学观念。他用"神韵"二字表述他的诗歌理论,对六朝以来,特别是司空图、严羽、释皎然的诗论推崇备至。

王士禛认为,诗歌艺术有两个立足点——学问和兴趣。他说:"夫诗之道,有根柢焉,有兴会焉,二者率不可得兼。镜中之象,水中之月,相中之色,羚羊挂角,无迹可求,此兴会也。本之《风》《雅》以导其源,沂之楚《骚》、汉魏乐府诗以达其流,博之九经、三史、诸子以穷其变,此根柢也。根柢原于学问,兴会发于性情。于斯二者兼之,又翰以风骨,润以丹青,谐以金石,故能衔华佩实,大放厥词,自名一家。"❸"兴会"和"性情"属于天才和想象力一类,情感一类,他把"兴会"和"性情"解释成严羽的"兴趣",微妙的意味和旨趣,显然是为了把它们引向他对神韵的偏好。他指出,神韵就是味外之味,在诗句中是不露痕迹的,只有通过兴会得到,如果从语言

第二编 中国美学的历史回顾

---

❶❷ 严羽:《沧浪诗话》,见《中国历代文论选》第二册,郭绍虞主编,上海古籍出版社1980年版,第424页。

❸ 王士禛:《渔洋文》,见《中国历代文论选》第三册,郭绍虞主编,上海古籍出版社1980年版,第371页。

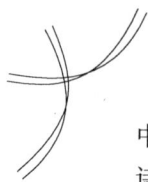

中刻意寻找,只能是缘木求鱼,丧失神韵的指归。他同意严羽以禅喻诗的做法,认为诗禅一致,神韵可以通过禅理悟到。在神韵的特征方面,王士祯指出,它就像绘画中的逸品,"见以为古澹闲远而中实沉着痛快"❶。神韵指向一种随着品味的深入而逐渐获得醇厚至味的境界,就像中国的茶文化,是真正的中国式审美风格。

三、书法理论中的神意说

在书法理论方面,从王羲之就开始讲"意在笔先,然后作字"❷。书法是传意的。"转深点画之间皆有意"❸。唐代张怀瓘有比较系统的书法理论,他认为书法作品"风神骨气者居上,妍美功用居下"❹。苏轼也把"萧散简远,妙在笔画之外"作为书法中的佳作。

四、绘画理论中的形神论

中国绘画美学更追求此道。中国绘画把这种表现了韵味的画作称为"逸品"、"神品",排列于妙品、能品之前。齐谢赫在《古画品录》中提到绘画六法,其中,第一法便是"气韵生动"。从晋顾恺之"形神兼备"到宋人"不求形似"而只求神似的思想,说明了这种追求内在意味的审美倾向日渐发展。苏轼说:"论画以形似,见与儿童邻。"❺到明、清两代,中国绘画已经完全不注重画什么,而只注重怎么画,怎么表现。明代的朱耷、清代的石涛,从绘画实践上把这种审美倾向发展到了极致。

第二节 自 然

一、渊源

自然的概念是中国哲学和美学的核心概念。它来自道家,也来自儒家,为后世各派思想所共享。

道家的自然美学观是最引人注目的。老庄的论说不仅指出了美在于自然(庄

---

❶　王士祯:《芝廛集序》,见《中国历代文论选》第三册,郭绍虞主编,上海古籍出版社 1980 年版,第368页。

❷　王羲之:《王右军题卫夫人笔阵图后》,见《中国美学史资料选编·上》,北京大学哲学系美学教研室编,中华书局 1981 年版,第 173 页。

❸　王羲之:《晋王右军自论书》,见《中国美学史资料选编·上》,北京大学哲学系美学教研室编,中华书局 1981 年版,第 173 页。

❹　张怀瓘:《张怀瓘议书》,见《中国美学史资料选编·上》,北京大学哲学系美学教研室编,中华书局 1981 年版,第 257 页。

❺　苏轼:《书鄢陵王主簿所画折枝二首》之一,见《苏东坡全集》上,北京市中国书店 1981 年版,第 230 页。

子"天地有大美而不言"❶），指出了自然的对立面——人为——对于审美的破坏（老子"五色令人目盲，五音令人耳聋"❷），而且指出他们所欣赏的自然美的特点——恬淡，不露痕迹（老子"大音希声，大象无形"❸，庄子"得意忘言"❹）。

儒家被普遍认为是主张入世的，但是儒家也是崇尚自然的。《礼记·礼器》说："礼也者，反其所自生，乐也者，乐其所自成"，礼乐都是出自自然，是对自然的欣赏。孔子赞同曾皙的人生设想（"暮春者，春服既成，冠者五六人，浴乎沂，风乎舞雩，咏而归"❺），也意味着他对于亲近大自然的生活状态的挚爱。

比儒道更早，《易经》就表达了以自然为美的观念。《易经》的贲卦说"上九，白贲，无咎"。其中"上九"是卦象，"贲"是"无色"的意思，"白贲"更是没有任何修饰，"无咎"是说这是好的。孔子对此解释道，红漆不需添色，白玉不需雕琢，宝珠不需修饰，因为它们自身的品质就足够好了。

先古思想一致看好自然的观念，使得后人，从先秦到近代的思想家一直把自然视为最高的审美价值。

二、内涵

首先，自然意味着天然，不是人为的。最典型的自然就是大自然，是天地万物，自然山水。

西方的自然概念更多指人类思考的对象，所以尽管它也指自然而然而非人为的意思，但是人们会把思考的形式加于其上。例如亚里士多德认为，形式和质料就是自然；自然有时也被看成宇宙万物的整体。自然是认识对象。而对于老庄而言，自然是一种价值，是一个伦理学概念。

所以在中西美学家那里，自然的意义和价值是不一样的。体现在美学观上，中国古人是把自然当作一种终极的享受，人可以把自己完全托付给它，进入自然，化入自然，与自然融为一体，从自然中找到许多生命体验，找到生活的依据。所以在山水画里，人很小，山水很大。所以孔子说"道不行，乘桴浮于海"❻。

第二，如果是人为的事物，例如宰牛、画画、作诗，就要顺其自然。顺其自然有两层意思，一是不事雕饰。李白诗曰："清水出芙蓉，天然去雕饰。"❼或者即使雕饰

---

❶ 《庄子·知北游》。

❷ 《老子·十二章》。

❸ 《老子·四十一章》。

❹ 《庄子·外物》。

❺ 《论语·先进》。

❻ 《论语·公冶长》。

❼ 李白：《经乱离后天恩流夜郎忆旧游书怀赠江夏韦太守良宰》。

也不露痕迹；二是按照对象的肌理操作，如庖丁解牛，如国画中空出宣纸的白质表现水、天，以及诗歌中的语语如在眼前。

第三，艺术的功夫在于领悟自然。苏轼说画竹要"其身与竹化"，明代大画家董其昌说画家要"心师造化"，都是绘画要练就的功夫，只有这样才能达到自然的境界。领悟自然最终要得自然之妙，自然之理，一旦达到这个境界，创作可以如行云流水，创作的作品也可以如自然一样有生命。

第四，自然意味着恬淡，不嚣张，大美不言。所以中国的艺术表现欲是不强的，含蓄的。

第三节 诗 言 志

一、渊源与内涵

"诗言志"一语出自《尚书》，是中国最古老的诗歌理念之一。志是志向，指人的内心愿望。在儒家主流思想的语境中，它经常被理解为建功立业之类的社会抱负，但是《毛诗序》清楚地厘清了"志"的意思——它既是志向，又是情感："在心为志，发言为诗，情动于中而形于言，言之不足，故嗟叹之，嗟叹之不足，故咏歌之，咏歌之不足，不知手之舞之足之蹈之也。"情感有时是消极性的，但不论消极积极，它都是有感而发。

诗言志意味着诗歌必须有感而发，不应作空洞的无病呻吟。唐代大诗人白居易提出"文章合为时而著，歌诗合为事而作"，就是出自诗言志的理论。时事是诗人情感的对象，有感于时和事，是诗歌创作的主要源泉。

诗言志和有感而发同时意味着诗人有不平，诗歌是不平之鸣。韩愈说："大凡物不得其平则鸣……人之于言也亦然，有不得已者而后言。其歌也有思，其哭也有怀。凡出乎口而为声者，其皆有弗平者乎！"❶诗人代社会、时代发言，因为是不得已而言，这意味着诗人并不是自己在表现，其实是代天地说话。韩愈说，屈原、庄子、司马相如等等都是上天选择的最好的鸣者。

二、影响

诗言志的理论导致两个后果：一是提高了诗人的责任感。作诗是有某种使命的。后世对诗歌这一体裁的尊重也反应了这一点。在宋代，个人一己之情感、花

---

❶　韩愈：《送孟东野序》，见《中国历代文论选》第二册，郭绍虞主编，上海古籍出版社1980年版，第125页。

草、女人等等都是词的领域,诗则留给了重大题材。二是提高了统治者对诗歌的重视。在先秦,官方就有采诗的机构,汉代发展为乐府,因为诗反映了民众对社会的看法和情绪,这是统治者十分想了解的。这就很好地保存了诗歌作品。但是为了使诗作符合主流思想,官方机构有时也会增删修改,导致歪曲。另一方面,诗言志的理论也使得官方重视通过诗歌监控文人的思想和立场。"反诗"的概念就是通过诗歌表达对当局的不满,在政治严酷的时代是要受严惩的。

第四节　文以载道——文艺的道德教化作用

一、渊源与内涵

文以载道是中国古代美学影响最为深远的口号之一。

文以载道是宋代才有的说法,取自周敦颐《通书·文辞》:"文所以载道也。轮辕饰而人弗庸,徒饰也,况虚车乎?"但是它反映的是儒家的文质观。从"文以载道"四个字来看,是要求文学艺术有内容,但这内容是"道",就带上了许多政治道德的责任。"道"是孔子意义上的道,是周道,仁义之道,兴盛邦国之道。文学载上这个"道",是要起到道德教化的作用。

强调文学艺术的道德教化作用始于孔子的教导。孔子说:"诗,可以兴,可以观,可以群,可以怨。迩之事父,远之事君;多识于鸟兽草木之名。"❶孔子赋予《诗经》的主要功能是讽谏规劝,事国事家。《毛诗序》说诗可以"经夫妇,成孝敬,厚人伦,美教化,移风俗",后世因而盛行诗教,即通过学习诗经,学会用温柔敦厚的方式说话,主文谲谏,在保持社会和谐的前提下辅佐政治,规劝当局者。

二、影响

文以载道看起来是对文的要求,实际上也是对诗歌和其他艺术的要求。它是韩愈古文运动的主要动力。梁代昭明太子萧统编的《昭明文选》,因为陶渊明的"闲情赋"里没有讽谏,所以批评它"白璧微瑕"。这也是对各代诗歌的强制性要求。它还体现在绘画上,利用孝子孝女图来图解家庭伦理、三从四德,是屡见不鲜的。在两宋以后,道德教化渗透到戏剧小说,甚至形成了情节发展的一种普遍模式。元明清绝大部分戏剧小说都是喜剧,也就是以善恶报应的大团圆为结局。它成为窠臼,艺术家很难摆脱。例如《西厢记》第五本,一直被诟病为"狗尾续貂",因为这个结局并不合理,但是王实甫写它想必是不得已而为之,如没有一个大团圆

---

❶ 《论语·阳货》。

的结局,剧本怎么看也像是没有完成。剧情必须得出道德结论,这是文艺家的基本责任。

第五节　意　境

一、内涵

"意境"中有"境",这是指空间场面、周围事物,而"意"字表明它是有关于人的心情意念的。"意境"强调了周遭事物与人的内心的相关性,强调这些场景事物是人的心意的表征,人的意念被景物和盘托出,意与境会。对艺术作品的意境的谈论,就是谈论其景物、环境是如何表达情感意念的。

意境是"寓意于物"(苏轼语)的结果。寓意于物,人从物中得领悟,但不会为物所累,物成为人心意寄托之所,人与物没有利害关系,只有自由的两相适宜的关系。

二、意境与境界及意味的区别

虽然王国维在《宋元戏曲考·元杂剧之文章》中的"意境"一词实际上谈的是"境界",说明了两者有亲缘关系,但意境和境界还是有区别的。境界是一个作品所开拓的世界,它是可亲历可感的一个整体世界,并不分意与境;而且,王国维认为情感本身就可以构成一种境界:"喜怒哀乐亦人心中之一境界。"相比之下,意境则是以意与境分列的形式提醒人们景物与心意的紧密关系,要从景物中看出意念;意境不能仅仅是情感,不能脱离场景。

"意境"中有"意",但它与韵味说中的"意"也并不相同。韵味说中的"意"指意味,是一种含蓄的含义,是味外之旨,是看似平淡实际深厚的意义,而意境中的"意"指心意、意念。

三、意境概念的溯源

意境概念最早在诗论中被使用,始于唐代。相传为王昌龄所作的《诗格》中提到:"诗有三境,一曰物境。欲为山水诗,则张泉石云峰之境,极丽绝秀者,神之于心,处身于境,视境于心,莹然掌中,然后用思,了然境象,故得形似。二曰情境。娱乐愁怨,皆张于意而处于身,然后驰思,深得其情。三曰意境。亦张之于意而思之于心,则得其真矣。"❶王昌龄是对境界作了三种区分,其中第一种(物境)即是后

---

❶　王昌龄:《诗格》,见《中国历代文论选》第二册,郭绍虞主编,上海古籍出版社1980年版,第88—89页。

来的意境,而第三种(意境)成了思想境界。后来,在司空图那里,"境"已经是景物环境了:"五言所得,长于思与境偕,乃诗家之所尚。"❶苏轼《题渊明"饮酒诗"后》说:"'采菊东篱下,悠然见南山',因采菊而见山,境与意会,此句最有妙处。"就把菊、东篱和南山作为境的要素,这里的"境与意会"与后世意境的概念是一样的。

意境也用在画论。这方面明清历代屡有高论,例如明代画家王穉登、清代画家恽寿平等均有论及。清代著名画家郑板桥说:"一丘一壑之经营,小草小花之渲染,亦有难处;大起造、大挥写,亦有易处,要在人之意境何如耳。"❷绘画中的山水花草不同于其在自然中的情景,要用意境去营造,因为好的绘画并不是传移摹写,而是要创造意境的。

第六节　气

一、气的概念

气是中国哲学和美学中最困难的一个概念,但是它又很常用。我们在此谨作一简要的介绍。

气首先是指运作于宇宙空间的支撑性因素,《左传·昭公元年》说"天有六气",《管子·内业》说"专气如神,万物备存",都是指支撑宇宙天地之气。人是小宇宙,气也是人的支撑性因素。孟子说"我善养吾浩然之气"❸,就是指人的气。人靠气而活。气是虚的,因为它看不见摸不着,但又是大小宇宙的根本性支撑力量,所以孟子在别人问他"敢问何谓浩然之气"的时候,这样回答:"难言也。其为气也,至大至刚,以直养而无害,则塞于天地之间。其为气也,配义与道;无是,馁也。"❹

二、文学艺术中的气

至于说到文学艺术中的气,主要是指:

第一,贯充于作品中的气势,一种整体性支撑力量。清代诗论家叶燮说:"曰理、曰事、曰情三语,大而乾坤以之定位,日月以之运行,以至一草一木一飞一走,三者缺一,则不成物。文章者,所以表天地万物之情状也。然具是三者,又有总而

---

❶　司空图:《与王驾评诗书》,见《中国历代文论选》第二册,郭绍虞主编,上海古籍出版社 1980 年版,第 217 页。

❷　郑板桥:《补遗》,见《中国美学史资料选编·下》,北京大学哲学系美学教研室编,中华书局 1981 年版,第 342 页。

❸❹　《孟子·公孙丑上》。

持之,条而贯之者,曰气。事、理、情之所为用,气为之用也。譬之一木一草,其能发生者,理也。其既发生,则事也。既发生之后,夭矫滋植,情状万千,咸有自得之趣,则情也。苟无气以行之,能若是乎?"❶气是贯穿理、事、情三者并且将它们运作起来的力量,气充实于其中,才能使之有生命。韩愈说:"气,水也;言,浮物也。水大而物之浮者大小毕浮。气之与言犹是也,气盛则言之短长与声之高下者皆宜。"❷从这里可以看出气对言语的支撑作用。文学家写诗、写小说,以及画家画画,书法家写字,都有"一气呵成"的说法,这指的都是这种整体性的贯穿力。

第二,与上述气势相关的个性化风格、气派。曹丕说:"文以气为主。气之清浊有体,不可力强而致……至于引气不齐,巧拙有素,虽在父兄,不能移子弟。"❸每篇诗文中的支撑性力量具有不同风格,这主要与作者个人修养及个性有关,外力是无法改变的,即使父、兄也不能改变子、弟之气的特点。文艺评论中常说的阳刚之气、阴柔之气就是指的这种有个性风格的气势。南朝谢赫著《古画品录》,对绘画作品进行评级分类,第一类是"气韵生动",就是作品中带有个人生命色彩的生气,这能使作品像活的一样动起来。

92

---

❶ 叶燮:《原诗·内篇下》,见《原诗 一瓢诗话 说诗晬语》,人民文学出版社1979年版,第21页。

❷ 韩愈:《答李翊书》,见《中国历代文论选》第二册,郭绍虞主编,上海古籍出版社1980年版,第116页。

❸ 曹丕:《典论·论文》,见《中国历代文论选》第一册,郭绍虞主编,上海古籍出版社1980年版,第158页。

第三编
一般美学问题

美学涉及两类问题：一般美学问题和艺术中的美学问题。前者关心任何形式中的审美问题，对之加以阐释和揭示；后者关心人造审美产品的美学问题。艺术是特殊的审美领域，因为它拥有很多因人的制作而带来的问题，同时艺术又是人类最集中的审美领域，艺术品是人自己创造、又像自然事物那样被人欣赏的十分奇特的事物。所以我们要把一般美学问题与艺术中的美学问题分开讨论。

这一编我们主要讨论一般美学的普遍性问题，而在第四、五编我们将集中讨论艺术的问题。

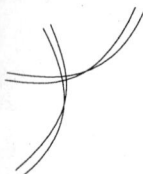

第一章　美学的对象与美学研究的必要性

第一节　美学的对象

一、关于美学对象的一个误解

关于美学的对象和性质,存在着一个广泛的误解,即认为"美学是一门研究美的学科"。

用中文命名的几乎每一门学科,其名称都显出了其研究对象。物理学研究物理现象,修辞学研究修辞现象,经济学研究经济现象。但"美学"这个名称却没有直接显露其研究对象。美学并不只研究美,美只是它研究的一个很小的方面。美学研究的范围大大超出了美,它研究所有的审美现象。

已知,鲍姆加敦用源自希腊文的"感觉"一词来命名"美学"。但这词又不能简单地理解为"感觉学",因为并不是所有的感觉都包含其中。据朱光潜考证,该词的希腊文原意是"通过感官对有趣对象的知觉",就是说,只有有趣的感觉才能包含其中。另一方面,美当然是有趣的,但有趣的范围大大超过了美。那么,是什么导致人们将美学误解为只是研究美的呢?

产生这个误解的原因有两个:

1. 西方近代美学以美(beautiful)涵盖审美(aesthetic)的倾向

美学于1750年诞生后,一直在摸索自己的研究领域。但是由于在此后一百年左右的时间里,思辨哲学的方法左右着美学的研究,鲍姆加敦倡导的"有趣对象的知觉"这个方向被偏离了,尤其是人们将"有趣性"集中在"优美"这一种审美趣味上。

aesthetic指"通过感官对有趣对象的知觉",因此它指称的范围远远超过单一的"美"(beautiful),"美"只是对有趣对象的一种知觉。但实际情况是,鲍姆加敦以后的美学家们对美的关注远远超出了对其他审美价值的关注。这是因为在十七世纪至十九世纪,"美"或者"优美"(fine)是当时欧洲艺术和自然审美中最受偏爱的审美倾向,即使有悲剧、喜剧、崇高等其他审美倾向,它们也一直处于美的参照系中,在与美的对比中才能确立自己的价值。这种对"美"的偏爱导致的美学上的后果,就是美学研究的对象逐渐由aesthetic(全部的审美经验)转向beautiful(单一的美）。因为，所有其他审美价值似乎都可归结到美，而最典型的审美经验都在对美的感受上。美居于审美价值的中心地位。思辨哲学的方法特点就是推论，即先确定一个总的观点，然后推及事例，以具体的例证来证实它。以这种方法研究美学，审美的本质理应成为讨论的中心。但是现在审美的问题被集中到"美"的问题上，因而美学集中于对"美"下定义。美学被看成是研究"美"的学科。这可以从许多美学著作的关注重点得到印证。例如，英国画家和美学家荷迦兹的美学著作《美的分析》（1753）集中分析美的线条，得出的结论是：最美的线条是蛇行线。另一位英国人，著名的美学家博克，他的名著《关于崇高与美的观念的起源的哲学探讨》，用大量篇幅讨论美，提出著名的美的七个特征，崇高则是作为美的对比加以讨论的。大哲学家黑格尔的《美学》一书，是以他著名的美的定义开始的："美是理念的感性显现"，全书都是对这一定义的演绎。

之所以说这是美学史上的弯路，是因为它不仅背离了美学创立的初衷，使美学变成一门好像是专门研究美的学科，而且使美学走上了莫衷一是的恶性循环。因为，例如，当美取代了审美，其他的审美价值都处于美的照看下，美作为审美价值之一的身份与它作为其他审美价值的统领者的身份就会发生冲突，典型的例子是中文美学术语中常见的"悲剧美"、"喜剧美"等重置的说法，它们在学理上是自相矛盾的（详细说明见第三编第二章第二节）。又如，当客观对象取代了主观感性成为美学研究的中心，人们会发现什么是美的问题更难以有答案了，因为任何一种客观的状况都会引起不同的主观评价，例如，说蛇行曲线是美的客观标准，就意味着不论何人，在何种环境和心情下，只要看见蛇行线，都会觉得它美。这实际上是不可能的。这种观点引起的争议比它说明的问题还多。

在西方，直到十九世纪七十年代，德国心理学家、美学家费希纳抨击"自上而下"的美学研究方法之后，人们才意识到美学的这种方向性偏离。

2. 中文翻译上的原因

中文对 aesthetics 一词的翻译也是导致误解的原因。这个词的中心含义是"感性知觉"，"美学"一词没有直接体现这方面的意义。

在十九世纪末以前，中国并没有美学这个学科。中国的美学学科是从西方引进的，但译名来源有说是日本。现据考证，"美学"这个词第一次在中文文献中出现，是在德国来华传教士花之安（Ernst Faber）的中文著作《大德国学校论略》（后又改名为《泰西学校论略》等）一书中。该书出版于 1878 年，在介绍西方大学课程时提到"美学"。此后"美学"还在康有为等人的著作（1897 年）中出现过。而在日本，据认为"美学"一词最早出现在日本学者中村笃介对法国学者欧盖尼·弗尔龙（Eugene Veron）的法文著作"Esthetique"一书的翻译中，他把这本书的名称就定为汉字的"美学"，出版的日期是 1882 年。1902 年，王国维翻译日本学者牧漱五一

郎《教育学教科书》和桑木严翼《哲学概论》时，使用了"美学"一词。1903年，王国维在《哲学辨惑》一文中将教育学归结为伦理学、心理学和美学的应用。1904年，王国维在"《红楼梦》评论"中用整整一章论"《红楼梦》之美学上之价值"，是美学的中国式论述的始源。从上述谱系追溯可以看出，是一个在华德国人首先发明了中文的"美学"一词，日本人的使用在后，但是作为中国美学学科的创始人的王国维，很可能是先从日人著作中看到此词的。后来学界一直认为是王国维首先从日本把"美学"一词引进中国，高名凯、刘正埮的《现代汉语外来词研究》（北京，文字改革出版社，1958年）也认为"美学"是日本首先使用后又传入中国并在中国流传的，可能就是这个原因。这是"美学"译名的由来。

当然，从学理上看，无论是花之安，还是日本学者中村笃介，或者王国维，他们将 aesthetics 理解为研究美的学问，都是情有可原的，因为当时西方学界的主流观点就是如此。要说误解，也是当时西方学界的误解在先。但是这个译名在后来的发展中产生的问题却是只有在中文学术中才有的。当现代美学把美学研究的对象定义为"审美经验"或"审美现象"，从"美"返回到"审美"时，从词源的角度看，英语"美学"一词刚好能印证这种返回是正确的。因为美学（aesthetics）与审美（aesthetic）是同源的，而与"美"（beautiful）反而没有词源关系。说 aesthetics 研究 aesthetic，是顺理成章的，说它研究 beautiful，反而在字面上没有关联性。但中文"美学"中有一个"美"字，说"美学研究美"，就像说"经济学研究经济"、"教育学研究教育"一样是顺理成章、天经地义的，它们在词的构造中已经联系在一起了。而说"美学研究的是审美现象"反而显得没有那么顺，因此这对我们纠正美学研究对象方面的错误观念，又增加了一层障碍。

"美学"已经成为约定俗成的中文学科名。况且，目前还看不出有更好的译名。如果要显示感性知觉的因素，我们还不能将它简单地译为"感性学"，因为 aesthetic 涉及的只是感性中的一部分，而如果译为"对有趣对象的感性学"，这个名称明显太长，不符合学科译名习惯。在没有公认的新名称的情况下，我们必须继续使用约定俗成的"美学"一词作为 aesthetics 的译名。但我们必须懂得，美学的性质和对象不能从"美学"一词上望文生义地理解。

二、定义——审美现象

认为美学的对象是美，这是一个误解。那么，美学的对象是什么呢？

是**审美现象**。

什么是审美现象？

审美现象就是人们感受世界、发现情感的形式，从而内心受到感动的情况。

三、审美现象的诸要素

从上述定义中,我们可以分解出以下六个要素,审美现象需要满足以下这六个要素。

1. 情感

审美是以情感而不是理智与世界打交道的,这是审美活动最显著的特点。

所有科学、哲学、伦理学的活动都以理智的、实证的和逻辑的方式与世界打交道,对对象作分析、推论和概括,获得的是结论。

以情感方式的活动常被认为是不可理喻的、非理性的。例如恋爱,它是一种情感活动,必须出现情感冲击,才可判断为恋爱(当然它还有其他特征,但首先必须是情感的)。有时是一见钟情,没有可实证的理由,因为情感出现了,这就是理由。介绍对象就因为用理智方式处理情感活动,而往往为当事人所拒斥。一位男士,他的出现可能迷倒一位女士,但如果他首先出现在媒婆口中,被描绘为有钱、有事业、前程远大等等,他就成了某种被理智挑选的物了,这过程就成了理智活动。

审美活动也有此特点。它的发生与否不取决于活动的内容,而取决于活动的方式。例如参观花展,这并不必然构成审美活动,这极有可能是一次没有任何情感收获的过程。因此,当一个人参观后说"花展当然是美的",这句话有可能只是一种理智判断,而不是审美判断,它只不过表达了这样一个意思:花是美的(这是常识),这么多花聚集在一起,当然是美的。这句话内含着逻辑推理。但如果花展中的某种东西打动了一个人,这就可构成审美现象。这时说"花展很美",是对某种审美情感的确认。审美活动用情感,意味着这种活动首先是一种感受或感动,然后被判断为审美的。

2. 形式

审美是一种感性的活动,但它不仅仅是感官性的,也不仅仅是情绪性的活动,而是自由的情感的活动,它只取情感的形式,而不涉及其中个人私己的内容。这是康德提及的审美活动最重要的性质。

感官刺激或者个人好恶也是感性的,但是那不属于审美活动的范围。可口可乐给人快感,可以解渴,但喝可乐不是审美活动。波普艺术家沃霍尔在他的视觉艺术作品中展示瓶装的可口可乐,我们欣赏的是关于可口可乐的意义,他的瓶装可口可乐已经被抽去了食用的内容,只剩下形式。这样,它才能更好地产生意义。正是在这一点上,同属情感活动的审美与恋爱就被区别开来。

因此,形式问题是审美的主要问题。审美是一种情感意义的创造,是有丰富内容的,但是所有的审美效果都是由形式的安排设计引起的。审美就是与人的感

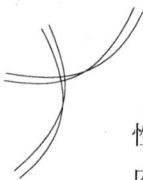

性打交道,它需要直接对人的感性产生冲击,同时这种感性又被抽去了其实利的内容。形式做到了这两件事,它既是感性的,又是非实质性、非实存性的。

正因为如此,审美对象令人感到既熟悉,又陌生。熟悉是因为它似曾相识,借助于生活形象,艺术家创造作品;陌生则是因为这些生活形象已经被抽去了我们熟悉的内容,它朝另一个方向显现,别有含义。

任何地方,只要有安排和设计,就存在美学问题。这些安排和设计有意无意地受审美观念的支配,它体现在汽车的造型、市政的设计、网页的布局,乃至一个人的穿着。

审美是对情感形式的审视,这也意味着它不是一种表面的刹那感觉。按康德的说法,审美需要想象力与理解力的参与合作。它常常表现为一个长时间的品味过程。在艺术的鉴赏中,还需要某种程度的能力训练;而在诸如悲剧性、喜剧性等的鉴赏中,则需要伴随以智慧。当然,这种品味的过程不论有多长,始终是情感的活动,而不是推论的概括的活动。

3. 精神享受

正因为审美总是与对象的形式打交道,只涉及情感形式而不涉及对象物的内容,所以审美满足是一种内心的满足,审美享受是精神上的享受。康德把这称作审美快感的无关利害关系,意思是说,审美中也产生快感,但这种快感不是来自人从审美对象实际获利,或受害。它仅仅来自对审美对象的不带功利目的的观赏、想象或体会。这种情况也被称作审美距离,人只有与物保持一定(心理)距离,既不对物产生欲望,也足以不受其伤害,才能保持审美关系。

例如,玫瑰花经常被作为审美对象,但在有些情况下,玫瑰也是一种食物,如做糕点馅子的糖玫瑰;在另一些地方,它也用作工业原料,用于提炼玫瑰油或香精。当它作为审美对象时,你并不对它的美味有欲望;但它成为食物的时候,你也完全不可能欣赏它,因为它的美味(糖玫瑰)取决于一个条件,就是必须加以腌制,而它腌过后的惨相,无论如何不会激发你把它想象成远方的恋人。所以,同一种物,当它与你处于利害关系中时,就不是审美对象。同样,如果你站在安全的岸边,可以欣赏大海的惊涛骇浪,而如果在大浪骤起之际,你正在一只小舟中,将受到对象的现实伤害,恐怕就没有心情欣赏了。英国二十世纪美学家布洛举过海上大雾的例子。他说,坐海船旅行时如果碰上大雾,"常常引起一种奇特的焦急之情,对难以预料的危险的恐惧,……使得这场大雾变成了海上的一场大恐怖"❶;但另一方面,"海上的雾也能够成为浓郁的趣味与欢乐的源泉。……你也同样可以

---

❶ 爱德华·布洛:《作为艺术因素与审美原则的"心理距离说"》,见《美学译文》2,中国社会科学出版社1982年版,第93页。

暂时摆脱海雾的上述情境，忘掉那危险性与实际的忧闷，把注意力转向'客观地'形成周围景色的种种风物——围绕着你的是那仿佛由半透明的乳汁做成的看不透的帷幕，它使周围的一切轮廓模糊而变了形，形成一些奇形怪状的形象……"❶这个例子的前半部分"恐怖"的情感，是因为人处于与大雾的利害关系中，而后半部分，则是当人忘掉这种对自身的害处，摆脱利害关系后才具有的审美状态。

4. 世界

审美价值的体现者是周围的感性世界和事物。因此，去发现世界是审美活动的主要内容。

虽然审美是一种主体的感受活动，但它不是向内的反思或冥想，而是向外的与周围世界打交道的活动。因此，我们谈论的总是一朵美的花、一个人物的悲剧性等等。审美感受丰富者，通常是那些对世界事物有较多惊讶和发现的人。我们审美感受力的敏锐性和丰富性，也要到自然、社会、人生的大世界中才能加以检验。

5. 自我发现

用情感去发现，意味着这是自我发现。

应当区分情绪与情感。情绪是内心的骚动，它的到来是无意识和不受控制的。情感则是对自己在世界中的位置的感受，虽然其中包括许多不可理解的东西，但我们可以实施一个行为来引起它，体会它。情感过程即通过周围世界和事物，感受自己与它们的关系，以及自己在它们中的位置。因此，通过事物所看到的其实是看的人自己：你看到花的微笑，其实是你与花之间这种亲和关系的表现，或者是你能够赏识花，拥有这种美好情感的象征。

具体说来，通过审美对象，所发现的是自我的两种潜能：

一是角色潜能。尽管每个人在现实中也许只扮演一两种角色，例如选择了公务员的职业，也许一辈子都是公务员。也许你会换一两种另外的职业，但限于各种条件，这种更换不会很多。但我们实际上都有很多的角色潜能。也就是说，我们觉得自己能够或者希望从事的职业、扮演的角色是很多的，例如希望成为武打英雄、科学家、政治领袖、体育明星、律师、企业家，或各种其他角色，甚至某些道德上受到谴责的角色，"反面"角色。因为很多道德标签都具有暂时性，而一种角色却是一种具体的生活，具有某种必然性。例如莎士比亚历史剧作中的福斯塔夫是一个玩世不恭的角色，托尔斯泰《安娜·卡列尼娜》中的渥伦斯基扮演的是"第三者"角色，但他们都有自己的理由，因而具有必然性，会获得人们的内心模仿。

---

❶ 爱德华·布洛：《作为艺术因素与审美原则的"心理距离说"》，见《美学译文》2，中国社会科学出版社 1982 年版，第 93 页。

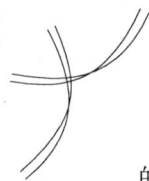

二是情感潜能。审美对象,艺术作品可以提供那些日常生活中未曾感受到过的情感,而通过审美,人们才发现这些情感,这也就意味着自己原来拥有这些情感。审美是情感认可的契机。这些情感的范围也是极广泛的。莎士比亚的《奥赛罗》的嫉妒是存留在人们心中常有的情感,欣赏这个剧,实际上是自己经历了这个角色的那种复杂心态。

审美的自我发现功能,最好地表现了审美的积极价值。首先,它给我们提供了实际生活中不可能有的机会,如此广泛地、不受拘束地经历我们内心所希望的东西,从而丰富我们的想象力;其次,它是想象的、虚构的,因而并不会影响我们的实际社会生活。你可以按照社会伦理许可的限度扮演生活的实际角色,但你有权在想象中探索冲破任何旧有伦理的东西,这是社会变革的重要推动力。

6. 新

"发现",意味着所感受到的世界必须是新的。审美感受的根本特点就是新,就是"前所未有"。一朵花在使人受到审美情感冲击时,被感受为从未见过,好像你是第一次遭遇这样一种存在物。如果是熟悉的事物的样子,就不会给人以审美感受。同时,它似乎也是不可能重复的,第二次遇到该事物的相同的样子,就不会令人激动。

其实,未被见到过的花是较少的,至少在审美的场合下是如此,你不可能只在遭遇从未见过的物品时发生审美经验。事实上,虽然它只不过是一朵玫瑰,而你也见过玫瑰,但此时此刻,它对你显得陌生,新鲜。尤其是,当你随后意识到它只不过是一朵玫瑰时,你会觉得这种陌生感令人不可思议。

所以,有一句名言:"太阳每天都是新的。"这是诗人的语言,是某种审美经验的表述。太阳是人们最熟悉的事物之一,它只有一个,怎么会每天都不一样呢?但是如果阅读描写太阳的各种诗,就可发现,不是太阳的物理存在不一样了,而是太阳的情感性质不一样了,它的样子不同了,含义不同了。正因如此,二十世纪俄国形式主义美学的一个观点受到人们广泛重视,该观点认为,艺术的最重要功能是,使人们在平庸和麻木的现实中,能够重新感觉事物、体验和创造生活,而其实现途径就是把"熟悉的事物陌生化",也就是以陌生的方法来写熟悉的事物,使那些事物在观众、读者那儿像陌生事物那样出现,事物摆脱了平庸无聊的状态,显示其新鲜性和冲击力。这也正是审美对象的特征。

在此,有必要比较一下科学发现与审美发现的区别。科学发现是以客体及其性质为目标。一种事物,或某种事物的要素一旦被发现,便无新意可言,也就不再有科学发现的价值。新的目标必然是另外的东西。审美发现不取决于物,它可以发掘一事物的无限的新价值,新感受。太阳在审美中可以一再被发现,新太阳之"新"不在于其名称或物理性质,而在于它在人这儿产生的感受。审美是一种感受和想象的活动,它的根据不在客体上。

四、两个关键词

以上我们提到审美现象的六个要素。为了使理论的印象深刻,便于掌握,现在我们做减法。如果我们要判断是不是出现了审美现象,最关键的两个要素是——感性和意义。

1. 感性

审美现象是感性的现象,这是最重要的因素。这是鲍姆加敦创立美学的初衷,也是后人提及"审美"、"美学"等等词语时必然包含的因素。所以,只有感性的现象才能与美学和审美发生关系,任何时候谈到审美,都是在谈感受。

情感是审美感性的一种具体规定。审美,并不仅仅发生在五官感觉的层面,它必须涉及情感。在情感的层次上,我们谈论的是各种内心的感动。

形式是激发情感的条件,如果仅仅触及感官,并不需要形式;感性必然面对感性的对象,所以我们牵出了周围世界这个要素;给予人们审美情感以冲击的东西当然是前所未有的、新的,否则无以引发情感。

2. 意义

另一方面,审美感受是充满意义的,是一种有意义的感受,它对你感官带来的冲击都转化为意义的品味,所以,休谟和康德都把审美感受叫做"趣味"(taste,或译为"鉴赏"、"品味"、"品尝"等)。音乐演奏的声音诉诸听觉,是感性的,但是听众不只是消极地接受它,而是在品味这些声音;绘画作品的颜料和形象诉诸视觉,但观众也是试图理解其形式及其包含的可能的意义。

对意义的品味和理解过程,是一种认同过程,尤其当这意义是蕴涵在情感中的,这种认同就会深入人的内心,其根基比逻辑理性的认同更加坚实可靠。所以每一种审美现象发生的时候,总会把"我"不同程度地置入其中,审美发现因而在某种意义上就是一种自我发现。

简言之,审美是一种发生在感性层面的对意义的品味和享受过程,审美对象包含着有意义的情感。

第二节 美学研究的必要性

一、美学的功用和审美的功用

美学研究有什么用?

当我们这样提问的时候,希望得到的是对这门学科的功利目的的答案。今

天,绝大部分自然科学、社会科学和人文学科都有其功利目的,都是"有用的"。经济学用于解开经济运作之谜,有助于推动经济发展;生物学的基因研究将彻底改变人类医疗和健康状况;历史学借鉴人类历史,以利于推动当下社会经济文化的发展。美学有什么用? 它能给我们带来什么? 我们必须回答这些问题,才能有理由地从事美学研究。

美学的用处取决于其研究对象——审美现象、审美活动的用处。审美有什么用?

如果从功利的角度看,审美没有什么用。审美不产生经济效益,也无法证明它能间接有利于生产或消费。实际上,它还要消耗人的时间和精力。艺术活动制作艺术品,可以出售,产生经济效益,但对艺术品的审美鉴赏并不产生经济效益,而且艺术活动不受利害关系支配。

审美的无功用性来自审美活动的本体论性质。审美活动是一种接受的、获得的、具有某种被动性和消极性的活动,而不是扩张的、生产的、充满积极性和主动性的活动。因而它的合法性必须从这样的角度获得:这种消极被动性与人的生存有无关系,有什么关系?

二、审美是人类两种基本活动之一

从人类生存的本体论上来看,审美活动极其重要。它是人类两种基本活动之一。

人生存于世,进行着两种基本活动,分别处理人与世界的两种基本关系。

首先,人与世界发生一种理想中的稳定关系。人天生被赋予一种创造的能力,这种能力表现为对周围世界的掌控和算计的意志,因此要把周围世界设想为可掌控可算计的稳定的世界。这就产生了一种生活活动的类型,即对世界探索、改造的活动,为人类谋求利益的活动。这是一种科学的理性的活动,它处理人与世界的稳定关系,即处理那些可以用人的尺度和框架加以测定,进行定量和定性分析的对象,获得稳定的数据和确定的认识。这种活动的特点是开拓的、进取的或进攻性(对世界有所作为)的。科学活动是在人的生存限度以内的、把人的存在当作全部世界的人类活动。

另一方面,我们知道,人有局限性,是有限的存在。除了我们知道的,其他我们都不知道。比起我们不知道的,我们知道的东西实在是太少了。这造就了我们的另一种态度,即接受的、领悟的态度。这就产生了对世界的感受活动、情感的活动。就某种意义上看,它是保守的,不谋求改变世界,而只是体会和接受世界,它处理人与世界的非稳定关系。审美就属于这样一种活动。只要人与世界存在非稳定关系,这种活动就内在于人类的生存本体论。而这种非稳定关系的确是存在的,因为通过科学活动可以加以确定的,只是人类生存世界中很小的一部分。稳定不是常态,非稳定才是常态。我们惧怕非稳定的世界,在对此别无他法之时,情感帮助我们对此作出反应。专门处理这种非稳定关系的人类情感,因而就显得特别重要。情感的活动(审美是其重要部分)虽然不产生利益,不积极改变世界,但它能对周围世界尤其是那些人们尚不能理解的东西作出即时反应,至少,它行使了一种保护的功能。而审美则是去除了功利关系的对人在世界上的位置乃至对世界本身的体会和感受。

人的生存的有限性还表现为:生存是有终点的。科学的功利性建立在我们一直生存着这样的存在论基础上,用此世的尺度衡量事情。当我们活着,我们关心已有的成就,未来的发展,各种不断积累的数据和指标。但当我们面对死亡,面对可能的空无时,我们不会对这些此世的东西感兴趣,对"有什么用"感兴趣,而是对生活的意义、对我们的灵魂感兴趣。这就是海德格尔说人是"为死而在"这句话的意义。审美越过此世的观点,把存在的边缘纳入其视界。对于那些人类无法回答的问题的关心,促使我们将我们的情感敏锐化,体会、领悟和感受来自界限以外的各种音讯。海德格尔认为,"为死而在"的答案,就是人以一种在世界上"诗意地栖居"的方式生活。

所以,缺失了审美功能,人的生命活动是不完全的。

三、审美对科学理性的矫正作用

审美可以对科学理性起矫正作用。

科学理性认为可以依靠人类理性的探索最终达到真理的彼岸或"存在的深渊"(尼采语),因此人类在这一道路上义无反顾地走下去,会收获无限积累的成就。人类的科学活动建立在这一基础上。这一基础来自(苏格拉底)哲学的假设,并得到近代主体性哲学的弘扬,它实际上设置人类为宇宙世界及真理的原因,但这从未(也不可能)得到证实。尼采把这种无限拓展的欲望称作"贪得无厌的乐观主义求知欲"。就它受人欲望支配而言,就可能有某种盲目性。而审美则是无欲望支配的、被动接受性的活动,它通过体验和领悟,遏制理性张狂的一面,倾听真理的声音,保持人的一份谦逊。

上面我们说明了审美活动的必要性。如果审美本身的必要性得到理解,无疑,美学(对审美现象的研究)的必要性也就得到了说明。

第二章　关于美、审美、美学、艺术、艺术品

美,审美,美学,艺术,艺术品,是五个美学中最常见的用语。它们有的属于审美范畴,有的是学科名目,有的则是审美对象的类型。但在美学中它们被提到的频率最高。之所以要用专门的一章介绍,是因为它们在使用中经常发生意义窜混,彼此难以分清的现象。这对美学是严重的情况。本章的目的是针对它们互相窜混的问题,提出每一个概念的相对界线。

第一节　区分这五个概念的必要性

一、概念窜混的现象及其原因

1. 概念窜混的现象

美、审美、美学、艺术、艺术品这五个概念到底有没有区别? 如何区别?

在日常使用中,它们给人的印象是很难区别。比如,面对黄山的景色,人们可以说它"美";但是如果有一个人说它"给人以审美享受",人们也很少会质疑。如果有人说黄山"具有很高的美学价值"呢? 这意味着什么? 听起来似乎也没有什么不对。其实,如果说"黄山是艺术"、"黄山是一个艺术品",这些话听起来也没有什么特别刺耳的地方,这也是对秀丽风景常有的赞词。

对于艺术品,例如一幅画,这类不同的说法也很常见:"这幅画很美","这幅画很有审美价值","这幅画是真正的艺术","这幅画是艺术品",有时甚至还有"这幅画具有很高的美学价值"这样的说法。

这其中,还有两个概念之间特别容易混淆的情况。例如,相对而言,区别"审美"和"艺术"要容易一些,但区别"艺术"和"艺术品"、"美"和"审美",以及"审美"与"美学"就更困难一些。说一个事物具有"审美价值"和说它具有"美学价值"有什么分别?"这是艺术"与"这是艺术品"两种说法有什么不同?

这些同时并置的说法给人的印象是,这五个词尤其是其中某些词之间的含义差不多,是可以互相替换的。事实上,大部分情况下这些词被使用,并未经过仔细甄别,而且似乎也无从甄别。

2. 概念窜混的原因

造成这种概念窜混的现象,有两个原因。

第一,美学作为一门学科被引入中国以来,这些概念的翻译和使用一直存在问题,使得它们之间的区分不明确。如我们在前面指出的,西方近代美学曾经用"美"的问题取代了"审美"的问题,这两个概念的混淆在某种程度上就存在于西方的美学原典中,而当我国学者翻译这些词语的时候,受到了西方近代美学这方面的深刻影响。后来,在西方反思美学学科这方面问题的时候,我们并没有做出足够的努力弥补概念和学理建设方面的不足。

第二,这些词在日常语言中的宽泛用法导致了混淆。作为学术概念的词语,是要有足够的确定性和适用性的,但是"美"、"艺术"这些词同时也是日常语言中的常用词,美学选用这些日常语汇作学科概念,付出的代价就是可能的混淆。维特根斯坦说"美"、"艺术"在日常语言中只是表示赞赏的叹词,与"好"差不多。对于美学的初学者,尤其会把这些概念想成它们在日常语汇中的含义。

二、区别的必要性

首先,这五个基本概念在美学中仍然被大量使用,而且被看作与美学学科有关的最有代表性的概念。如果是已经被弃置的概念,我们可以加以忽略。但它们很重要。

第二,缺乏区分的使用,可能造成美学学科的混乱。日常语言中的随意发挥,是语言创造性的表现,但是学科概念的混淆只会损害学科的发展甚至其本身的存在。

第三,对它们的区分,以及对其中每一个概念的界定,有助于整个美学学科的建设。美学学科就建立在这些基本概念的基础上,对它们的甄别是一种基础性的建设。

当然,鉴于日常语言与学科语言的复杂关系,这种区分是相对的。

第二节　关于美、审美、美学

我们首先区别美、审美、美学这三个关联度很高的概念。

一、美(beautiful;fine)

美(优美)也是审美范畴的一种,关于它的内涵将在下一章详述,这儿仅就它与其他四个主要概念的区别作出界定。

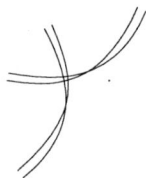

1. 美只是审美价值的一种

美学中的美是审美价值之一种。只有在人们对审美对象产生了一种特有情感(这种情感及其对象的特点我们将在下一章"审美范畴"的"优美"一节中具体描述)时,才作出"美"的判断。从这意义上说,它比"审美"的范围要小得多;比起"艺术"和"艺术品"来,它又欠缺"人工"这一因素。而由于它是一种确定的具体的审美价值,"美"并不是一个到处适用的标签。在美学中,它不能等同于叹词,不能等同于其他审美价值。

因此,常见的类似"悲剧美"、"喜剧美"这样的说法就不通。这种说法要表示的意思是某物具有悲剧性审美价值,但"美"并不等于"审美",而实际上,悲剧性本身就是一种独立的审美价值,美是另一种审美价值。是悲剧,就不是美,除非对象同时拥有这两种审美价值,但一般情况下这种说法的本意并非如此。在此,"悲剧"一词就足够达意了。加上"美",反而把两种审美价值混淆了,"美"失去了它的特指功能,成了一般性词缀。

2. "美"偏重于描绘审美对象

作为形容词,"美"一词在美学中通常用于对审美对象性质的描述,而"审美"一词是对主体状况的一种描述。当人们说"美"的时候,一定是指一个具体对象的美,美是对这一对象能够引起人的特定审美感受的肯定。所以人们说"美的花草"、"美的风景"、"美的形象"。在这些句子里,"美"所形容的都是特定对象。而"审美"一词就指人的一种内心活动,"审"有内省的意思,aesthetic 指的是知觉,与"审美"一词组成的词组,如"审美心理",指一种特殊的心理活动;"审美对象",指能够引起或已经引起这种特殊的内心活动的客体;"审美价值",指能够引起这种特殊的内心活动的价值。有人可能会说"美的价值"这样的词组也是常见的,但我们要注意,这个词组指的是作为一个名词的"美"的价值,是 value of the beauty,"美"不是用来修饰"价值"的,而 beautiful value 这样的说法是不通的。关于"美"本身将在下面第三点说明。

3. 区分美的对象和美本身

必须区分美的对象和美本身(the beauty)。

某朵花是美的(beautiful),但这花不是美本身(the beauty)。我们作审美判断时,通常用的是形容词 beautiful 或 fine,它指一个对象具有 beautiful 或 fine 的性质,或者指这对象能引起类似的情感。"美本身"(the beauty)作为一个名词,并不是说明性的,它本身就是一个指称;但美并不是一个实体,而只是一种抽象的性质,一种价值,所以我们不能用 beauty 来谈论花、画、风景的美,只能用 beautiful 来谈论它们。花并不法定代表美,故不存在花=美(the beauty)的等式。只有在讨论美的抽象本质时,才会用到"美本身"(the beauty)。

二、审美(aesthetic)

审美(aesthetic)一词来自希腊文 $\alpha\iota\sigma\theta\eta\tau\iota\kappa\sigma\zeta$,原意指"通过感官对有趣对象的知觉",因此它至少具有两个性质。

1. 审美是有关主体的

审美指主体的一种知觉状态,是有关于主体的,而不是取决或隶属于客体的。与"审美"合成的词组,都有这个意思。"审美对象"指能引起审美感受的对象,是因为它能引起这种感受,才与"审美"有关。进一步推断,不存在这样的情况——某些对象可以固定地作为审美的对象,而另一些就不行。能否成为审美对象取决于能否引起审美感受,而能否引起审美感受又因人因事而异。这样各种对象就都可能成为审美对象。"审美价值"指事物具有能引起人有趣知觉的价值。当我们说某事物具有审美价值,这是一个单称的情感判断,并不是某事物的物理属性或物质条件使得它具有这种价值,而是它能够引起审美情感,因而具有这种价值。

2. 审美价值是多样的

审美是通过感官对有趣对象的知觉,有趣性是多种多样的,因此审美价值就是多种多样的。有多少审美范畴,就有多少审美价值。审美价值除了美以外,还有崇高、戏剧性、悲剧、喜剧,甚至丑。美不能替代这些价值。例如我们可以说兰花是美的,但说卓别林的《摩登时代》或《大独裁者》是美的,则显得很牵强,不恰当。而审美则是对所有这些有趣性价值的统称,我们可以说兰花以及卓别林的《摩登时代》或《大独裁者》都是有审美价值的。

三、美学(aesthetics)

"美学"是所有这些概念中最不应该与其他概念相混淆的一个。美学就是研究审美现象的一门学科。所以,第一,它不只研究美,而是研究所有审美现象。第二,美学是一种学术形态,它的价值范围是在学术内。因此,"美学价值"的说法应适用于学术内,例如我们可以称马克思的《1844 年经济学—哲学手稿》具有很高的美学价值,因为,虽然这部著作是以经济学、哲学为业,但用了大量篇幅讨论美学问题。而对于一般的审美对象,除非它们对美学学术有特别贡献,我们通常称它们具有审美价值,而不是美学价值。总之,我们必须对审美和美学加以区分。

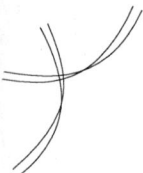

第三节　关于艺术(art)与艺术品(artwork)

一、"艺术"、"艺术品"的概念界限

1. "艺术"、"艺术品"与"美"、"审美"的区别

"艺术"、"艺术品"的概念与"美"、"审美"的区别主要在有没有人工的因素参与。艺术是人的审美创作活动,其产品就是艺术品。"美"和"审美"既可以体现在艺术及其作品中,也可以体现在自然事物中。

所以,当人们说"黄山是艺术品"的时候,这句话只在比喻的意义上可以成立,意思是黄山的景色就像是有人精心安排的。当然,当人们把上帝作为一个人格的存在时,这句话也可以意味着是上帝这位无所不能的艺术家创造了黄山。这是在与通常不同的意义上说的。

2. 艺术与艺术品的区别

艺术与艺术品应当加以区别。维特根斯坦说"艺术"经常被用为叹词,但是他没有说"艺术品"被用为叹词,说明两者有区别。

艺术与艺术品的主要区别就是:艺术是一种有审美价值的活动,而艺术品是这种活动的产物。

艺术并不指一个物品,当人们说"这是艺术"的时候,是对某种要么是技艺、要么是审美体验的赞叹。但当人们说"这是艺术品"的时候,是在断定一个有审美价值的物品,有时是指物品的分类。

二、"艺术"的用法

1. "艺术"一词用法的复杂性

给"艺术"下定义颇为困难。维特根斯坦认为"艺术"与"美"一样,在语用实践中常常被当作赞叹词,失去其语义的特指性。二十世纪英国著名的艺术理论家贡布里希曾言,现实中根本没有"艺术"这种东西(thing),只有艺术家或者艺术作品而已。而因为没有"艺术"这东西,"艺术"一词会意指许多不同的东西。贡布里希所言很实在。艺术的确不是一种物。作为物的艺术是艺术品。艺术品与艺术不能混为一谈。不是物,而又要加以谈论,就可能把它形而上学化,生出许多歧义来。这也是我们把艺术列为容易混淆的概念之一的原因。但是另一方面,如同"美"、"审美"这些非物概念一样,"艺术"也是美学中一个有特定含义的常用概念,因此,虽然困难,给它下一个相对的定义却是必须的。

"艺术"一词通常有四种用法：① 指精湛的技艺；② 指艺术品；③ 指一种特有的有关艺术的价值；④ 指艺术的活动。这四种用法中，第二种是误用，混淆了两种不同的概念。其他三种，则正是"艺术"概念的内涵要素。也就是说，它们各自单独地使用并没错，只不过是强调了艺术概念的不同方面，但艺术的完整概念则应包含这几个要素的全部。

2."艺术"的五个要素

如果要给艺术下一个定义，这定义是：艺术是人类创作艺术品的审美活动。

这其中包含五个要素。

（1）技艺

"艺术"的一个意思是：有很高的技艺。

无论在东方还是在西方，最早，"艺术"与"技艺"是不分的。

"艺术"一词希腊语作 τεχνη（techne），拉丁语作 ars，都与技艺有关。在古希腊、古罗马，"艺术"泛指所有需要技艺的活动，包括今天意义上的艺术，如绘画、音乐等，也包括骑马、射箭、纺织、军事，以及烹饪等技艺。

在中国，"藝"字（"草"字头）原意为一种农业栽培技术，今"园艺"一词即用此义。孔子有"六艺"说：礼、乐、书、数、射、御。孔子认为，知识分子应当掌握这六种基本技能，这是基础的文化修养。其中除乐（音乐）、书（书法）外，礼（礼节）、数（算术）、射（射箭）、御（驾车），都是各种专门技艺。在日本，人们把香道、茶道、歌舞、乐曲统称为游艺。

这种情况持续到 1746 年阿贝·巴托《归结到同一原则下的美的艺术》一文发表为止。在这篇文章中，阿贝·巴托把艺术分成（主要是）两部分：美的艺术（fine arts），包括诗、绘画、音乐、舞蹈、雕塑五种；实用的艺术（applied arts），包括美的艺术以外的以实用为目的的所有其他技艺。阿贝·巴托的"美的艺术"就是我们今天的艺术概念，而实用的艺术，我们今天已经不把它们称为艺术了。但尽管如此，美的艺术中仍包含技艺因素，这是毫无疑问的。把艺术看作一种技艺，这既是艺术一词最古老的用法，也是沿袭至今的一种用法。今天我们还常从技术精湛的角度来称赞某个艺术品，如说它"巧夺天工"等。《牛津英语辞典》"艺术"（art）的解释是：human creative skill and its application（人类的创造性技艺及其应用）。这里的中心词仍是 skill（技艺）。

这正是我们定义中"创作"一词所包含的要素。任何创作都需要技艺。技艺意味着对材料的操作、摆弄和构造的能力，通过这种构造产生期待的效果。好的艺术家对所从事的艺术活动的各种要素有着超常的了解和操作能力，文学家就是操作和构造语言的各种感性材料从而产生审美效果的高手。音乐作为艺术就是摆弄和操作乐音的技艺，音乐家是这方面技艺的专家。

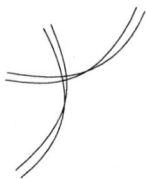

（2）审美

艺术已从古代的与技艺不分发展为现代的专指"美的艺术"，因此，审美已成为艺术概念的主要内涵。

艺术的创作或欣赏具有明显的审美活动特点，即它是一种感受活动（或以感受为主），无功利色彩，注重形式感和创新等。

在今天，一个能够操画笔画画的人可能被称作"画匠"，如果他要成为画家，必须有审美创造。与此相关，我们可以称呼一位只出创意而把制作交给别人去做的人为"艺术家"。审美创造现已成为艺术首要的要件。

（3）人工

艺术中的价值都有人工作为的因素，需要介入人的活动，这就是它为什么总是与技艺有关的原因。自然的形成物及过程可以有审美价值，但其本身不具有艺术价值。

（4）专业性

艺术的价值包含特有的专业性判断。并非给人以愉悦感的艺术品都有艺术价值。例如一幅画，它的艺术价值除了取决于其技艺、审美性以外，还取决于它对绘画艺术本身的发展的贡献，取决于其艺术创新度。绘画艺术价值的判断需要专门的技艺知识，其评判标准基于绘画艺术史的专业背景。所要判断的是：从专业和传统的角度，一幅画给出了什么新东西？马蒂斯的野兽派风格作品，包含着对色彩的一种新的探索，他在这方面的贡献改变了人们对绘画色彩的观念，拓展了色彩的表现力。对于一位缺乏绘画专业知识的人而言，一幅仿照他人风格的艺术品也可以很好看，有审美性，但由于没有创造性，这作品的艺术价值就不高。音乐也是如此。勋伯格的半音音乐、无调性音乐，对很多人而言不忍卒听，没有美感，但就他对音乐史所作的贡献，其艺术价值很高。

（5）活动

这是艺术的本体论性质。艺术与艺术品的根本区别就在于此。艺术品与一个物质实体有关，我们可以说艺术品存在于一个物质实体中，但艺术却不是任何实体。只有在创作或欣赏艺术品的活动中，艺术才存在着。这活动一结束，就只剩下艺术品（如文学、绘画、雕塑、建筑），甚至连艺术品也不在了（如音乐及戏剧表演艺术）。

这样，可以将艺术看作一种包含了审美性、工艺性、专业性价值的特殊活动和过程。

三、"艺术品"的用法

1. "艺术品"概念的三个要素

可以根据上面对艺术的分析，把艺术品定义为：为审美目的而创造的人工产品。

这个定义有三个要素。

A. 作为一具物品，艺术品应具有审美价值，有情感冲击力，对它的感受不受利害关系的支配。

B. 除了审美，对它的创作没有其他目的。一把雨伞的造型和图案也可以具有观赏价值，但雨伞主要是为其实用目的设计的，所以不属于艺术品范畴。而一幅绘画，除了审美，没有其他使用价值。❶

C. 这物品是人工制作的。自然物品不属于艺术品范畴。

2. 评价意义上的"艺术品"与分类学意义上的"艺术品"

艺术品这一概念有两种需要加以区别的用法。

其一是在评价的意义上使用它。当一具人工制品确实具有很高的审美价值，符合人们心目中关于艺术的标准，用"艺术品"称呼它，意味着它够得上这一名称，拥有艺术品的价值。

其二是在分类学的意义上使用。这种用法意在区分物品的种类，它的根据是关于艺术分类的知识。例如，一块绷在木框上的亚麻布如果被涂上了颜料，并符合某些其他相应惯例，就可被称为"油画"，即艺术品，而不管它是否真正具有审美价值。这时，"艺术品"一词意味着：它是一幅画，而不是一块布或一支笔，画属于艺术品类，而不是纺织品类。这方面的知识在许多场合是很有用的，例如对于一个艺术品拍卖行的人员，或工商税务官员，它必须有这方面详尽的知识，以适用相应物品的拍卖定价与规则，或税收政策与比率。

这一区分的益处：一是可以平息许多不必要的争论。如果面对一幅画，有人说它是艺术品，有人说它根本不是，那就要看双方是从哪种意义说的。如果前者是从分类学的意义上说，而后者是从评价意义上说的，那就不存在争论，争论了也没有意义。换一种说法，张大千的某件水墨作品是否艺术品，对这个问题作肯定或否定的回答都是对的。否定的回答可能基于这一理由：它不符合艺术品的评价性标准。二是有助于我们深入理解某些争论的性质。有些争论涉及的是对艺术价值和标准的不同理解，这方面的争论由来已久，不足为奇；但有些争论就涉及了艺术分类。例如，前文提到的二十世纪初的达达主义代表人物杜尚，他把一具从

第三编　一般美学问题

---

❶　现代艺术实践在这方面似乎产生了新的问题，例如杜尚的作品《泉》，用的是男用洁具，本来是为实用目的生产的，但被当作了艺术品。其实，目的不是一个可测量的客观因素，它与人的认定有关。当《泉》被当作艺术品的时候，人们认为它是为审美目的创作的（因为第一，它出现于艺术展览会；第二，它有一种难以理解性，而这常常是先锋艺术的特点）。反例是，凡高的画，当它的审美目的未获认可的时候，可以被用于垫鸡窝，或当作飞镖的靶的。

洁具店买来的男用小便器作为雕塑作品展出,这就涉及实用制品能否是艺术品的问题。他认为能,理由是,一件物品只要在适合于作为艺术品的场合(美术展)中出现,并被作为艺术品加以感受,就可以是艺术品。他的理论对二十世纪美术有很大影响,因而从分类上而不是评价意义上打破了关于什么是艺术品,什么不是的界限。这种争论的冲击力要大于前一种,因为它影响到我们对物品归类的常识。

第三章　审美范畴

第一节　什么是审美范畴

一、范畴的含义与审美范畴

范畴首先是指对事物的分类、分级；其次，"范畴"一词更多用于对观念的分类。用在各种学科中，范畴就是对某一学科中基本概念的分类，特别用于对学科对象的分类。

任何一门学科都需要一批特有的范畴来概括它所捕捉到的现象，这是它建构其叙事的一批特殊的术语。这批范畴能显示这门学科的特殊视角，而它们之间又有与学科整体的逻辑关联。范畴是一门学科合法存在的基础。例如，经济学需要诸如价值、价格、成本、利润等一批范畴，才能有效地分析其对象并且证明其存在的特殊性。

人们在审美中获得的感受经验是多种多样的，所谓"审美范畴"就是用来述说、标志各种不同的审美感受的概念。

审美范畴的功能有二：

1. 交流和谈论审美经验。虽然人们的审美经验是一种感受的经验，倾向于内心体验，经常是无语的，但事后还是有交流和谈论这种经验的愿望，有时还很强烈。这就需要使用不同的审美范畴来有效地区分和描述这些经验。

2. 研究和分析审美经验，即对它们作美学的研究。与经济学需要诸如价值、价格、成本、利润等一批范畴才能成立一样，美学也需要一批范畴的支撑。这也是我们在前文反复指出不能用一个"美"字概括所有审美经验的原因之一，那样做本身是不合法的，同时还会导致美学这门学科的消除。

二、中西审美范畴与大小审美范畴

鉴于中西美学的巨大差异，在美学史中，中国和西方都产生了自己特有的一批审美范畴。两者没有重合之处，说明它们看问题的角度完全不同。事实上两者的出发点和对范畴的功用的看法也不同。所以，我们对中西审美范畴将分别给予介绍。

另一方面,存在着大的审美范畴与小的审美范畴的区别。所谓大的审美范畴,指它们适用的现象比较宽泛,涵盖面广,比如优美、崇高、自然、韵味、悲剧性等等;所谓小的审美范畴,指使用范围较小,有较精细的审美经验的针对性的概念,如维特根斯坦提到的暗淡、花哨、阴暗、明亮、柔和、刚硬、高贵、平庸、忧郁、宁静等等。从有用性的角度看,小的审美范畴更有用,使用也更频繁,但其缺点是没有定数,类似一般形容词,且用法并不容易确定;大的审美范畴缺点是太宽泛,有点似是而非,但是便于定义,且千百年来得到诸多学者的讨论,学理上比较容易界定。

鉴于上述情况,且篇幅所限,我们决定在本章里主要讨论大的中西常用审美范畴。但这意味着,我们必须清醒地意识到它们的缺陷,同时意识到,本章中出现的并不是全部的审美范畴,我们只能撷取部分审美范畴作列举式的介绍。在审美实践中,我们必须借助许多小的审美范畴以达到更丰富的表达。

以下第二节至第九节是八个西方美学常用的审美范畴,中国古典美学常用的审美范畴见第二编内容。

第二节　优美(beautiful;fine)

一、博克与康德对优美的讨论

西方美学史上对优美的讨论,要数博克和康德的影响比较大。

博克说:"我认为美指的是物体中能够引起爱或类似的感情的一种或几种品质。"❶他认为,美完全可以被描述为"可爱",而事物之所以美或可爱,是因为它与"小"(little)的性质有关。具体说来,美的事物的特征有七个:A. 小巧。指事物的体积和数量较小,"屈服于我们",在我们控制中。B. 光滑。指物体的外表质感平滑,不粗糙。C. 变化。指物体的形式要有变化,不可呆板。D. 柔和。指变化必须婉转柔和自然,不突兀,例如蛇行线就是柔和的线条,其各部分与整体融为一体。E. 娇弱。与粗壮有力相对立,给人以需要帮助扶持的感觉。F. 鲜明。指色彩明快柔和,不晦暗,但也不强烈,尤其不能是强烈对比的。G. 和谐。指在有多种色彩参与的情况下,各色彩间应协调一致,有整体性。博克把所有这些特征都与"事物的小的特点"相联系,正因为它们小,所以可爱,可爱也就是美。这的确抓住了优美的重要特点。

---

❶　柏克:《关于崇高与美的观念的根源的哲学探讨》,见《古典文艺理论译丛》第五册,孟纪青、汝信译,人民文学出版社1963年版,第38页。

因为与爱相联系,博克的结论就引进了欲望。他特地说明这儿的爱与欲望的爱是不同的,欲望产生的爱有占有欲,是情感和肉体上的冲动,优美则完全不会引起欲望,只靠观照即可带来满足。但是这里面的理路却模糊不清。

康德更深刻地解决了这个问题。康德指出,美感作为一种快感是无私的,它可以普遍传达,并为他人所接受,因为在美感中包含了对目的性的判断,是对至高者的感动。普通的快感是一时一地人的欲望满足时得到的快感,实际上是一种快适,它不能普遍传达。康德因而将优美提升到无目的的符合目的性这样的高度,因为符合目的性,所有优美带来的是人的理解力与想象力的和谐共娱。

博克和康德都提及快感、和谐,这是优美作为审美范畴不可少的性质。

二、优美的定义

这样,我们可以对优美这一审美范畴作一简要的界定。

优美即美,或秀美。优美事物使人赏心悦目,令人愉快,形式上比较完美和谐。如莫扎特的小夜曲、秀丽的山水景色。

这里有三个要素:一是快感。优美令人愉快,引起的是快感,内心感受是舒服和顺的。二是完美。优美事物的特点是无缺陷,或被感受为完美无缺。三是和谐。优美事物的各部分关系是互相适应的、融洽的,而不是紧张的、剧烈冲突的。

三、优美的时代性

我们在前面已经提到,作为一个审美范畴,优美从十七世纪到十九世纪末受到特别的追捧,这与当时的现代性主题——人本主义和人性论是有关系的。

但是,优美这一审美范畴在二十世纪以后受到冷遇。这一方面是因为人们现在不再只着迷于娇小柔弱的东西了,普遍倾向于追求强烈和有力的东西;另一方面也是因为对优美所隐藏的不平等关系的反感。优美包含了某种审美主体与对象之间的不平等关系,只有在主体处于主动的、控制性的地位时,才能发生优美的审美,也就是说优美事物必须处于欣赏者可控制的范围,它柔弱、能被控制、被把玩、听话,所以可爱,它的价值是以弱势为代价的。而二十世纪主体意识的强化,使这一点较难为人接受。例如女权主义,完全可以把对优美的偏好视为男权中心主义的征兆。尤其当审美对象涉及人时,把女性视为娇弱的欣赏对象是不符合当代审美爱好的。当今女性的审美价值已不集中于甜美可人,性感、智慧、坚毅这些刚性的素质成为女性新的标签。

可见,审美爱好是有历史性的。"美"之所以会成为所有审美价值的代名词,是十九世纪以前审美偏好导致的以偏概全的结果。

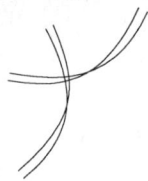

第三节　崇高（sublime）

一、关于崇高的经典理论

1．古罗马朗吉努斯的崇高理论

最早的专门论及崇高的人要数古罗马的朗吉努斯。他说，崇高是一种行文风格，这种风格有五个"源泉"："第一而且首要的是能作庄严伟大的思想……第二是具有慷慨激昂的热情。……其余三者来自技巧。第三是构想辞格的藻饰……此外，是使用高雅的措词……第五个崇高因素包括以上四者，就是尊严和高雅的结构。"❶朗吉努斯从修辞学的角度讨论崇高修辞，提出了很多使文章有崇高风格的修辞技巧。但是对崇高作为一种审美范畴，它所包含的意义及其价值涉及甚少。与后世关于崇高范畴的理论相去甚远。

2．博克论崇高范畴

博克是把"崇高"与"美"作为审美对立的两极加以讨论的，他从心理学的角度解释说，崇高根源于"自体保存"的本能，它激起的是痛苦、危险，它的情绪内容是恐惧，引起痛感；这种痛感是生命对恐怖对象的防卫性反应。而由于这种危险并不是实际的危险，而是处于某种距离以外，所以崇高的痛感夹杂着快感。博克还对刺激崇高感的客观对象的条件进行了言说，认为这种对象首先是体积巨大，其次是晦暗、力量突出，具有笨重、空无、无限、壮丽、突然性等等性质。

3．康德的崇高理论

第三个我们要提到的是康德关于崇高的经典理论。

康德的理论受到博克崇高论的影响，但是康德从认识论角度彻底弄清了博克所说崇高所引起的那些心理反应（如恐惧、痛感、危险感）以及触发崇高感的物理条件（如体积巨大、晦暗、力量巨大等等）的审美机制。

康德认为，存在着两种崇高——数量上的崇高与力量上的崇高，后者也称为"强力"。两种崇高虽有物理性质的不同，但是产生的认识论机制是一样的，那就是感性与理性的冲突，导致最终理性占上风，从而产生某种由痛感转化而来的快感。康德指出，当崇高出现时，人们会感到恐惧，这是因为崇高巨大的数量和力量超出了人的感性把握能力（感性只能把握相对的数量，如某两种物相对之下的大，而崇

---

❶　朗吉努斯：《论崇高》，见《缪灵珠美学译文集》第一卷，章安祺编订，中国人民大学出版社1998年版，第83页。

高中的大则是绝对的大,是"直觉的大",没有相对性),使人迷惘害怕。但当人最终对它有所思索和感受时,例如用"无限"等概念思索它时,它得到了把握,这使人最终意识到自己有超越感官的有限性而进入把握无限的能力,这能力即理性("无限"等是理性概念)。这样痛感就转化为快感。快感来自对这无限的理性能力的满意。这实际上也是一种升华:感性的无能导致人对最高理念的盼望和敬仰。

4. 黑格尔的崇高理论

黑格尔认可康德的崇高理论,但他特别从人以及人与神的关系的角度讨论崇高,我们可以借此获得对崇高的进一步理解。

黑格尔承认康德的说法,崇高不能在感性形式里表现。他用主体性哲学思路解释说,人之所以有崇高感,是因为自己与神的不可弥合的巨大差距,感到自己的渺小。"崇高的象征方式无法以有限事物表现无限的造物主,只能使人从有限事物的渺小中体会出造物主的伟大。崇高感以自卑感为基础,所以有否定的或消极的一面。"❶所谓"否定的或消极的一面"就是博克与康德所谓的痛感,以及康德所谓人被巨大的体积和力量所震慑的那种感性的无能无力。黑格尔因而指出,以色列人对神的敬畏就是对崇高的敬畏,这种崇高感最好地体现在《旧约圣经》,特别是其中的"诗篇"里。黑格尔认为,因为这是对神的敬畏,所以人得到了一种应有的屈服于神的身份地位,这种顺从转而成为一种积极的和肯定性的力量。

5. 这些理论的意义

从以上四位关于崇高理论的经典思想家的论述,我们可以抽取一些其中共同的要素,作为崇高含义的基础。

第一,崇高与大有关(对比博克关于优美与小的性质有关的观点)。

第二,崇高与痛感有关。

第三,崇高与超越性的存在(例如黑格尔的造物主、康德的理性)有关。

第四,崇高感是由痛感转化而来的快感。这种转化我们可以视为一种升华。

但是,其中有些理论也有偏颇。例如黑格尔反对将自然视为崇高感的一个来源,认为自然低于人,所以不可能被人视为高于自己因而要加以敬畏的存在。这是一种人类中心主义的观点,是极端主体论哲学的论调。这与康德关于自然的观点也是不符的。

二、崇高的含义

与优美相反,崇高事物的特征是不和谐。崇高事物以它巨大的体积、数量和

---

❶ 黑格尔:《美学》,见《美学》第二卷。朱光潜译,商务印书馆 1982 年版,第 30 页。

117

第三编 一般美学问题

力量之势,使人受到震慑、惊叹,并进而使人的心境得到升华。如雪崩、海啸、嶙峋的巨石、无边的荒漠、深不可测的山渊、遥远无际的星空等等。对它的感受不是快感,而是痛感,或如康德所说,先有痛感,然后通过向比人更高一级的存在(理性、造物主、绝对的伟大等等)升华而转化为快感。

三、现代生活与崇高感的式微

与其他审美感受相比,崇高感是不常出现的,在现代生活条件下更是极为罕见。它的最基本前提是要受到震慑,就是有恐惧感。而恐惧感是一种痛感,通常人们是要回避的,另一方面,作为震慑,它常常表现为无言,惊讶得说不出话来。但这种恐惧感却是吸引人的,是一种有吸引力的震慑。

崇高它何以吸引人呢?

首先,它是一种有距离的威胁,对人无现实的危害。

第二,它有从痛感到快感的转化。

第三,它因此而提升人的境界。当人能进入无限时,他当然有了超越的感觉,不同于凡俗的感觉,这就是崇高的审美境界。

当人类自我感觉良好,对自己很满意时,例如科学技术极其发达,所有被视为梦想的东西都可以实现时,是不会有崇高感的。崇高感来自敬畏,来自对不可表达的超越之物的惊讶。现代科技似乎正在驱除这种情感。所以说它在现代极为罕见。

第四节　平衡(symmetrical)

一、作为审美范畴的平衡

平衡是审美尤其是艺术的审美中一个随处可见的要求。它存在于优美中,存在于崇高中(以一种否定形式),也存在于悲剧性、喜剧性等等之中,但是它与这些审美范畴都不一样,有自身独特的诉求。也许是因为它与其他审美范畴千丝万缕的联系,大部分西方美学思想家并不将它拿出来独立探讨。

平衡是对审美对象形式的一种直觉感受,指两种或两种以上对比或对立力量的均势,包括对称(两种要素)和多样统一(三种以上要素)两种情况。平衡是指审美对象的诸多不同部分给人以相互制衡、补充,有关联的感觉。

二、平衡的表现

对平衡的追求也许根源于人的生存本能,是人类理解力的内在尺度。在审美创造(如艺术创作)中,它是各种艺术家始终关注之事。音乐对各种动机的呼应,各主题、音色间的对称,互补;绘画在冷暖色调和不同形状间的平衡;诗歌的轻重音和韵脚等等,以不同形态体现出多样性中的稳定感。

而在审美鉴赏中,甚至"不平衡"这样一种断语,作为一种负面的评价,也表现出对平衡的诉求。艺术史上充满了这样的例子:一种一开始遭排斥的艺术类型或风格,经历了从不平衡到平衡的路程,最终被接受。二十世纪初马蒂斯的画风,由于采用了本色平涂,而被认为破坏了长期以来调和色理念的色彩平衡,得到"野兽"的骂名。但在若干年以后,人们明白(或曰发现)了他其实在各种本色之间找到了微妙的平衡,即一种新的平衡之后,他转而被承认为对绘画史作出重要贡献的人,得到很高的地位。画还是那些画,是人们前理解中对平衡的认可,创造(找到)了画面上的平衡。此外,如中国古典园林,它不像欧洲十八世纪庭院建筑那样有明显的对称形式,但对它的鉴赏仍然是充满平衡诉求的,因为人们总能找到"山水,亭台,高低,明暗"这类平衡性,总倾向于把它理解为是"错落有致"的。

平衡不等于保守。对平衡的追求最明显地表现为打破平衡,实现创新。这实际上是打破旧的平衡,通过创新而发现新的平衡。只有在平衡与不平衡的边缘上,平衡感才被充分刺激起来。

第五节　力(powerful)

一、"力"的概念与现代审美意识

"力"作为审美范畴,是指审美对象给人以力感,它着重于力的运动过程和存在形式,通俗地说,就是动力与阻力、张力与压力的摩擦和斗争。因而它与崇高不同,崇高注重于力的数量(巨大)及后果,伴之以巨大的空间形式,如山崩、海啸、天空、荒漠,而"力"则着重于力本身的形式和过程,哪怕很小的物体如蛇和蚯蚓的运动,也可充满力感。发现审美对象的动力结构,是现代审美意识的表现。

随着当代生活的改变和人类意识的深化,审美趣味也在发生深刻变化,人们越来越不满足于接受清秀的、纤细的、柔弱的东西。因而"力"的概念愈来愈频繁出现在审美范畴中。享有盛誉的二十世纪英国雕塑家亨利·摩尔指出,艺术品应当表现力,而不仅仅表现美。如果作品能产生的作用只在表现美,那么它充其量仅能取悦于感官,如果表现力,它便能深入实在而表现丰富的精神意义。这表明,力是二十世纪以后被重视的一种审美范畴,表现了现代人新的审美追求。美国NBA的拉拉队对女孩的选择标准倾向于丰满、弹跳和力量,而不是苗条,这反映了今天的人们在审美上对力的偏好。

二、力的各种艺术表现

"力"并不是现代才出现的审美范畴。

雕塑艺术从来就把力的表现作为首要课题。人体雕塑的基本主题就是各种力的形式:古希腊的《掷铁饼者》通过运动员的动作,表现了从聚合到张扬的力的爆发过程,运动员的每块肌肉和骨骼都用于表现这一力的走向;罗丹的《思想者》,把思想的主题处理成力的形式:人体显得极为浑厚粗壮,状如牛或熊,这与我们日常概念中善于思考者的形象不一样。它通过每块肌肉甚至脚面上的肌肉的隆起,来表现地狱门前这位思想者剧烈的内心冲突,表现思想的强度和力量。这就是雕塑语言。人体雕塑可以比喻为"用麻袋装土豆",如果人的外表(表皮)是麻袋,那么他的肌肉骨骼就是土豆。前者代表束缚,后者代表向外扩充的生命张力。艺术家甚至可以设置外在的阻力,以加强这种表现。古罗马的《拉奥孔》群雕,其中的大蟒蛇就起着加强束缚力或压力的作用,这更显现出拉奥孔及其儿子们生命挣扎的力量和悲剧性。米开朗琪罗《被缚的奴隶》用一根绳子作道具,来表现奴隶要求自由的力量。麻袋装土豆的比喻还意味着力量的沉郁敦厚:麻袋把土豆原有的某些尖锐奇凸处遮掩了,留下比较囵囵的形,但粗厚的麻袋上仍然突出的部分,表现了更加深厚、强大的内在力量。米开朗琪罗把这一点作为雕塑的基本品格,他曾表示,最好的雕塑作品应当是从山上滚到山脚而不会损伤任何部分的那种,因此像耳朵、鼻子这些突出物要特别处理,脖子也要粗壮结实。人体雕塑的比例从来不符合真实的人体的比例,而是要粗壮得多。这一切都是为了表现力。现代雕塑,如马约尔、亨利·摩尔等人的作品更是如此。亨利·摩尔把力抽象出来表现,他的具形都是为了诠释他对力的理解,成为他雕塑的道具。

在其他现代艺术中,"力"作为审美范畴往往是新出现的。

舞蹈(现代舞)以力的旋律和节奏作为构思线索,这与古典芭蕾舞对优美的程式化处理形成对照。美籍华裔舞蹈家江青的现代舞,对谭盾的音乐作品如《松、梅、竹》等做了极好的解释,其解释之道就是展现松、梅、竹的力形式。美国二十世纪杰出的舞蹈编者格雷厄姆的《哀歌》和《爱之舞》也是很好的例子。《哀歌》以反舞蹈的形式(让演员坐在凳子上,全身套上一个大套子,只将头露出,完全与"手之舞之足之蹈之"的传统舞蹈相反),通过肢体扭动在套子上留下的轨迹,表现悲哀特有的力量。

电影界一度崇尚的性格型演员和表演,其价值就在于表现深沉和坚韧不拔的力量。

在现代小说中,海明威的硬汉形象,福克纳的坚忍、沉着,表现了性格中不同的力。力成为现代艺术共同的重要审美范畴。

第六节　戏剧性(dramatic)

一、戏剧性概念以及亚里士多德、苏珊·朗格的论述

人们通常把由于某种因素的介入，事件正常进程发生重大转折称作戏剧性。

戏剧性概念是从戏剧的基本特征，即表现社会人生的重大冲突及其结局引申而来的。戏剧性就是要"有戏"，"有戏"是指有意料之外的结局或表现，有非同寻常的处理。

亚里士多德对戏剧情节的重视超出了人物性格，他认为只有情节才能反映事件的情理乃至整体性，即他关于叙事文学的理想。而在情节中，突转和发现则是最主要的两个成分。突转"指行动的发展从一个方向转至相反的方向"；发现则指剧中人物对对方底细"从不知到知的转变"，如突然发现对方是自己的仇人或亲人。这两者都是戏剧性的典型表现。事件的情理与整体性强调的似乎是可意料性，而突转和发现却是出人意料的，这似乎有矛盾。但两者确有相辅相成之处：出于意料之事才能更深刻地表现情理。在情节突转和发现的关头，所有冲突，过去及未来可能的走向，都得到昭示，它们是体现事件整体性和有机性的关键点，充满意味。苏珊·朗格把戏剧的本质定义为"直接指向未来"的"未来的创造者"❶，也就是要强调，戏剧引起的是对未来的关注、预料，因此，未来的不可预测性——戏剧性，也就成了戏剧的主要特性。

戏剧性是从戏剧中发源的，但作为审美范畴，它应用于审美的所有领域。例如音乐，杰作中不乏戏剧性效果的出色使用。又如绘画，作为静态的空间艺术，似乎很难容纳时间过程性的戏剧性效果，但某些情节性的画作，如俄国十九世纪巡回画派绘画大师列宾的一些作品(《伊凡雷帝》、《意外的归来》等)，在制造戏剧性方面卓有成效。甚至在日常生活中，也充满戏剧性。如伊拉克 1998 年与美国玩老鼠戏猫，使一场势将发生的战争在最后一刻被取消。

二、悬念及其在戏剧性中的作用

由于戏剧性具有很强烈的审美魅力，它已成为人们看戏及理解日常生活时的一种心理期待。悬念就是对这种戏剧性心理期待的利用。

悬念是戏剧性艺术手法，艺术家用悬念，就是用对即将出现意想不到之事的允诺，来抓住人们阅读和欣赏的耐心，加强情节进行过程本身的紧张度及对它的

❶　苏珊·朗格：《情感与形式》，刘大基、傅志强、周发祥译，中国社会科学出版社 1986 年版，第 355 页。

体验。作品交代一个令人好奇的事由,尽可能把揭开谜底的时间放在最后,并造成所有故事都与之有关的气氛,令人不忍放弃任何细节。尽管这是侦探小说最常用的手法,但在其他作品中也是常见的。早在文艺复兴早期,意大利悲剧作家、文艺理论家钦齐奥就向剧作家大力推荐"这种使观众悬念的方法",因为这可"使结局常常隐在云雾中,但是剧情随着情节展开,使观众感到被引向结局,但是不能断定此剧如何结束","使观众的心情悬宕在恐怖与怜惜之间"❶

当代哥伦比亚作家加西亚·马尔克斯的小说《一桩事先张扬的凶杀案》,标题就充满悬念。凶杀为什么要事先张扬? 马尔克斯说,这正是这桩案件的蹊跷之处,也是其实质所在。全部的小说描写似乎都围绕着解开案件的这一蹊跷之处。

第七节　悲剧(tragic)

一、悲剧的缘起

悲剧的希腊文 τραγωδια 原意为"山羊歌",是一种歌唱比赛项目,以山羊作为奖品,也以山羊作为扮相。随后它成为专祭酒神狄奥尼索斯的表演活动。这些表演的特定内容使它与"悲"有了关系。所以到了亚里士多德,他就把悲剧的情感特色定义为恐惧与怜悯。

悲剧一开始是一种戏剧类型,随着这种戏剧的内涵被描述和讨论,以及其对其他艺术类型的波及,悲剧成为一个审美范畴。至今,它仍然是一个很有生命力的范畴,它的适用范围超出了艺术范围,成为最常见的生活用语之一。

二、四种经典的悲剧理论

关于悲剧的理论是很多的,西方几乎所有美学思想家都对悲剧有说词。为了简明扼要,我们对其中最重要的三种理论加以介绍,再加上现代中国的鲁迅的悲剧理论,总共介绍四种。

1. 亚里士多德的悲剧理论

亚里士多德的悲剧理论来自希腊悲剧的实践,他把悲剧看作展示人与命运的关系的场所:悲剧来自强大的命运对人的打击,从而引起观众的怜悯与恐惧之情。"命运悲剧"是当时大部分希腊悲剧的题材。

---

❶ 钦齐奥:《论悲剧与喜剧的创作》,见《缪灵珠美学译文集》第一卷,中国人民大学出版社 1998 年版,第 410 页。

亚里士多德认为,怜悯与恐惧是标志悲剧精神的两种基本情感,悲剧的全部目的就旨在引起恐惧与怜悯之情。"怜悯"较好理解,就是对悲剧受害者的同情。即使宽泛意义上的悲剧,所引起的也主要是怜悯之情。但为什么还有恐惧呢?因什么而恐惧?这种恐惧是一种积极的情感吗?按亚里士多德,恐惧主要来自人的无能为力感,人意识到这种打击来自命运,又无法摆脱命运的安排,因而恐惧。亚里士多德认为,悲剧主人公是一些比我们常人略好的人,他们不是神,也是有限的存在,常犯错误,但在道德和能力(包括智力、体力)各方面都略好于常人。俄狄浦斯是最好的例子。他认为,好人遭厄运值得同情,怜悯就是对悲剧主人所遭受的厄运的同情;但这些强于我们的人,他们甚至在知道自己的命运后,拼命努力,最终仍无法避免命运的残酷打击,更何况在道德和能力上都低于他们的我们(常人)呢?这样的人的遭遇就引起了常人强烈的恐惧感。

这种恐惧与怜悯有何积极意义?亚里士多德说,它可以"借引起怜悯与恐惧来使这种情感得到陶冶"。易言之,悲剧是宣泄和净化这种情感的途径,有利于心理健康。

2. 黑格尔的悲剧理论

黑格尔强调要区分灾难的不同原因,他把"一种单纯的灾祸或一个悲惨故事所引起的同情"这种"单调的满足感",排除在真正的悲剧情感之外,认为,由外在偶然事故或疾病、财产损失、死亡引起的恐惧或怜悯,不构成真正的悲剧。真正的悲剧应当是精神实体(伦理性,神性)在现实的外化过程中必然带来的冲突造成的。外化就是具体化。整体性的伦理外化为不同的对立力量,每一种都有它存在的可辩护理由,也有其特性或片面性。每一种力量对自身的坚持就意味着对对方的否定,它们相互冲突。而代表不同伦理力量的人(悲剧主人)在冲突中必有受伤害的一方,这就导致罪过。所以悲剧源于两种同样有理由但却矛盾的伦理力量的冲突。它所引发的怜悯,"是对受灾祸者所持的伦理理由的同情"❶;它所引起的恐惧则是对伦理力量或绝对精神的威力的恐惧。

这样,这种悲剧结局就是有趣的,有思索品味的余地,而不只是单纯获得一种情感满足。这里有两点值得深思。一是人的悲剧的原因是一种大于人、主宰人的力量——绝对精神,或神性——对人的惩罚,因而人遭罪是因为他有罪,只不过他由于局限性而不知其所由来。为此,黑格尔曾经评论苏格拉底被民主派处死的悲剧,他认为苏格拉底的死"罪有应得"。二是从人间的角度看,悲剧冲突的双方都有其可辩护的理由,也都有其片面性。也就是说,哪一方也不是坏的,但也不全

❶ 黑格尔:《美学》,见《美学》第三卷下册,朱光潜译,商务印书馆 1982 年版,第 288 页。

好。这样,对悲剧及其人物,无法,也不必作简单的好坏判断,只有怜悯与恐惧,以及无言的沉思。

当然,黑格尔的悲剧力量与他的其他理论一样,也有其理想主义的一厢情愿。根据其正反合三段论模式,悲剧的正题是:悲剧是通过个人的行动而体现神性的力量;反题是:两种同样有理由但却片面的伦理发生冲突而导致罪过;合题是:通过片面性的毁灭,达到永恒正义统一体的恢复。黑格尔把悲剧冲突的解决称作"和解":片面的特殊因素遭到否定,各种不同的力量在去掉片面性的条件下和谐相处。永恒正义获得胜利。问题是,其中哪一点可以对差异的消失作出担保?差异的和谐相处恐怕只是一厢情愿的理性臆想。

3. 尼采的悲剧理论

1869 年,尼采写了他思想的奠基之作《悲剧的诞生》,他并不把悲剧仅当作一种艺术种类,而是当作他生命哲学的思想基础。

首先,从永恒的"存在之母"的角度,尼采赋予悲剧以乐观的价值。尼采引用酒神狄奥尼索斯的教师西勒诺斯的话说,人生命的真谛是:最好是不要降生,成为虚无;次好是立刻就死。西勒诺斯的话代表否定的一面,但这匪夷所思之语说出了真理。尼采认为本原的生命是"永恒的生命",而不是人的生命。"存在之母"是生命游戏的主宰。要让生命生生不息,必须要有死作为代价。"永恒的生命"生生不息,永劫轮回,人的生命只是"存在之母"永恒生命轮回游戏上的一个环节,死是另一个环节。只有不断地有死,才不断地有生。就这个意义说,死,或悲剧,对人也许是悲惨的毁灭,但对"永恒的生命"而言,是积极的,具有欢乐的价值。

其次,从有限性的人的角度,尼采赋予悲剧一种人类自作自受的判断。人总是要以自己的有限性思索无限的东西,对自身的理性满怀信心,例如对自然发出挑战,用科学的方法掌握和改造自然。以有限搏无限,那正如庄子说的"以有涯随无涯,殆已!"悲剧就是人挑战自然秩序以及人的智慧和理性必然要付出的代价。

通过对悲剧的阐释,尼采意在对人类文明作根本之思:如果人类生命的根源是这样一种"永恒的生命",那么悲剧和酒神精神就是人类生活的基本根据。但苏格拉底以后的人类文明建立在对人自身的科学理性的盲目乐观主义基础上,颠倒了西勒诺斯的箴言(变成"最坏是立即要死,其次坏是迟早要死"),认为依靠科学这样一种失据的人类行为就可通达最终的真理。人类文明误入歧途。正因如此,尼采提出要重估一切人类价值。

4. 鲁迅的悲剧理论

鲁迅关于悲剧的理论主要只见于一句话,他在《坟·再论雷峰塔的倒掉》中说:"悲剧将人生有价值的东西毁灭给人看。"这句话十分简要,但是抓住了要害。

首先,悲剧是一种毁灭和毁坏,不如此便没有悲可言;第二,被毁灭的是有价值的东西,只有有价值的东西被毁灭,才有悲剧性;第三,它与人有关,只有人生中才会发生悲剧,悲剧是对人而言的;第四,悲剧是一种表达,是被意识到以后又展示给人看的,所以悲剧是一种艺术。

三、悲剧的定义

悲剧通过展示有价值的东西的毁灭,触及宇宙人生的根本,激发人的同情,带来快感。

1. 毁灭

宽泛地说,凡是有价值的东西在两种力量的冲突中失败或毁灭,都是悲剧。这一来自鲁迅的说法抓住了有价值的东西的毁灭这个要害,给悲剧作出了根本的解释。

在这方面,日常的悲剧观念中有两个误解应作纠正:一是认为只有好人失败或毁灭才是悲剧,好人指道德高尚者,正面英雄。事实上,在一些广受指责的恶徒(例如被判有罪的犯人)那儿也发生着悲剧,因为他们也有有价值的东西,如生命、情感等。这些东西的毁灭,对于作为人类的他人也是悲剧性的。二是认为只要好人牺牲了,就是悲剧。事实上,在许多情况下,好人牺牲的结果不是他们所认可的正面价值的毁灭,而是这种价值的实现,如莎士比亚的《罗密欧与朱丽叶》。这后一点并不是悲剧性的,而是喜剧性(就道德完满的结局而言)的。当然就《罗密欧与朱丽叶》中的两位主人公的殉情而言,他们生命的消逝这一点具有悲剧性。

2. 挑战与局限:宇宙人生根本之思

悲剧都是毁灭,但是毁灭背后的原因更值得深入追问。

在涉及悲剧原因之处,我们不能不将亚里士多德以来的西方主要悲剧理论考虑进来。这些理论无一例外都将悲剧与一种大于人、支配人、作为人的根据的力量相联系,认为人的有限性以及他要冲破这种有限性的雄心之间的矛盾,导致了一种本体论意义上的悲剧。例如亚里士多德(及整个古希腊)的"命运",谢林的"必然",黑格尔的"神性"或"永恒的正义",尼采的"永恒的生命"或"存在之母"。借助于悲剧,人们不断被提醒:人类不是主宰,人有无法克服的盲目性;而同时,人不可避免地要去触及自身的极限,在极限处挣扎,这种源自人的生存本体论的悲剧性令人感慨激愤,产生出对支配性力量和搏斗着的人两方面的敬意。俄狄浦斯受制于命运,他看不见他的命运,但他从未停止追问他是谁这个问题。而因了这种追问,他亲自揭开了自己悲剧的帷幕。哈姆雷特和奥赛罗受制于性格,莎士比亚的这两个悲剧人物向我们展示了人是如何陷入自己性格缺陷所布下的圈套而走向毁灭的:在哈姆雷特,这是犹豫,在奥赛罗,这是嫉妒。但是,例如在哈姆雷特

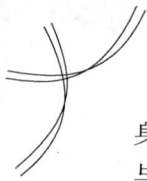

身上的犹豫,难道不是对自身命运的两难处境的一种挑战方式吗?海明威《老人与海》中的桑提亚哥,他的悲剧源自他向存在极限的挑战。他行驶渔船达三天之久,已经没有口粮,没有回程所需的物资;他到了一片人迹罕至之深海;他遇到了一条从未见过的大鱼。他越过了人应有的界线,造就了悲剧的全部条件。所以,如命中注定的,他在长达八十四天未有收获的情况下,又一次以打渔失败告终。他被视为"背运倒霉"的老人,不过,在他渔船后拖带着的那条比船还大的大马哈鱼的骨架,就像梦的残余,令人们肃然起敬。

人是有局限性的,但是人又不得不挑战这种局限。失败和毁灭是这种挑战的代价。所以某种意义上说,悲剧性是人生的一种基本命运。

悲剧涉及宇宙人生之根本。所以那种仅仅是悲苦或悲哭的情节并不构成典型的悲剧。这就是黑格尔说偶然事故导致的灾难不构成悲剧的原因。

3. 同情

悲剧都会引起剧烈的情感。亚里士多德说悲剧引起的是怜悯与恐惧之情,其中怜悯就是同情。观众哭,是因为同情。对悲剧涉及的宇宙人生之根本的思索,是一种伴随着强烈情感的思索,并且,因为有这种情感,思索触动人的神经。

问题是,这种情感是积极的,还是消极的?

亚里士多德说,悲剧借引起怜悯与恐惧而使这种情感得以陶冶,也就是宣泄和净化。这意味着,悲剧的同情之哭具有产生心理健康之功用。另一方面,席勒解释说,悲剧引起的同情是一种积极的情感,因为同情心是以感动为前提的,感动提供给人以快乐❶。这两种理论都认为悲剧提供给人积极的情感。这可以解释人们为什么明明知道看悲剧是会哭的,却还要去享受它的原因。

这样,悲剧的主要价值可简单概括为:① 它能触及社会与自然界事物的本源和某些内在意义,引起人们的深思。② 它给人以情感的巨大冲击,满足人们的同情心,导致心理上的健康。

第八节 喜剧(comic)

一、喜剧的两种类型

与悲剧一样,喜剧也从最早的戏剧类型逐渐发展为审美范畴。

作为审美范畴的喜剧,有两种类型。

---

❶ 参见席勒的《论悲剧艺术》。见《西方文艺理论名著选编(上)》,伍蠡甫、胡经之主编,北京大学出版社 1985 年版,第 462 页以下。

第一种是经过矛盾冲突，导致事物的圆满结局，即所谓"大团圆"。亚里士多德在《诗学》中，把"善有善报，恶有恶报"作为喜剧的模式。这种喜剧的主要标志是结局，它是一个道德善的结局，大团圆的结局。

但丁的《神曲》英语名称是 *The Divine Comedy*，可直译为"神圣的喜剧"，分"地狱"、"炼狱"、"天堂"三部，讲人经过各种磨炼探索，唯有走上神所指示的爱的道路，最终进入天堂的光明结局。莎士比亚的喜剧也多是这种类型。例如《仲夏夜之梦》，讲自私残忍的高利贷商人夏洛克最终遭到自己设下圈套的报应，而他的对手却宽恕了他的故事。我国元代杂剧《西厢记》，其结尾的张生和崔莺莺团圆，这种结局也是喜剧性的。此种喜剧要把道德判断在作品中以结局的形式体现出来，即，剧情要安排这种道德承诺。

由于其根据在于重道德承诺，而中国历来看重文学的道德功能——文以载道，立言不朽，所以中国文学或艺术中的这种喜剧精神就相当常见。体现于叙事文体，《春秋》《左传》《史记》，以"微言大义"一脉相承，以"不虚美，不隐恶，善善恶恶贤贤贱不孝"为道德原则。《史记》"太史公曰"中的模式就是褒贬交加，善恶有报。这种模式是对道德承诺的实现。在结局处是非分明。如果要在这模式与情节合理性或真实性之间作选择，偏重的通常是前者。这意味着，即使合理性受损，也要实现大团圆。例如《西厢记》第五出，为了实现"愿天下有情人皆成眷属"的道德允诺，王实甫让张生考上状元，并且成功迎娶崔莺莺，这在当时条件下并不现实。因此这第五出也被后世一些批评家讥为"狗尾续貂"。

第二种类型的喜剧是滑稽，一般把滑稽现象称作喜剧性的。

下面就主要讨论滑稽意义上的喜剧。

二、几种主要的喜剧理论

1. 柏拉图的喜剧理论

柏拉图并不喜欢戏剧，认为戏剧模仿有伤风败俗之嫌，更不要说以插科打诨为特点的喜剧了。但是在《斐莱布篇》讨论美感的时候，柏拉图对喜剧有两个重要的描述，后世理论家对此做了很多发挥，是喜剧的主要特征。

首先，柏拉图认为，滑稽（可笑）是一种恶，它与人的一种心灵缺失有关，这种缺失就是人不认识自己。也就是说滑稽可笑与人缺乏自我意识有关。被嘲笑的对象通常并没有意识到自己的行为或者话语可笑。

第二，柏拉图指出，喜剧的对象是无危害性的对象。喜剧嘲笑某个人，因为此人是弱小者，他没有能力在受到嘲笑后报复他人。如果他有能力报复，那么，人们就不会认为他可笑，而是相反，会认为他可怕、可恨，这样，喜剧性就没有了。

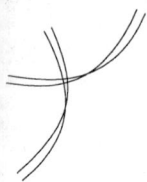

2. 康德的喜剧理论

康德认为喜剧与音乐一样是"快适的艺术",因为它通过人的心灵激发人的肉体,从而带来快乐。

在康德的喜剧观里,有几个要件值得回味。

第一,喜剧是有理性的人玩的游戏,人们是通过理性发现可笑的现象。

第二,喜剧意味着一种无价值的东西被发现。康德说,"笑是由于一种紧张的期待突然转变成虚无而来的激情"❶。在我们以平常心对待某事的时候,那个对象突然出现了某种要我们提高注意力于它的信号,但当我们在它身上期待看到重要的现象的时候,它突然表明那是一种完全不值得期待的东西,或者那里根本没有任何值得期待的东西。一位慷慨激昂的演讲者抬高了他的手并且停在空中,这引起了人们的期待,结果却突然听到他打了一个喷嚏,这就是期待落空的情况。

第三,康德解释了笑的生理机制,从而说明喜剧所带来的积极情感。康德说:"对健康的情感(它在平时没有这样一种机缘是不能感到的),构成了我们由于也可以用心灵来掌握肉体,并把心灵用作肉体的医生,而感到的快乐。"❷这意思是说,人有一种对健康的趋从,而喜剧就是能够通达健康的通道。心灵、理性掌控着发现喜剧性的能力,一旦可笑的现象被发现,它会带来快乐,从而实现肉体的健康,所以喜剧是由理性给人肉体带来的积极价值。康德认为,喜剧中,表象影响的是肉体,而不像一般审美影响的是情感,笑的快乐使得肉体松弛,有益于健康。所以康德把喜剧归入快适的艺术。

3. 里普斯的喜剧理论

里普斯是十九世纪末德国移情派美学的代表人物。他对喜剧的分析触及了很深的心理层面。

首先,里普斯对喜剧实质的判断延续了康德的期待落空说。他以博克的大小观叙说喜剧,认为喜剧实质上是一种小,但一开始它装作大,引起人们很大的期待。"我期待一个巨大的、非常的、亦即对我的理解力提出高度要求的自然奇迹……却出现了某种渺小的、毫无意义的东西"❸,被期待的突然化为乌有,期待落空,导致某种喜悦。所以它是期待大的,获得小的。

第二,对于喜剧涉及的情感,里普斯认为,喜剧并不使人欢乐,仅使人开心,它轻松,但内容贫乏空洞,与心灵无关,所以喜剧的喜悦不同于深刻的喜悦。而

128

---

❶ 康德:《判断力批判》,邓晓芒译,人民出版社 2002 年版,第 179 页。

❷ 同上,第 178 页。

❸ 里普斯:《喜剧性与幽默》,见《古典文艺理论译丛 7》,人民文学出版社 1964 年版,第 83 页。

且,因为被期待的大落空会引起嫌恶,所以喜剧的喜悦是一种与嫌恶联系在一起的喜悦。

第三,喜剧的心理过程是从对大的过高期待的愕然大惊,到期待落空的恍然大悟。期间审美主体由对客体的随从认同突然转为因理智而对愚蠢的发现。这时,一开始发生的想象活动也因此而消失了。

第四,里普斯对喜剧的审美价值的观点十分深刻。他说,喜剧性本身并没有什么审美价值,因为它不是得,而是失(化为乌有)。它不是因被观照的客体而引起人喜悦,而是因为人自己的理智能力(发现无价值)而喜悦;同时,喜剧性缺乏同情的体验,人在喜剧观赏中不认同对象,而同情是里普斯与移情派美学的审美基础。因此,喜剧是否定性的。但是,这并不意味着它就没有审美的价值。悲剧也是否定性的,悲剧通过否定(痛感)而产生积极的价值——感动。"同样,否定通过喜剧因素、通过对人的存在的逗乐的干犯,产生幽默。喜剧性在幽默中吸收了具有肯定价值的要素时,它便获得了审美的意义。"❶喜剧通过对人的干犯产生了幽默。幽默是人对自己审美能力的一种肯定形式,所以它是积极的。喜剧性通过幽默获得。

里普斯的喜剧理论还包括对喜剧的各种分类。他认为有三种喜剧性:一是客观的喜剧性,表现为期待的落空,因为对象客观地大,后又被发现不那么大;二是主观的喜剧性,即诙谐,其对象是一句话、一种表情等,在心理上原以为重大,最后发现是小的;三是天真的喜剧性,原以为对象天真、有童心,后被看穿,成为笨拙愚蠢,失去了它所有价值。里普斯还分别对这三种喜剧性内部进行分类,例如客观的喜剧性可分为滑稽性(粗鄙的搞笑等)、戏谑性(如谐文歪诗)和怪诞喜剧性(漫画、鬼脸之类)。里普斯的喜剧理论有很强的系统性。

4. 伯格森的喜剧理论

伯格森是二十世纪早期法国著名哲学家。在哲学上,他最关注生命冲动的问题,反对用机械的分析和分类割裂活生生的生命活动,他的创造进化论哲学就是试图用生命冲动来解释人的进化的一个尝试。他的美学和艺术理论也明显反映了这样的哲学立场,他对于直觉的研究、关于绵延的理论都对二十世纪审美和艺术活动以及美学产生重大的影响。

伯格森从生命活力的角度观察喜剧现象。他认为,可笑是因为某种缺乏生命力的僵化和机械化现象的发生,由于僵化和机械化是对生命的反动,因此,笑是对这种违背生命活力的行为的惩罚。他对可笑之物的定义是"镶嵌在活的东西中的某种机械刻板的东西"❷。他解释说,喜剧对象之所以让人们觉得可笑,是因为他/它不自

129

第三编　一般美学问题

---

❶　里普斯:《喜剧性与幽默》,见《古典文艺理论译丛7》,人民文学出版社1964年版,第90页。

❷　伯格森:《笑与滑稽》,乐爱国译,广东人民出版社2000年版,第26页。

然，或者试图"对自然进行机械的影响"❶，这种不自然不仅表现在衣着之类现象上，也表现在被刻板不自然的社会规范过于束缚的情况中。喜剧对象的另一个特点是，人们只注意他/它的外表，例如物的外表和人的表情（身材、衣着等等），而不会注意其精神实质，对他们的称呼往往不是专用的名字，而是那个外表所代表的单一含义，例如吝啬鬼、赌徒、嫉妒者等等。因为精神实质恰恰是活的东西，如果表现一个活人的精神实质，他一定不是单一的、标签性的。喜剧对象的第三个特征是人的物化，当一个活生生的人被打造、打扮成物的相貌、物的习性，或者一个人按物的样态行动的时候，是喜剧到达极致之处，因为机械化、反生命的本质在此表现得最露骨。

伯格森认为，喜剧的发生有三个基本条件：第一，总是与人有关，人之外并不存在喜剧。第二，观众不动感情。这并不是说滑稽是理性的一种表现，而是说在喜剧审美中，审美主体处在对对象的不认同状态中，他不同情对象，对对象不动感情，不与对象一起体验，而是把对象看成他者。因此，此时的他是以理智与对象打交道，而作为这种打交道的结果，主体收获了笑，收获一种情感。这与其他审美状态下主体站在对象位置体会其生活，始终用情感与对象打交道不一样。第三，喜剧是一种群体效应，只有在一个被认定的群体中，笑才可能发生。笑需要共鸣，需要与社会达成一致。喜剧笑的对象是反社会的，不合群的。

在这儿，伯格森触及了喜剧的社会功能。他认为，喜剧对象虽然不合群，但"社会看到的仅仅是一些不舒服的东西，至多也只是某种症状而已，是某种对社会不构成威胁的姿态，因此，社会也只能用一种姿态对此作出反应。笑，就是这样一种东西，一种社会的姿态。笑通过自身可能引起的恐惧感限制离心的倾向，使人们保持清醒。……因此，笑不仅仅属于美学的范围，因为它无意识地（甚至在许多特定的情况下是不道德地）追求一种使社会得到普遍改进的功利目标"❷。也就是说，通过对离群者的告诫，喜剧产生了纠正不利于社会稳定和发展的现象功能。这样，喜剧作为一种艺术，就有了社会功利性。在这一点上，伯格森区分了喜剧与其他审美的艺术之间的不同。他认为，喜剧与悲剧、正剧等等的不同就在于一般艺术没有功利性，而喜剧不是纯粹超乎利害关系之上的一种艺术。这就与喜剧观众的不动感情联系了起来。人们观赏悲剧等其他艺术要动感情，感情是个性化的东西，所以一般艺术总是指向个人的东西；相反，喜剧虽然引起了笑，引起了喜悦的情感，但在接触喜剧性的时候，人们使用的是理智，理智涉及类型化的东西、普遍的东西，所以"在喜剧中，作品本身就直接体现着普遍性"❸。人们笑的是一种类

❶ 伯格森：《笑与滑稽》，乐爱国译，广东人民出版社 2000 年版，第 30 页。
❷ 同上，第 14 页。
❸ 同上，第 114 页。

型的人,一种对社会不利的普遍的症状。这种普遍性和类型化的艺术就产生了一种对社会有利的功效。"正是由于笑的目的在于纠正,所以,最好能纠正尽可能多的人。这也是喜剧观察为什么会自然地从普遍的东西入手的原因。"❶为此,伯格森把喜剧定义为介于艺术和生活之间的类型。

5. 鲁迅的喜剧理论

鲁迅的喜剧理论来自他在《坟·再论雷峰塔的倒掉》中说过的另一句话:"喜剧将那无价值的撕破给人看。"这句话与他对悲剧的论断形成对比,其主要含义是针对喜剧对象的内容的。"无价值"意味着喜剧的对象不值得人们珍视,它是负面的、消极的,这与柏拉图说的恶,康德、里普斯说的期望落空,以及伯格森说的刻板机械,意思是相似的。"撕破给人看"则表达了喜剧作者的用心,他有一种社会性目的,想让人们看到某种东西的无价值。鲁迅的理论显然更加简捷地点到了喜剧的实质。

三、喜剧的定义

1. 喜剧的必备因素

上述经典理论让我们看到与喜剧有关的几个必备因素,这是这些理论共同认可的。

第一,喜剧是对无价值的荒谬现象的发现。对其无价值性,柏拉图称之为"恶",康德称之为"虚无",里普斯称之为"期待的落空",伯格森则称之为"机械僵化的东西",等等。这些无价值性,在喜剧中表现为荒谬:柏拉图指出,喜剧的主人公对自己的恶(缺陷)居然无意识;康德、里普斯提到的期待居然从最大落到最小;伯格森指出喜剧人物用机械僵化的东西试图束缚活的生命,这些都导致荒谬。

第二,喜剧情感的特殊性。喜剧现象要用理智,不动感情,才能发现,笑作为感情的表现是理智发现的后果。对柏拉图的理论而言,恶的发现当然涉及理智;康德所谓的虚无,是在情感期待久久未能实现后,理智冷静地作出的判断;里普斯指出笑是因理智对愚蠢的发现而产生的;伯格森则专门指出观众的不动感情是喜剧性的必要条件;鲁迅说的"撕破"也是需要智慧的。

第三,喜剧的无危害性。这一点柏拉图提到了,他说,因为被嘲笑的对象是弱者,不会对我们形成危害,所以我们会笑他。这说明,喜剧现象的发现者必须处于不被危害之处,这是喜剧的条件。伯格森虽然提到喜剧对象不利于社会,但他认为这种不利没有到构成威胁的地步,所以社会的回应是笑。亚里士多德《诗学》中

---

❶ 伯格森:《笑与滑稽》,乐爱国译,广东人民出版社 2000 年版,第 119 页。

的喜剧理论已经失传,但留下的片言只语中提到,"滑稽的事物,或包含谬误,或其貌不扬,但不会给人造成痛苦或带来伤害"❶。黑格尔则认为,喜剧的主体(发现者)是不受喜剧讽刺的伤害的,"凡是一方面情况应引起痛感而另一方面单纯的嗤笑和幸灾乐祸都还在起作用的地方,照例就没有喜剧性"❷。

第四,喜剧具有审美的价值。虽然喜剧发现的是无价值的现象,但经典理论家都认为喜剧本身却是有价值的。伯格森提出喜剧具有社会功利性,有益于纠正个人陋习,以及社会的平衡与发展;里普斯指出喜剧通过幽默的产生而形成对人的审美能力的一种肯定形式;康德甚至提出了喜剧在个人心理生理健康方面的疗效。

2. 喜剧的定义

喜剧就是在事物中发现无危害的荒谬性,通过笑而对人产生积极价值的审美现象。

首先,荒谬性是喜剧的首要因素。喜剧的发生是因为对无价值的事物或者事物的无价值方面的发现,这些无价值性在喜剧中以荒谬的不合常理的形式露面。无价值性也可以在其他形式中露面,它可以显得可恶,而不一定可笑,例如在某种无价值的丑中出现。而它在喜剧中出现就一定显得是荒谬的、不合常理的。人们笑吝啬鬼,是因为他的行为不合常理,他对自己财产的吝惜到了荒谬的程度,财产完全失去了它的意义。喜剧现象并不一定是丑恶现象,尽管它总是具有无价值性。卓别林扮演的夏洛是善良但有虚荣心的城市流浪汉,他之所以可笑,是因为做出许多背理的事情,如他的穿着和他身份之间的背理:他是个穷流浪汉,却要拿起拐杖,戴上礼帽,还要穿西服,但却极不合身(上衣太紧,裤子又太大,皮鞋又太长)。荒谬性是我们对喜剧的直接观感。

第二,无危害性。任何审美现象都与主体无利害关系,滑稽也不例外。滑稽的利害关系通常表现在受嘲笑,成为嘲笑目标上。无危害性是指主体不处在受嘲笑的位置。当主体(欣赏者或创作者)处于被嘲笑对象的位置时,他受到滑稽的伤害,就不会有喜剧感。只有在当事人意识到他的目标无足轻重,不感到损失,超然于失败时,才有真正的喜剧性。这样,我们就明白为什么自嘲是一个真正的喜剧性的概念。自嘲意味着,嘲笑者嘲笑的虽然是自己,但此时的他已与被嘲笑的他分离了,他不认同原先的自己,他在嘲笑一个与己无关的"我",或者说他超越了原来的自己,当然就不受嘲笑的伤害了。

第三,智慧性。滑稽所涉及的无危害的荒谬性,是被智慧发现的。即使在艺

---

❶ 亚里士多德:《诗学》,陈中梅译,商务印书馆1996年版,第58页。
❷ 黑格尔:《美学》,见《美学》第三卷下册。朱光潜译,商务印书馆1982年版,第292页。

术作品中,品味喜剧性也需要智慧。一个笑话,听者没有悟性,没有幽默感,就不知道它可笑在哪里。从这个意义上看,喜剧不同于闹剧。闹剧是死皮赖脸地、过分夸张地要把可笑的东西撕破给人看,生怕观众不明白,少了含蓄,更少了对观众智慧的信赖。

第四,喜剧通过笑产生积极的价值。这种价值可以分为两个方面:一是使得每一个人与愚蠢分手。通过嘲笑他人的不合理性与荒谬性,使自己避免陷入这种荒谬性;而由于喜剧性总是产生于主体的不认同条件下,这也使得人们能够在轻松的情况下与自己的愚蠢告别。二是喜剧通过智慧的发现导致笑带来了身心的健康方面的补偿。喜剧现象虽然无价值,但对喜剧的发现却肯定了发现者的智慧和审美能力,笑成为对智慧的奖赏。开心带来轻松,如康德所言,它导致身心的健康。所以,幽默感是一个成熟的人,尤其是男人的必备素质。

3. 喜剧的相关概念

喜剧是一个大的审美范畴。与喜剧性相关的小的概念一直是很多的。它们丰富了关于喜剧的表达。这儿仅开列一些常见的属于喜剧性大范畴的概念。

嘲笑(laughing,对某事感到可笑)

滑稽(burlesque/facetious,见前文)

谐谑(banteringly,善意的取笑,逗弄)

玩笑(joking,说笑话,开玩笑)

诙谐(jocular,有幽默感的谈吐)

幽默(humorous,发现可笑有趣的现象,但不带恶意)

讽刺(satirical,带恶意的嘲笑)

愚弄(mockery,拙劣的模仿以引起哄笑)

有趣(funny,好玩,有意思)

荒谬可笑(ludicrous,突出某事的荒谬性)

自嘲(self-mockery,见前文)

反讽(irony,冷嘲;通过说反话嘲弄)

戏拟(parody,滑稽的模仿;通过模仿演示某种可笑现象)

逗,好玩(amusing,引人笑;以笑来消遣)

第九节　丑(ugly)

把丑放在审美范畴中谈论似乎是奇怪的,在通常的语境中,丑是美的对立面,因此就与审美没有关系。但是,根据我们已经讨论过的原则,美学是有关审美现象的学科,而不仅仅是有关美的学科,因此,并不能因为丑是美的对立面就把丑排

除在美学之外。丑能否成为审美范畴的一种,主要看它是否能成为令人感兴趣的感性现象。

让我们先看看历代先哲如何谈论丑。

一、美学史上有关丑的一些理论

1. 亚里士多德论丑

亚里士多德在现存的《诗学》中对丑的谈论,有两个值得注意的要点:

第一,与喜剧相关的丑。他在《诗学》第五章谈到,滑稽只是丑陋的一种表现,这种丑,如前所述,对人没有伤害。他举喜剧演员的面具为例,说:"它虽然既丑又怪,却不会让人看了感到痛苦。"❶ 滑稽是一种有趣的丑。

第二,亚里士多德在他的摹仿理论中谈到了丑。他指出,摹仿可以给人带来快感。"尽管我们在生活中讨厌看到某些实物,比如最讨人嫌的动物形体和尸体,但当我们观看此类物体的极其逼真的艺术再现时,却会产生一种快感。"❷ 这里所说的人们讨厌看到的就是丑的事物。在这里,丑是令人厌恶的,但是亚里士多德相信,一旦进入艺术,它会引起快感。

2. 鲍姆加敦、康德论丑

鲍姆加敦的《美学》将丑定位于美的对立面。但是他认为,美丑的决定因素是主观的想象。"丑的东西可以想成是美的,比较美的东西也可以想成是丑的"❸。他的这个理论直接影响到今天所谓"生活丑可以转变为艺术美"这样一个命题的讨论。

在丑可以通过艺术表现("美丽地描写"❹)成为美这一点上,康德与鲍姆加敦是一致的。他甚至认为,许多的丑都可以按它们在生活中的实际样式在美的艺术中加以表现,只有令人作呕的丑不能照实表现。

3. 博克、谢林关于丑与崇高有关联的观点

博克认为,虽然丑是美的对立面,但却不是比例与适宜性的对立面。博克在讨论崇高的时候,指出,崇高与美是完全不同的两种价值,美根源于爱的情欲,是一种积极情感,而崇高则是人处于危机时的一种感觉,涉及人的"自体保存"的本能,激起它们的是痛苦或危险,它们的情绪内容是恐惧,引起痛感。但正因如此,崇高就与丑的形式有关了。丑可以与崇高的观念相一致。

---

❶ 亚里士多德:《诗学》,陈中梅译,商务印书馆1996年版,第58页。

❷ 同上,第47页。

❸ 鲍姆嘉滕:《美学》,简明、王旭晓译,文化艺术出版社1987年版,第19页。

❹ 康德:《判断力批判》,邓晓芒译,人民出版社2002年版,第156页。

谢林(十九世纪初德国古典哲学家)认为,同一种形式可以既丑又崇高,丑在此是一种怪异,怪异的东西中有崇高的回声,之所以需要这种丑,是因为它能够满足表现的需要。❶ 谢林在此显然不把丑仅仅看成审美价值的对立面。

4. 罗森克兰兹论丑

罗森克兰兹是十九世纪中叶后黑格尔派的哲学家。他写了一部以丑为研究对象的著作《丑的美学》。在这部著作中,他对丑的定义是,丑是美的倒错,但那是一种(按黑格尔常用的逻辑)积极的对美的否定,一种积极的倒错。他认为,绝对理念是全面的东西,要准确的表现自然社会世界的深刻性,就不能忽略丑的东西。因此,丑应该被允许进入艺术。

5. 夏斯勒和哈特曼论丑

另两位黑格尔派美学家夏斯勒和哈特曼对丑的看法更加积极。

夏斯勒认为,丑作为一种辩证的否定的因素,可以参与任何的美,丑可以被吸收到美的某几种特殊形态中去。具体说,崇高和秀美就是由丑的积极变异而来。在丑的刺激下,理想的美产生自己的表象。

哈特曼认为,当丑成为凝聚美的通道时,它就在审美上有了合法性。一切美中都有丑的存在,而且是作为美的一个要素而存在。丑在一个逐级向上的否定性上升序列中被克服,由此产生出哀情、喜剧、悲剧和幽默等美的变种。

6. 阿多诺论丑

阿多诺是二十世纪德国法兰克福学派的主要代表,他的哲学和美学充满批判精神。他的否定辩证法使得他对于丑的关注显得理所当然,并具有很强的社会批判意义。

阿多诺认为,丑在古典美学和现代美学上的意义和价值已经大不相同。古典意义上的丑是美的一个要素,艺术家描述丑,就是修改丑的原有形式,使之服从于美的艺术的整体,成为整体构图中的一种功能,这样,通过描述,丑在更高意义上表现了美,就如鲍姆加敦说的以美的方式描写丑。阿多诺称这种观点为"关于丑的和声学观点"❷。现代意义上的丑本身成为艺术的要素,艺术径直描写丑,凸显丑,丑成为艺术的内含要素。实际上,艺术辩证地含美丑于自身,最早人们对于美的渴望源于对某种神秘力量感到厌恶,这种神秘力量在回想中就是所谓的丑。现代艺术只是使艺术恢复本来面目而已。

恢复艺术中对丑的表现,也就恢复了丑的辩证法、丑的批判性。阿多诺对"艺

❶ 参见鲍桑葵:《美学史》,张今译,商务印书馆1997年版,第458页。
❷ 阿多诺:《美学理论》,王柯平译,四川人民出版社1998年版,第83页。

术应当追究那些被打上丑的烙印的东西的起因。……艺术务必利用丑的东西,借以痛斥这个世界"❶这种颇为激进的审美同情感表示理解。他认为,只有把抵制造型、敌视艺术的丑带入艺术,才能使艺术发展具有推动力。丑成为一种社会批判的武器,这多少有点把非审美的或者说功利的东西、属于道德领域的东西带到了艺术与审美。在这一点上,阿多诺批评了康德,康德因为崇高过多涉及道德理性而把它摒弃于艺术之外,阿多诺则认为,艺术"具有将其对立面包含于自身之中的潜力"❷,因此艺术不应该回避道德的问题,而丑则是艺术的道德之维的集中体现。

阿多诺是明确将丑本身作为审美要素的人。

二、两种丑

在讨论丑的审美可能性的时候,我们首先必须区分两种丑——令人厌恶的丑和令人感兴趣的丑。前者不是审美的对象,后者才是审美对象,因为审美首先意味着感官对有趣对象的知觉。

生活中确实存在着令人厌恶的丑,例如一些令人生理上反感恶心的事物,亚里士多德讲到的讨人嫌的动物形体和尸体,鲁迅提及的鼻涕、大便等等。厌恶意味着人们甚至不屑于提到它们,完全不感兴趣。这当然不可能成为审美对象,因而作为审美范畴的丑也与此种丑无关。

另一种丑,如上述古今哲人提到的丑,虽在形式上是丑陋的、古怪的,但由于种种原因,能给人以审美感受,这种丑属于审美的对象。作为审美范畴的丑是这种令人感兴趣的丑。

三、作为审美范畴的丑

作为审美范畴的丑,就是那种在形式上丑陋甚至古怪的,但由于种种原因,能给人以审美感受和令人感兴趣的对象的审美属性。

能够成为审美范畴的丑,或丑被审美的原因,有下述四种:

1. 与滑稽、崇高等有关的丑

与滑稽有关的丑,比如亚里士多德提到喜剧中的"丑角",因为要表现不合情理,他们可能装扮得很丑很怪。但这只是一种形式上的丑陋,它对旁人是没有伤害的,不至引起痛感。喜剧为了表现荒谬性,常常利用丑。中国喜剧中的七品芝麻官、英国当代喜剧中的憨豆先生,都是形容丑陋怪异的人。

丑有时候出现在崇高之中,与崇高有关的丑,是指那些形式上令人恐惧的东

---

❶ 阿多诺:《美学理论》,王柯平译,四川人民出版社 1998 年版,第 87 页。

❷ 同上,第 88—89 页。

西。美是顺人心的,美令人感到愉悦,而丑令人不舒服。崇高则是首先以其巨大的数量力量之势震慑人,然后才会使人升华,因此当它开始与人遭遇的时候,可能以非常不舒服的方式出现。

2. 作为美的伴生因素的丑

鲍姆加敦和康德都提到以美的方法表现丑,在这种情况下,丑是作为整体的美的一个部件,作为配角出场的,它起的作用有:

第一,作为全面生活场景中的必要因素出场。罗森克兰兹说,由于理念是全面的,艺术要显现理念,就必须把丑作为理念的因素之一表现出来。在古典艺术实践中实际上也是如此,在谐和音程中常见一些不谐和音,在委拉斯开兹表现西班牙国王家庭的油画《宫女》中有侏儒的丑形象,缺少这些,对艺术整体上的优美效果反而是有损害的。

第二,作为美和善的对比因素出场。虽然从逻辑上讲,美并不需要丑的陪衬来凸显它的价值,但是美与丑的对比会产生很多意味。比如巴洛克艺术的很多夸张对比,就是通过美与丑的直接并列实现的。伦勃朗的《浪子回头》通过对浪子形销骨毁丑陋外形与父亲身着红衣宽厚为怀的形象的对比,显现了宽恕和爱的真谛。鲁本斯《帕里斯的判断》在亮丽的三女神、困惑的帕里斯之间,画出了黑暗中丑陋狰狞的复仇女神,给人无尽回味。在浪漫主义的作品里,这种对比也是常见的表现方法。最著名的就是雨果的小说《巴黎圣母院》,其中的敲钟人卡西莫多有丑陋的外表和最善良的内心,而卫队长的英俊外表恰好与他的自私残忍的内心形成意味深长的对比。

3. 具有社会批判效应的丑

阿多诺提到有的艺术主张表现那些能够揭示其产生的社会原因的丑,以此达到痛斥这个堕落的现实的目的,他对此持支持态度。不论在古代、现代,我们都会见到一些令人痛心的现象或这些现象的表征,如图片、文字报道等等。对由战争造成的残疾、荒芜,工业污染造成的畸形,社会不平等带来的娼妓、童工等等,观众并不是简单的厌恶,反而很关心,这对每一个有正义感的人都是一种震撼。罗丹的雕像《欧米哀尔》是一个最切近的例子。这个雕像塑造一个妓女老年时的身体,她充满皱纹、布满伤痕的松弛肉体毫无优美可言,但它仍然通过感动深深地触动了观众的灵魂。在这个意义上,获普利策奖的很多摄影图片都具有这种丑的审美效应。

4. 本身令人感兴趣的丑

上述丑都有依附性,比如依附于另一种审美范畴(滑稽、崇高、优美等),依附于对丑的原因的思考(社会批判)。还有一种丑是以其本身的形式令人感兴趣的

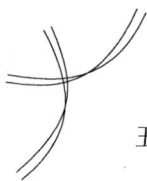

丑,也就是说,人们从丑的形式中直接就受到感动,这种丑的形式就直接有意味。

这可以分为两种情况。

第一种,惹人爱怜的丑。按博克,可爱是优美的属性,但是现在人们越来越发现,有些丑本身就是可爱的。由著名好莱坞导演斯皮尔伯格创作的经典影片《E. T. 外星人》,其主人公是外星人。他的相貌之丑达到了人类丑的想象力的极致:没有肌肉的青灰色肉体,倒三角形、后脑勺尖突的头,奇大无比的突出的眼球,布满皱纹、松弛下垂、极其衰老的脸面,细长的脖子上呈现一圈圈莫名古怪的组织……但就是这样一个应该在恶梦中才会出现的形象,却难以令人理解地获得了少年儿童的喜爱。他们争相保护他,与他交朋友,享受和他在一起的幸福时光。同样的情况也出现在二十世纪八九十年代儿童玩具中大受欢迎的丑布娃娃上。这些布娃娃面部是平的,眼睛长得很高,额头短小,神情呆板,看似有智力障碍。对于普通的儿童来说,丑布娃娃比起以金发碧眼的公主为原型的布娃娃如芭比娃娃,更有亲切感,他们可以批评她,爱她,哄她,而在完美的芭比娃娃身上,只会映照出自己的不足:我永远没有她美丽、聪明,我永远比她差。

第二种,显现沧桑磨难的丑。老与丑有联姻关系:岁月和磨难在人脸上留下痕迹;老树的树皮脱落,枝干掏空;千年的巨龟相貌丑陋,行动缓慢,却充满沧桑感和历史的联想。这些怪异丑陋的形式能够给人审美的品味。龚自珍写《病梅馆记》,他谴责了有人为了欣赏长势怪异的梅枝而人为地设置梅枝生长的障碍,使其自然生命力受到束缚。但这是中国盆景的制作方法。中国确实有这种审美趣味,例如中国画中有"丑枝"、"丑石"的概念,把老干如铁的树枝称为"丑枝",把嶙峋的怪石称为"丑石",并将其入画欣赏。黄山的奇松,人们欣赏的是其在恶劣的环境下倔强生长的那种顽强生命力。磨难与沧桑,成就了这一种丑的审美价值。

第十节　中国古典审美范畴

在本书有关中国古典美学的章节里,专门介绍了中国传统中几个主要的美学观念,其中的自然、韵味、意境、气等等,都是审美范畴,这是中国传统美学观察审美对象的角度,谈论审美对象的用语。具体内容详见第二编。

第四编
艺术的一般美学问题

在第四编,我们要涉及艺术的美学问题。

艺术美学之所以要专门提出来,是因为艺术活动是人类最主要的审美活动,几乎审美中的所有问题在艺术中都会发生,而艺术活动中特有的媒介材料问题和技艺问题又需要得到专门的关注。

艺术的美学分为一般艺术美学和各门类艺术美学。前者讨论对于所有艺术都存在的美学问题,后者讨论每一门艺术中的特殊美学问题。第四编讨论艺术中的一般美学问题。在第五编,我们将会分门别类讨论几门重要的艺术的美学问题。

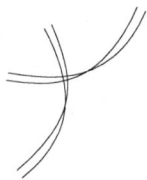

第一章　艺术活动的性质

第一节　该问题的意义

艺术是人类创作艺术品的审美活动。这种活动的性质是什么呢？也就是说，它应当被看成是一种怎样的活动？这个问题影响我们对艺术的总的概念，所以要首先加以讨论。

讨论这个问题能够使我们得到什么呢？我们可以发现，当我们这样提问的时候，艺术被摆到了人类生活的总体中加以考察，艺术是一种什么样的活动？这个问题问的是艺术与人类及其社会和生活的关系，这个时候，对它的回答与人们对人类生活的总的理解或其特别关心的问题有关。如果答案是"艺术是一种娱乐活动"，这反映了人们关注的是人类生活的经济和政治方面。就前者而言，人们理解中的生活主要就是挣钱糊口或者发财，艺术是一种紧张劳动之余的放松活动、消费活动；就后者而言，它可能是为了缓解因为艺术的政治性后果而寝食不安的人神经的一种策略。但是如果答案是"艺术是推翻一个阶级的统治的手段"，那么，这种人理解的生活就纯粹是政治性的，人将被分为压迫者和被压迫者、拥有政权的人和失去政权的人两种，世界上所有人类生活活动的中心就是争夺统治权。所以，从这个问题的答案可以反映人生观，这正是艺术和审美最为关心的东西。

在艺术活动的性质问题上，迄今为止有两个影响深远的观点——再现论和表现论。这两个观点关注的是艺术的哲学问题。在本章，我们将介绍这两个观点并对它们提出质疑，根据这些质疑产生我们的观点。

第二节　再现论及其质疑

一、再现论的观念

再现论的基本观点是认为艺术是对客观现实事物的再现。

再现论是人们理解艺术的一种思路，它并不仅仅出现在一些理论家的坚定诉求中，如果愿意，任何人都可以持再现论的观点去看待艺术。它的观念通过一些著名的再现论理论可以略见一斑。

1. 柏拉图的摹仿说

柏拉图认为艺术不能跟哲学相比,因为艺术是一种摹仿。哲学通过理性和逻辑直接跟真理打交道,它是现世的人接触上界真理的最切近的途径。艺术自己声称是对现实的摹仿,如果这样,它到达真理的路中间有两层隔阂:它摹仿的现实物是人工制作的(例如木匠造的床),而造那个物的人,比如木匠,他也是经过摹仿才造出床的,他摹仿的是床的理念,亦即真理。所以艺术远离真理,不可靠。

可见,柏拉图并不是主张艺术家去摹仿现实,他是说,如果艺术只能摹仿(这是他那个时代的流行艺术观),那足以证明艺术没有价值。但是他的解说揭示了摹仿说的一个基本思路,那就是以与原物的相似和接近程度论艺术的优劣。艺术的目的是与被摹仿物一样。

2. 达·芬奇的再现论

达·芬奇称艺术为"第二自然"。上帝创造了自然,艺术则取法于自然。所以作为第二自然,它仅次于自然,是所有人造物中最真实可靠的。在这个意义上,他赋予艺术以很高的价值。

达·芬奇第二自然艺术观落实在艺术创作上,是一种以逼真为特点的摹仿论。他认为艺术家应直接摹仿自然事物,所摹仿的要酷似自然原本。绘画应遵循"照镜子"原理,艺术作品应当成为反映客观事物的一面镜子,因为只有镜子才能"忠实"地"把它所反映事物的色彩摄进来,前面摆着多少事物,就摄取多少形象"❶。这实际上是一种再现论观点。

因此,与柏拉图一样,从他的理论中得出的结论是,艺术不是最高的真实,由于摹仿,它比原本差一点。与柏拉图不同的是,他并不认为这是艺术的缺点,因为在人造物的水平上比较,艺术已经是最高的了。

仿本为什么比较差? 因为好与差的判断标准是它与原本的接近程度。

3. 车尔尼雪夫斯基的再现论

车尔尼雪夫斯基的美学理论是"美是生活",而不是艺术。生活是第一位的,艺术只是对生活现实的再现。因此他的艺术理论是,在美的程度上,艺术永远不可能与现实相比,现实生活比起艺术来永远是最美的。

那么,艺术有什么用呢? 艺术的用处仅仅是为美的生活和现实做备份。他举例说,大海是美的,但是并不是每一个人都有机会见到大海。这样,对于那些终生没有机会瞥见海的人,看一看大海的绘画,也会是一种补偿和安慰。"自

---

❶ 达·芬奇:《笔记》,见《西方文艺理论名著选编》(上),伍蠡甫、胡经之主编,北京大学出版社 1985 年版,第 161 页。

然,看海本身比看画好得多;但是,当一个人得不到最好的东西的时候,就会以较差的为满足❶。而对于见过大海的人,由于他们并不能一直住在大海边,绘画将会给他们带来美好的回忆。为此,艺术作品的作用和准则就是忠实地再现现实生活,"它并不修正现实,并不粉饰现实,而是再现它,充作它的代替物"❷。车尔尼雪夫斯基发现,许多美学家试图改变艺术这种从属和次要的地位,赋予艺术比现实和自然更美的价值,这是一种不诚实的态度。艺术在这点上不如科学。科学也是引人进入现实生活的备忘录,但科学并不避讳这一点。

这样,车尔尼雪夫斯基重又回到了柏拉图的艺术贬值论。再现论在艺术价值方面,徘徊在比其他人造物较好(达·芬奇)和较差(柏拉图、车尔尼雪夫斯基)之间,但在与自然、真理、现实的比较中,它永远是次要的。

4. 再现论的主、客二元世界观

再现论问艺术中的事物与现实中的事物的关系问题时,已经把世界分成了人的主观世界与物的客观世界两方面。这是再现论视野中的世界。再现论关心的是人和世界的关系如何,哪一方是主,哪一方是客,在这种关系下人能把世界怎么样,以及人应该如何作为。再现论表现了本体论时期人们对客观世界和真理的敬畏,以及人希望为主的矛盾心理。它最大的悖论是把人眼中的世界说成是世界本身,从而把人染指其中的世界说成是客观的。其根子是把世界分成主、客两个。

二、对再现论的质疑

1. 再现的悖论

再现论的目标是让客观现实在艺术作品中再次出现。按十八世纪法国美学家狄德罗的说法,就是"所描绘的形象与事物的一致"❸。但这是不可能的。

再现意味着保留一个他者所有的一切。以画为例,如果画一堆苹果,再现它们就意味着必须将这些苹果所具备的一切特质保持在绘画中,包括其质量、体积、空间关系、动态等等,而这恰恰是绘画所做不到的。

首先,苹果的质感是细腻的、脆润的、饱和欲绽的、色泽鲜亮的。而在画中,画家也许只能暗示其中的一点,省略其他部分,因为这些质感可能无法同时保持在一种色彩和形状中。而且,那样做并没有必要,只会导致画面的凌乱不堪。

其次,再看看苹果的体积。一只苹果的体积可以通过测量得到数据,但这个

---

❶ 车尔尼雪夫斯基:《艺术与现实的审美关系》,见《西方文艺理论名著选编》(中),伍蠡甫、胡经之主编,北京大学出版社 1985 年版,第 359 页。

❷ 同上,第 360 页。

❸ 转引自朱光潜《西方美学史》(上),人民文学出版社 1979 年版,第 274 页。

数据根本无法反映到画面上。在一幅画上,苹果画得多大才能与客观现实中的苹果相符?回答是:无论多么大或多么小都是对的,只要画出它正确的形状色彩和空间关系就行。

再次,绘画也无法将一堆苹果的空间关系再现出来。人眼在观看空间事物时,两只眼睛聚焦于一处才产生观看映像,实物苹果从两个观看点被同时感知,其光线有强弱,而且有方向性,是立体全息影像,我们可以感知苹果之间真实的间距;而绘画是建立在一只眼睛观看的基础上,形象是平面的,虽然可以暗示光线的来源,但作出这种暗示的手段仍是明暗对比法,与真实观看中那种设身处地的全息性完全不同。

最后,苹果的动态更是绘画无法再现的。一只苹果有着鲜亮的红色,发着光彩,但这并不是它的稳定色,随着日光的西下,它的红色渐暗,甚或泛白,并有了明暗分界线和明暗的强烈对比。在不同的色彩背影下,它的颜色有不同的倾向。因此,它根本没有稳定色,它的色泽是动态的。绘画再现它就必须反映这种动态,但这根本不可能。

再现论说,艺术是对客观现实的再现,这其实同时意味着:第一,在艺术作品中出现的应该是客观现实物,我们要按客观现实的标准去复制它,接受它;第二,艺术作品是对客观现实原本的仿本,它永远不如或者说达不到客观现实。按照前者,艺术家要努力将艺术品制作得像客观现实,按照后者,这种努力是永远没有希望的。事实上,达·芬奇、车尔尼雪夫斯基都知道再现的不可能。车尔尼雪夫斯基曾经说道:"我们的艺术直到现在还没有造出甚至像一个橙子或苹果那样的东西来","彼得堡没有一个雕像在面孔轮廓的美上不是远逊于许多活人的面孔的"❶。这话的意思是,能够雕出一个能吃的橙子,或一个活人,那才叫好呢;但是那又是不可能的。一方面把客观现实标为标准,一方面又说那是不可能达到的。这是悖论。

再现论者何以落入了这样的圈套呢?主、客二元的思想方法使得他们必须分出哪是源始的(被再现的),哪是派生的(再现的),哪是主体,哪是客体,必须确认两者的界线,并且选择一个站立的基点。而由于这个逻辑基点本身就子虚乌有,以此立足当然垮塌,从而落入自相矛盾的境地。

2. 虚构的"客观事物"

"客观现实事物",是再现论立足的基点。但这个基点并不像想象的那么可靠。

---

❶ 车尔尼雪夫斯基:《艺术与现实的审美关系》,转引自朱光潜《西方美学史》(下),人民文学出版社1979年版,第580页。

"客观事物"至少有两种性质。第一是它的自在性。客观存在物自在于那儿，属于人以外的世界。说到一块岩石，我们不可以怀疑，即使不与我们相遇，它也存在着。因为它是自在的，不依赖于我们。因此艺术的再现必须以它固有的特质为基准。第二是它的自明性。它是什么，它是怎样的，这些都和其自在性一样，在我们遇到它之前就实在地具有了，因此是自明的、不言而喻的，就像桌上的那只苹果，它再清楚不过了，它所有的一切性质是明摆在那儿的。"什么是苹果"，难道这还需要问吗？

其实，什么是"客观事物"，这正是需要搞清楚的问题。首先，客观事物的"客观性"在艺术中是否存在？一位画家画了一间房屋的内景，例如马蒂斯的《红色的画室》，有一位观众指出：不应当这样来看房间，那两面墙壁上挂的画，它们的透视关系不对，两面墙之间没有分界线，那把椅子缺腿，看上去很容易倒下……马蒂斯和那位观众，他们的看法哪一个更客观呢？如果以所持看法的人数来判断，持马蒂斯看法的是少数，至少在他作画的当时是少数，所以似乎只能归到"主观"一类，但今天，随着对马蒂斯作品的接受和他越来越经典化，他看待空间和画面事物的方法正在被越来越多的人理解，也就是越来越"客观"。

其次，"事物"指什么？按再现论的看法，这"事物"是自在自明的。事实上，"事物"的自明性和纯粹自在性根本不存在。事物都是非常具体的。比如说："这部小说描写了一个农民的故事"，按其自明性，"一个农民"指什么，是不言而喻的。其实并非如此。鲁迅写的《故乡》中的闰土"实有其人"。他有一个原型，那是一个鲁迅从小与之玩耍的朋友。但我们的确不能说他对于鲁迅从来就是自明的。也许有那么一次（当然是在成年以后），鲁迅开始认真注视起来了，对他的存在加以思考，于是他成了鲁迅作品《故乡》中的一个人物。他本来就在那儿，鲁迅太熟悉他了。可以想象，只要听到他走路的脚步声，鲁迅就能辨出是他。然而他还不是自明的，并非一切都敞开无遗。一进入鲁迅的写作视野，他就迅速生疏化，成了一个"课题"，于是鲁迅去化解它，去理解它，直到它被解透。这种情况就像我们上小学作文课，得到的题目是"记我的妈妈"或"我的老师"。如果客观对象是自明的，这种题目就应该是最好做的——谁不知道自己的妈妈和老师什么样呢？其实不然。小学生最头疼这种题目，还不如没见过面的孙悟空好写呢。这个妈妈可不像平时生活中的那个那么好打交道，她得变成叙述，比如首先，第一句话怎么写？得把它构思出来。于是，我们发现，作文中的妈妈并没有自明性。同理，闰土也不是自明的，而是被鲁迅在写作中弄明的。

如果自明性不存在，事物纯粹的自在性也就不存在了。如果"闰土"是在理解中被弄明的，它就不是自在的，因为理解的方式悄悄地塑造了"闰土"。此一方式赋予"闰土"一个这样的背景，这样的坐标，使他按这样的方式显现，成为如我们现在所看到的样子。

"客观现实事物"是再现论虚构出来的。如果事物是纯粹自在的,外在于我们意识的,那我们怎么知道我们的再现是否符合了事物本身呢？我们有什么权利去争论说我的再现符合而你的再现不符合呢？符合与否的标准本身就取决于一种理解。这就清楚地表明事物不可能自在,也不可能纯粹客观地外在于人。

3. 艺术贬值论

再现论实际上也是艺术贬值论,因为艺术无论如何也不如现实和自然。

柏拉图正是出于这一点而宣布理想国应当驱除诗和一切摹仿的艺术。达·芬奇看起来在一个相对的(人造物)世界上把艺术捧得很高,但是如果论及艺术与自然的比较,孰高孰低是无需赘言的。车尔尼雪夫斯基似乎为艺术找到了一个虽然不如现实生活高,但却也有其一定作用的"较差的"地位,与科学类似。但是按照他的论证逻辑,艺术实际上一文不值。如果现实生活中的事物全都比艺术更美,更有价值,为什么还要创作和欣赏艺术品呢？人们明明知道大海的绘画比大海差得多,就不需要再看大海的绘画了,因为周边到处都是更美的现实物。谁也不会因为喜欢茄子,就宁可舍弃周边随处可得的青菜萝卜,而去吃茄子的替代品——蜡制的茄子或者塑料茄子。这种再现论实际上已经取消了艺术存在的必要。

再现论当然包含某种程度上为艺术合法性辩护的目的,但它的这种辩护所得出的结论,实际上是取消了艺术的合法性。

第三节 表现论及其质疑

一、表现论的观念

表现论是十九世纪末才正式出现的,而它的主要理论阐述都是在二十世纪作出的。

1. 弗尔龙的表现论

最早的表现论宣言出现在法国理论家欧盖尼·弗尔龙的《美学》(1878)一书中:"如果要为艺术下一个一般的定义,我们不妨这样说:所谓艺术就是感情的表现,表现即意味着使情感在外部事物中获得解释,有时通过具有表现力的线条、形式或色彩排列,有时通过具有特殊节拍或节奏的姿势、声音或语言文字。"

这个定义把艺术分成这样两部分:情感与艺术形式。在形式方面,弗尔龙对各种艺术作了分别:"具有表现力的线条、形式或色彩排列"指绘画或雕塑,"具有特殊节拍或节奏的姿势"指舞蹈,"具有特殊节拍或节奏的声音"指的是音乐,"具

有特殊节拍或节奏的语言文字"指诗。形式是为情感表现服务的,艺术家的情感"通过"各种艺术形式表现出来,而艺术作品表现的情感就是艺术家的情感。

2. 托尔斯泰的表现论

俄罗斯大作家列夫·托尔斯泰不仅写小说,也对艺术的本质做过专门的论述,发表在他的专论《艺术论》中。他对艺术也持表现论的观点。

托尔斯泰的《艺术论》是为了抨击当时出现的把艺术当作娱乐的倾向,这使得当时的艺术充满虚情假意的东西。托尔斯泰指出,艺术不是享乐的工具。"艺术活动是以下面这一事实为基础的:一个用听觉或视觉接受他人所表达的感情的人,能够体验到那个表达自己的感情的人所体验过的同样的感情。……艺术起源于一个人为了要把自己体验过的感情传达给别人,于是在自己心里重新唤起这种感情,并用某种外在的标志把它表达出来。"❶所以,艺术是感情的媒介和工具,通过艺术,有所表现的艺术家的感情得到观众的共鸣。

艺术家的创作是为了表现自己的真情实感,并且让观众受到同样的感染。感染是艺术的主要功能。因此,艺术家必须表现独特的感情,因为只有独特,艺术家本人才能感受深刻,从而使观众受感染;艺术家还必须掌握清晰表现的技术,只有清晰的表现,才能使观众融合到这种感情中去;最重要的,艺术家必须真挚,只有真情实感才会得到观众的同情,所以艺术家创作的时候不是为了愉悦观众,而是为了他自己。艺术家一旦被发现为了观众而表现自己没有感动的虚假情感,将会遭到唾弃。真挚的首要前提就是艺术家必须自己受到感动。

这样,艺术所表现的感情的性质就很重要。托尔斯泰认为最崇高的感情是与宗教有关的感情,旧约的赞美诗是最好的诗歌。艺术应该表现与此有关的感情,艺术有其独特的社会使命,即,使得感情也随着社会的发展而发展,"善良的、为求取人类幸福所必须的感情,代替了低级的、较不善良的、对求取人类幸福较不需要的感情。艺术的使命就在于此"❷。

在艺术活动性质的理解上,托尔斯泰与弗尔龙一样,把人的感情与艺术作品表现的感情划了等号。但是托尔斯泰强调并深刻论证了感情的真实性问题,指出这是艺术的根本问题。

3. 科林伍德的表现论

柯林伍德是二十世纪最有名的表现论者。关于情感的表现,他是这样说的:"当说起某人要表现情感时,所说的话无非是这个意思:首先,他意识到有某种情

---

❶ 列夫·托尔斯泰:《艺术论》,见《西方文艺理论名著选编》(中),伍蠡甫、胡经之主编,北京大学出版社 1985 年版,第 412—413 页。

❷ 同上,第 426 页。

感,但是却没有意识到这种情感是什么;他所意识到的一切是一种烦躁不安或兴奋激动,他感到它在内心进行着,但是对它的性质一无所知。处于此种状态的时候,关于他的情感他只能说:'我感到……我不知道我感到的是什么。'他通过做某种事情把自己从这种无依靠的受压抑的处境中解救出来,这种事情我们称之为表现他自己。这是一种和我们叫做语言的东西有某种关系的活动:他通过说话表现他自己。这种事情和意识也有某种关系:对于表现出来的情感,感受它的人对于它的性质不再是无意识的了。这种事情和他感受这种情感的方式也有某种关系:未加表现时,他感受的方式我们曾称之为是无依靠的和受压抑的方式;既加表现之后,这种压抑的感觉从他感受的方式中消失了,他的精神不知什么原因就感到轻松自如了。"❶

科林伍德意识到艺术表现与语言有某种关系,这与弗尔龙和托尔斯泰相比多了一个考虑的维度。在他看来,对于要表现的情感,艺术家一开始并不了解它们的性质,通过语言和表现,他对此有了逐渐的了解,并且"呕心沥血地在表现中把它们个性化"❷。语言的介入使科林伍德的表现论发现了艺术活动更具体的运作过程。但是他描绘的艺术活动过程仍然设定一个在创作和欣赏前就有的情感,艺术家被这种情感缠绕,于是通过艺术创作来抒发或宣泄这种情感,以获得解脱,获得轻松自如的精神状态。

4. 表现论的共同认识及其贡献

上述表现论的论述有两点是相同的。第一,情感是指日常生活中的情感。艺术家应当通过艺术形式对这种情感加以表现,从而使得观众也进入这种情感。第二,对于艺术活动而言,要表现的情感是先有的,在艺术活动之前就已经存在了,恰恰由于有了这种情感冲动,艺术活动才有了动力。

表现论与再现论针锋相对。如果说再现论对艺术的解释是以客观外部世界为依据,那么表现论则认为,艺术是人的主观思想感情的表现。表现论与再现论的争论集中在这样一个问题上:从一个艺术作品中所呈现出来的,究竟是人的内心情感,还是客观事物? 表现论认为,客观事物并不重要,它只是艺术的材料,是为表现人的情感服务的。

表现论揭示了再现论遗忘的事实。再现论强调客观事实而遗忘了人在艺术中的存在,表现论则特别强调人的存在,并把它放在艺术中心位置。

但是表现论对艺术和人的情感的认知以及由此得出的关于艺术性质的结论是值得怀疑的。

---

❶ 科林伍德:《艺术原理》,王志元、陈华中译,中国社会科学出版社 1985 年,第 112—113 页。

❷ 同上,第 116 页。

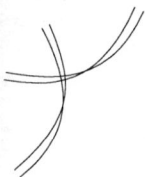

二、对表现论的质疑

1. 表现论中有再现的影子

尽管表现论与再现论尖锐对立,但却有相同的基础。和再现论一样,它关注从一个艺术作品中所出现的东西(情感),只不过对此作了截然不同的解释。也就是说,表现论也把关注投向艺术的结果,并只对这个结果作出解释。表现论最基本的一个思考是这样的:由于艺术中出现的每个形象、每类符号都无疑渗透了情感色彩,艺术只能是情感的表现。因此,艺术的产生过程必然是:有一种情感,艺术家要表现它,于是把它转化成形象、符号等可见可闻的艺术形式。这与再现论的思路是相同的:两者都把艺术解释为是对一种外在于艺术的存在的第二次呈现,只不过两者对外在的东西的理解不同:表现论认为那是人的主观思想感情,再现论认为那是客观事物。但是,在"再现"这一点上,两者是相同的。

那么,这个"再现"的想法,其问题在哪里呢?

2. 日常生活中的情感不能进入艺术

表现论认为,情感的有无和强弱是艺术活动的前提。"愤怒出诗人"就是典型的表现论观点。社会的不平,对弱者的同情,对压迫者的愤怒,形成了诗人的创作冲动,他的诗是这种愤怒的宣泄。

但是这个观点有两个问题:第一,如果愤怒出诗人,那么,那些会愤怒的人将会成为诗人,而有很强愤怒情绪的人将会是好诗人。但问题是,那些有很强愤怒情绪的人未能成为诗人,《水浒传》中的李逵、林冲和鲁智深的愤怒决不少于任何诗人,但他们成了武夫。愤怒可以导致人们动粗,说脏话,但这些人里大部分未能成为诗人。我们甚至也不能说,爱情成就诗人,任何人都可能发生爱情,但因此成为诗人的屈指可数。爱情可以用诗来表示,但因为写了爱情诗而成功的爱情绝无仅有。

第二,"愤怒出诗人"的观点也表明,艺术作品的好坏与写作时情感的强度成正比。但当情感最初升起于我们心中时,它是什么样的? 它也许只是一腔热血,在血管里、胸口中一阵阵膨胀,也许是随着一点悸动迅速散遍全身的凉意,于是心灰意冷,沮丧至极。如果那是"愤怒",在它升起的瞬间,我们首先感到的也许是呼吸的亢奋,怒火中烧,牙根发痒,浑身的力气只有在破坏中才能得到发泄。如果此时那个愤怒的成因(那或许是个人)正在面前,那就只有一个念头:"我要撕碎你!"并不顾一切地扑向他。人在愤怒中根本不能写诗,因为那时人是不自由的,被情绪控制的;相反,只有在很冷静的情况下,才会精心挑选词汇并且组织句段,形成想要的效果。

这两点说明,日常生活的情感,例如愤怒,是不能进入艺术作品的。动粗和脏话都不能进入作品,脏话进入作品只有在下述条件下才有可能:它已经被编辑到一个更大的效果结构中,受到控制,成为故意的元素。当它控制、影响艺术家的头脑时,日常生活的情感甚至只能成为艺术活动的障碍。

3. 艺术中的情感不是日常生活中的情感

我们还可以换一个角度看情感的表现问题:当艺术表现情感的时候,它表现的究竟是什么样的情感。

北岛的诗《回答》表现了愤怒,这是对 1976 年"四人帮"镇压天安门群众运动的愤怒。诗的一开始就说:"卑鄙是卑鄙者的通行证,高尚是高尚者的墓志铭",这像是"骂人"。但这不是骂人,它用的是对仗的诗句,而且对仗得很工整。在诗中,北岛高喊:"告诉你吧/世界/我——不——相——信!/纵使你脚下有一千名挑战者,/那就把我算作第一千零一名。/我不相信天是蓝的,/我不相信雷的回声,/我不相信梦是假的,/我不相信死无报应。"这表达了对反动者的挑战,但它更像是对世界和命运的一种思索,它用了最具有诗歌色彩的排比句,它需要激起诗人自己和读者对排比带来的力量的共鸣。在这里,与日常的愤怒不同的至少有两点:一是它不是愤怒的喷发,而是对愤怒的描绘,愤怒已经被很好地思索过了;第二,这是一种带有诗歌特有的节奏感、韵律和隐喻关系的愤怒,这是一种只有诗才有的愤怒。

我们再通过其他艺术来看。如果这愤怒是戏剧演员要表演的内容,那么,它就同一定的表演程式相适应。在话剧的内心独白里,我们也许感受到某种沉思的、有忏悔意味的愤怒,因为这是内心独白方式最易发挥的特色。而在京剧中,当愤怒被唱腔拉得很长很长的时候,我们体验到的确实是一种很长很长的愤怒,它不同于交响乐中铜管乐器奏出的一个短促而强有力的音符,也不同于毕加索的《格尔尼卡》那种由挣扎的死尸、遭涂炭的马和高悬的牛首形象组成的复杂又深沉的愤怒。在每一种艺术中,愤怒各不相同,它们跟日常生活的愤怒根本风马牛不相及。没有人用京剧唱腔与人吵架,表达愤怒。《格尔尼卡》的愤怒对不懂现代绘画语言的人而言根本就没有意义。

4. 表现论太富自我论色彩

"表现"一词表明了人和世界的一种关系性质。由于艺术是把人的内在情感表现出来,表现论实际上把艺术当作艺术家情感表现的手段。和再现论一样,人和世界仍然被作为两个东西。再现论希望艺术的世界为再现客观现实服务,表现论则运用艺术为表现主观情感服务。

表现论出现在十九世纪中后期,与十六世纪以后现代人本主义思潮相呼应。现代性让人们看到了人自己的力量,人从小写的变成大写的。现代伴随着不断觉

醒的人本精神和不断放大的自我意识向前。世界是人的世界,所以人的表现成为重点。因此,对于表现论来说,艺术的语言、符号,艺术的世界,都是人的情感加以利用的东西,人可以出于自我表现的目的任意地摆弄音乐的世界、雕塑的世界。世界并不重要,重要的是情感有没有表现出来。在纠正再现论无视情感和个人的同时,表现论走向了另一个极端。

但是,如果个人情感没有对自然的、艺术的世界敞开,没有纳入自然和艺术世界中,那么它就无须表现。越是把艺术当作手段,艺术就越是外在的,也就越不可能显示出它的有机生命。这个生命在一个把它当作手段的人手里只能是一些碎片,人们从这些碎片拼凑起来的艺术中看到的是一段制造出来的情感,虚情假意。如果情感从一个隔膜的世界寻找表达,这个世界既可被歪曲,也可将它异化。但是如果情感是从世界中生长起来的,那么情感便是世界自身。这儿不再存在"转换"的问题,也不需要利用艺术表现情感。世界就是有情感的。

表现论太局限于自我的自在状态,它把情感束缚于狭小的自我领域,以至于对宽广的大千世界不能采取一种坦然的进入态度。看来应当从表现论那儿解放自我,解放情感,使自我和情感到更为广大的世界中去生存,并使之成为世界的一部分。

第四节　艺术是一种显现活动

一、再现论和表现论的共同缺陷

再现论和表现论虽然是针锋相对的,但是它们对艺术的解释某些根本的思路是相同的,正是这些思路引出了这两种理论共同的缺陷。

1. 忽视了艺术的活动过程

再现论要人们注意艺术与客观现实的相似性,艺术被作为整体的、囫囵的一物与另一物(客观现实)作比较;表现论要人们注意艺术作品中所包藏的内容的性质,只要这些内容被认定为情感,表现论的理论目标就完成了。在这两种理论视野中,无法看到艺术的活动过程,人们的注意力无法进入对艺术运作的观察,而只停留在对艺术整体性质的判断上。

但是,艺术的活动和运作过程是艺术全部奥秘的诞生地,只有通过对这方面的观察,人们才有可能作出关于艺术性质的合理结论。作为艺术的美学理论,再现论和表现论丢失了最重要的东西。

这首先表现在用物化的方式看艺术,好像只有把艺术看成一物,才能作出理论判断,或有可谈论的东西。其次表现在用整体化的思想方式看艺术。整体化可以或必然忽略细节,即使关注细节,也只关注那些与最后结论相互说明的细节,因为在整体论思路中,整体才是最重要的。而过程恰恰是细节性的。艺术的真正奥秘在艺术本身,在艺术的过程中,这被再现论和表现论双方都忽视了。

2. 把人们的注意力引向艺术以外

再现论和表现论关心艺术以外的事情甚至多于艺术本身。

艺术被看作是对艺术以外的存在物(客观事物或人的思想情感)的再现或表现。这两种理论让人们在艺术以外的事物上耗费了许多精力。例如,再现论要求艺术符合客观现实,因此人物形象、情节和环境的描写都会被依照现实原型的标准加以评判。对贾宝玉的艺术价值的评价取决于对封建末世富家叛逆子弟的认知,贾宝玉这个形象写得好是因为他符合并且惟妙惟肖地再现了当时社会中的这种人。人们需要用主要的精力关注生活现实中的事物,不如此就无法评价艺术,就不知道作品是不是再现了客观现实。表现论则把人们的注意力引向自己日常情感的体会,它可以把拖得很长的京剧唱腔解释为对日常余怒未消的那种类型的愤怒的表现,也可以解释为一种失败的表现——按常识,愤怒根本不可能拉长。

在这些解释和争议中,艺术本身完全不被注意,人们讨论和争论的是生活常识和对日常生活的认知。

3. 否定了艺术的创造性

如果艺术只是把艺术以外先存在的东西(客观现实,或者思想情感)再现到艺术中,那么,艺术就没有创造性。再现论可以说一个作品的成功在于把客观现实活灵活现地放到了艺术中,但是,如果在作品中出现的只不过是生活原型,那个生活原型不用艺术它也存在着。那么,艺术创造了什么呢?表现论也可以说,某个艺术作品特别出色,因为它表现了人们熟悉的生活情感,这些情感普通人虽然都体验过,但却没有能力加以表现。但是尽管如此,尽管作品由于出色的表现技术得到赞赏,我们仍然没有理由认为它是创造性的,因为它不过把原来就有的某种情感放到了艺术中而已,它并没有创造出这种情感。艺术经过了一个活动过程,在这过程中却没有任何新东西生长出来,所发生的只是移植。那我们怎么可以说艺术是一种创造呢?

要看到艺术的创造性,我们必须关注艺术的运作,必须把艺术看作一个生长的过程,观察在艺术过程中新产生的东西。必须扭转再现论和表现论共同的习惯性思路。

那么,从哪一个观点入手可以关注到被再现论和表现论遗忘的有关艺术的最重要方面——艺术的生长过程呢?

必须把艺术看作是一种显现的活动。显现是艺术活动的性质。

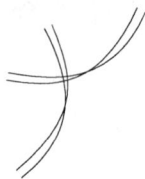

二、艺术是一种活动

首先,艺术是一种活动。"艺术"命名的是活动,而不是物品。有艺术品,有艺术家,这些都有具体的载体,但艺术命名的不是有载体的东西,它命名一种存在过程。

艺术品作为一个有物质形态的物品摆放在那儿,这一点迷惑了我们,也迷惑了理论家,以为既然关于艺术的所有问题都要指着那物品来谈论,艺术也就是那个物品。但是,当我们面对一幅作为艺术品的画的时候,我们必须看到些什么,品味到些什么,它必须对我们说话。关于米开朗琪罗在罗马西斯廷教堂的那幅《创造亚当》,我们的解读由内而外,又由外而内,我们细细地看,使得画中的一切细节都获得充分理解,也就是用我们的观看使它们充实起来,直到上帝创造人类的那种冲动重新复活。我们在读小说、听音乐、看电影的时候那种意识活动也是十分活跃的:感情在发生共鸣,理解力在作出努力,而整个意识都在期待发现。只有这时,艺术对于我们才是存在的。这整个的过程称作"艺术"。

所以,画家在作品上留下油彩、线条和形状,但这些油彩、线条和形状必须存在。人们谈论的是那些油彩、线条和形状的存在,它们的意味,它们之间的渗透和对立、对话和纠结,也就是它们的存在状态。无论是雕塑的石块、石块上显示的体积和块面,还是五线谱上的各种音符,都必须存在,才是艺术。而存在的基本含义就是生存和活动。无论对于艺术家还是观赏者,参与艺术就是参与一种使艺术存在的活动,这不仅是指艺术家的创作活动,以及观众对艺术品的理解活动,也是指艺术品因此而获得了生命,而不再是那些符号材料的外在性。

音乐也许是这方面最典型的例证。音乐不是那些画在五线谱上的音符,也不是演奏家奏出的声音。因为,音符只是些死的符号,而声音如果没有经过演奏家的想象力的参与,如果不是流自他的心底,那它仅仅是些声响,就是《乐记》所说的"声"。如果听众不去积极参与这支乐曲,那它对听众也仅仅是些声响。不喜欢音乐的人,只是把它当作噪音来对待,这时,音乐这档子事就不存在,尽管演奏在进行。当音乐存在的时候,它并不是音符和声音,而是音符和声音的跳动和连绵,是活的音响形象。它触动意识,而只有意识带着期待和盼望逐个推进和展开它们时,音乐才是存在的,这种活动一停止,音乐便没有了。音乐只存在于音乐进行的过程中。

三、为什么是显现

为什么要用"显现"一词来描绘艺术活动的性质?
显现是一种运作。

1. 显现意味着艺术有一个生长的过程

显现就是逐渐地显示。经过一个时间连续的过程,艺术的意义和味道由不清晰到清晰,逐渐显示出来。

这说明,所显现的东西不是事先决定好的,而是在显现过程中逐渐出现的。艺术家的创作冲动要通过艺术的符号操作得以实现,但是在实现之前,他并不知道作品的确切主题是什么,因为从创作冲动到作品,中间要经过与材料、符号难以数计的磨合,这种磨合绝对不是把艺术家自己的意志强加给符号材料的过程;后者常常给他意想不到的惊奇,打开他的思路,从而引导他的主题逐渐走向明确,而其彻底明确之时,就是作品完成之际。实际上,很多艺术家甚至在创作完成后,仍然觉得作品有未竟之处。艺术创作既不应该,也不可能事先设想好一切。同样,艺术欣赏也是在一个时间连续的过程中逐渐地体会作品的价值和意义,在欣赏彻底结束前,欣赏者没有把握对作品作出明确的结论。欣赏者甚至在品味中发现了创作者本人也没有发现的意味,因为材料、符号自己会说话,有些要素摆放到一起所产生的效果,连创作者本人也没有意识到。

无论创作还是欣赏的过程,都是生长性的,都是产生新东西的过程。艺术有自己的生命。艺术家和观众的艺术活动就是加入到艺术的生命中去,参与孕育和完成作品。但这活动是创造性的,就是说,如果没有"去显现"这样一种活动,作品的要素是无法凭空出现的,作品也不可能成为有机整体。

为了这种逐渐的出现,艺术家付出他们的智慧、直觉、想象力和判断,并且在创作过程中充满期待、失落、惊奇等等情感的付出和收获;观众则要付出他们的欣赏能力,以及同样的智慧、期待、胸襟,收获他们期待中的享受。显现就是一个新的生命的诞生过程。

正因如此,艺术家和观众才会对艺术抱有巨大热情和冲动。新的生命,这意味着一种意想不到但却激动人心的东西的来临。对这东西的期待是艺术最伟大的动力。由此我们可以理解,为什么一个艺术家能够渡过如此艰难而漫长的创作生涯,却从未退却或感到不幸。尤其是那些终生对自己的创作感到不满的艺术家。例如米开朗琪罗,他的创作动力何在?米开朗琪罗为了创作罗马西斯廷教堂的壁画,花去八年时间。为了画其中的天顶画——著名的《创造亚当》等就在该教堂的天顶上——他歪斜着脖子工作了好多年,以致画成后他的脖子变歪了。当我们感谢他为艺术和后人牺牲健康而留下辉煌巨作的时候,我们必须明白,对于他而言,根本没有为他人作牺牲这回事。他纯粹是为了自己。事实上,艺术创造活动所获得的内心幸福是无法言传、不能替代的,也是常人从未体验过因而难以理解的。对于他,每一刻都有回报,即使暂时只是遗憾和痛苦,那也是为期待更激动人心的艺术新生命的享受所甘愿付出的代价。这一切,包括期待的心情,只有在显现中才能获得。如果作品是事先决定好的,那么艺术创作就是一种纯粹的支出,创作者将因毫无所获而痛苦不堪。

2. 显现意味着有一个潜在目的

显现总是有所期待的。这就像感光相片制作中的显影过程。被感光的相纸虽然仍是空白的,但已包含了一个成相的种子。这可以被称为一种潜在目的。因为在定影以前,艺术家并不确切知道它究竟怎样,却可以估计其轮廓。显影就是去把这潜在目的显示出来达致成相。

如果剧作家对某种性格特别着迷,要写一个剧本去显示他,他对于剧作家就是一个潜在目的。说他"潜在",是因为在作品完成之前他只是一个可能性,并未被决定。剧作家必须设置情节冲突和场景。而且即使如此,剧作家也还不确切知道他怎样。剧作家只是设置了他出场的条件,其余事就要他自己去做了。不过潜在倾向已经有了,因为被设置的场景总是较利于这种性格出场的。剧作家对这种设置的效果有一种期待,尽管他并不确切知道会怎样。艺术家在创作中常说:"我所要的某种效果还没有达到。"这表明,尽管他目前还不能说出他要的效果究竟是什么(如能说出,他就把它创作出来了),但是他能作出否定性判断(眼下出现的还不是他想要的)。他的确有一个目的,不过这是潜在的。

3. 显现意味着艺术活动具有随机性

显现的境界之所以是逐渐展开的,是因为艺术活动的随机性。前面提到的材料、符号与艺术家创作冲动的磨合,就是充满随机性的过程。

艺术活动既不是决定论的,也不是无目的的,而是发生论的:它有一颗种子。至于植株如何成长,则完全视其生长的力量和环境及其相互作用而定。

如果我们知道一粒种子将会长成葵花,这葵花对于我们还是非常抽象的。它只有在生长的过程中对外部环境、养料及不期而至的灾难作出适时的判断和尽可能好的选择,才能长成在特定条件下尽可能好的植株。对于这最后长成的植株(目标或艺术作品),生长中的每一步都像是对它的搜寻和靠近。而每一步长成怎样,取决于葵花本身和它的环境条件两方面的偶然性。生长的每一步结果又成为下一步生长的条件和前提。

艺术的意味,是自己显现出来的,人所能做的就是期待它。它可能以被期待的方式出现,也可能以人未想到的方式出现,但期待的态度就为它的出现做好了准备。只要它被期待,就不会一无所获,即使获得的不是所期待的,也可以把它当作要显现的东西的某种声音。对于艺术来说,艺术的活动就是在艺术的世界中带着期待的探询,或观看。斯特拉文斯基把作曲活动看作动物用爪子创掘食物的活动,他说:"偶然事件也许是唯一真正给我们以启示的东西。一位作曲家漫无目的地即席创作（斯特拉文斯基是即席创作的大师——引者注）就和动物用足爪刨地觅食没有两样。他们之所以这样活动是因为都受到一种找出某种东西的冲动的驱使。"❶动物用足刨地寻觅埋在地下的食物的时候，并不知道食物究竟在哪里，但是它有足够的嗅觉和经验，知道该从哪里下手。更重要的是，它足爪的每一个动作都紧跟着某种判断，指引它逐渐接近食物。艺术活动也是如此，艺术的效果也需要挖掘，它如何出现，有待于想法和材料互动的过程。活动介入到符号和材料，是希望它们给出某种信息，通过这种信息，指引此后的行动。也许一开始的作为并没有得到想象的效果，但是每一步都给下一步以启示，都是捕捉目标的连续努力。在挖掘下，线索出现了，又隐没了，然后又是出现和隐没。判断在这种隐现中逐渐坚定起来，直到最后艺术家说："我要的就是这个！"

这就是艺术创作和欣赏都需要某种天才和灵感的原因。杰出艺术的深沉境界是靠随机的发掘取得的，艺术家并不能说清他作出判断和取得成功的公式和理由，在这种过程中，他只能依靠天才和灵感。他的每一个成功都是不会重复的、不可复制的，因为他自己也不清楚下次会遇到什么。

4. 显现意味着艺术的自主性和自然性

"显现"这个词避免了人的主观武断性，具有自动的性质。作品中的形象、意味，是自己"现"出来的，自己生长出来的，并不带有人的明显意图以及材料的生硬性。

艺术就是一片土壤，一个国度。在这片土壤里，艺术家的主观性被吸收了，生活现实的物质性被溶化了，所有这些要素与艺术材料、符号融为一体，产生一颗种子，艺术的种子，然后在这里发芽、生长、结果。所生长出来的东西，与客观现实已经没有关系了，与日常生活的主观思想感情也没有关系了，客观现实与主观思想感情已经从原来的晶体、气体化而为艺术国土里的液体了，它们彼此也不可分辨，而且绝无还原的可能。这片土壤，这个国度，有自身的法则，自身的语言，它的产物——艺术品——可以谈论现实，也可谈论现实中人的情感，但它依照的是自身的语法。艺术家在这片土壤中，就如这土壤长出的一颗有灵气的心，它不仅属于土壤，也能够对自身和周围有所感受，说出这种感受。这就是刘勰所谓的"心生而言立，言立而文明"。艺术家是为这土壤的自我表现而设的。

所以，艺术形象并不是艺术家思想观念的载体和手段，相反，艺术家必须服从艺术形象的逻辑，如果观众觉得某个形象只是表达了作者一贯的思想观念，那么这个形象就不在显示自身，而在表示一个外在的东西。而"显现"则是表明，一个

---

❶ 斯特拉文斯基：《音乐诗学六讲》，见李普曼编《当代美学》，邓鹏译，光明日报出版社 1986 年版，第 406 页。

形象之所以如此,是按它生存的逻辑不得不如此。形象自己暴露自己,显现自己。

这就是中国美学的自然审美理想所开拓的境界,这就是苏轼说的画竹应该让竹子自己在画面上长出来的意思。画家生长到所画的竹子中去,"其身与竹化,无穷出清新"。

四、艺术显现了什么

1. 艺术显现了真理

（1）再现论的合理成分

再现论的失误在于把艺术中出现的令人想起生活现实的东西误认为就是客观现实。但是再现论提到的客观现实事物与艺术的关联,是一个事实,而且它怎么强调也不算过分。否则,雪莱就不会说诗人是这个世界的立法者了。

俄狄浦斯的故事发生在现实生活中的几率很小,但是它是可能的,因为我们通过故事确认了它可信,也就是说,它有某种必然性。贾宝玉的故事,去除小说开头关于他的来历(石头,或者神瑛侍者)的说法,我们相信,它是发生在那个时代随处可见的事情。至于闰土,或者孔乙己,他们的现实感就更强了。早期印象派绘画刚开始被讥为不懂素描的艺术,但是当人们像那些画家一样去观察雾中的景色,或者太阳光直射下的物体时,发现这些画画出了真实的东西。告诉观众现实的真相一直以来都是很多艺术家的创作动力。

（2）艺术与真理

但是艺术中出现的并不是现实本身,而是对现实的谈论,是真理。艺术家发现了现实的某种从未被发现过的意义,对这种意义的揭示就是对真理的揭示。现实在艺术中以真理的样态露面。

亚里士多德说,诗与历史不同,它不只叙述事件,而且要显示事件的必然性和可能性。所以,如果俄狄浦斯的故事令人震撼,不是因为它发生过,而是因为它揭示了悬在每个人头上的未知的命运,说出了人的自为意识与人的终极的盲视之间的矛盾,以及人对此的无奈。这是有关人生真理的思索。通过对闰土的描写,鲁迅也试图让人们看见有关个人命运、历史传统以及社会环境的某些深刻的东西。好的文学总是要表现一些形式背后的深刻的东西。绘画也是如此。早期印象派的画揭示了被人们遗忘的真实视觉因素——光线及其对色彩的影响。马蒂斯的画不仅显现了他的色彩观念,而且也显现了色彩世界的一个真理——让色彩以本色的样态露面,显现本色之间的真实色彩关系。而在古典绘画中,这真理被遮蔽了。人们从未这样想象过色彩,因而也从未探索过这个真理。

所以,艺术对真理的表现也与艺术必须创新有关。任何一个艺术家,只要他在创作,而不是在摹仿或抄袭,总要企图自己弄清一些东西的。他们或不满足事物如人们所说的样子而希望自己看个究竟和明白,或不满足已经看到过的而企图看到新的,这种欲望使他们的作品与真理发生了密切的关系。当塞尚在视觉艺术中发起一场伟大的革命的时候,他力求找到视觉对象本身固有的强有力的质感和秩序。对象一旦成为视觉形象,就有它符合视觉特征的秩序。他发现,这个秩序并不是古典绘画所理解的按一种客观标准(透视法、投影法等等)得到的秩序,它更加真实和本质。这是一种新的视觉真理的发现。亨利·摩尔摒弃了雕塑陈旧的比例法则和情节要求,离开了雕塑写实的万古不变的圭臬,把雕塑语言抽象化,这种创新也是企图使人们能从雕塑语言中看到更内在更本质的块面关系和体积感。用他自己的话说,就是"深入实在而表现丰富的精神意义"。这些站在时代前列的巨匠之所以对古典艺术发起革命,是因为在古典艺术中,真理的光辉消失了。古典艺术语言已经脱离了它表达实在的根,变得轻浮和表面化。人们看到一种虚假的轻飘飘的美,但却失去了灵魂,失去了实在感。艺术革命的宗旨就在于改变艺术语言以重新唤起人们探索真理的热情和使人们看到真理。

真理并不只属于哲学、政治学和历史学。真理也属于艺术。认为艺术只要美就可以了,这种想法使美失去了最坚定的根柢。难道美不也是我们对真理的一种最深切的领悟吗?

2. 艺术显现了情感

(1) 表现论的合理成分

表现论成功地把人们对艺术的观念从再现论的绝对统治中拉出来。表现论提醒人们,再现论遗忘了艺术中最重要的一个要素——人的主观思想感情。

文学是通过人来叙事的,故事也是人——读者/观众——来接受的。所以,叙事艺术家和读者/观众所看到的事件已经有情感色彩了。曹雪芹说"满纸荒唐言,一把辛酸泪",《红楼梦》的故事已经无可摆脱地浸染了得到读者共鸣的叙事者的情感:对林黛玉的赞叹,对薛宝钗的同情,对贾宝玉的理解,对所有人间悲喜剧的感慨。情节进行中,我们总能听到一个超然的声音的叹息。狄更斯、陀思妥耶夫斯基、老舍,这些杰出的叙事作者都是如此。鲁迅对闰土的深刻的同情和惋惜也跃然于《故乡》的故事中。所以,即使在再现论最常用来证明自己理论的文学例证——叙事作品中,情感也无处不在。

在音乐作品中,贝多芬写了钢琴奏鸣曲《悲怆》、《热情》,柴可夫斯基写了同样以《悲怆》命名的第六交响曲。毫无疑问,我们在里面体会一种情感,体会情感的进展、挫折、遭遇。在绘画作品中,所有的人都被凡·高的激情所征服。

艺术充满情感,因为艺术是人创造的,艺术作为一种审美活动,就是人用情感去发现世界的活动。表现论主要的失误不在于指出艺术与情感的关联,而在于没有区别日常情感与艺术情感,没有注意艺术创造自身情感的过程以及这种情感的

独特性。

（2）艺术情感的两种类型

艺术的情感有两种类型。

第一种是在对形象的描绘中夹带的情感，艺术家受到被描绘者的感动，而在描绘中流露赞叹、失望等感情。元好问的诗"寒波澹澹起，白鸟悠悠下"，看起来是非常客观的描述，但是仍然带有叙述者对恬淡自然的仰慕之情。文艺复兴早期意大利画家乔托的画作《犹大的吻》，通过犹大吻耶稣时内心闪烁不安的表情，和耶稣带着怜悯和澄明的目光俯视犹大的形象，精当地表现了画家对信仰的深刻理解和虔敬态度。在小说和散文里，即使埋藏得再深，叙述者对所叙述的对象的情感态度也能被感受到。这是读者欣赏的重要内容。由于这一点，柏拉图重叙述而轻摹仿，因为叙述能够用叙述者对对象的情感和态度影响读者，使得读者赞美正义，反对非正义。

第二种就是直接的情感，以情感为对象。对情感的直接描绘是诗歌、散文、音乐、舞蹈等艺术的重大题材。这一题材给艺术提供了丰富的审美趣味，也让人们有了对情感加以深刻发掘和品味的领域。诗歌当然是这方面最突出的。上面提到的北岛的《回答》是诗歌中很好的例子，它直接描写对于扼杀民意、亵渎五千年民族光荣的"卑鄙者"的愤怒和对未来的希望之情。在其他艺术领域，例如舞蹈，二十世纪美国舞蹈家格雷厄姆的作品《哀歌》的主题是"悲哀"，《爱之舞》的主题是爱的情感。与后者相同主题的绘画作品有挪威画家蒙克的《爱》，雕塑作品有罗马尼亚雕塑家布朗库西的《吻》，这些作品用艺术语言深刻而完美地描绘了抽象的情感。

艺术情感的最大特点，是它的反思性、构造性。在艺术中出现的情感，不是宣泄中的情感，不是艺术家的主观情感，艺术不是情感的倾吐、释放，而是对情感的理解、描绘，它要赋予情感以展示的结构。这就形成了一种与日常生活中的情感完全不同质量的情感。二十世纪符号论美学家苏珊·朗格说："艺术品是将情感（指广义的情感，亦即人所能感受到的一切）呈现出来供人观赏的，是由情感转化成的可见的或可听的形式。它是运用符号的方式把情感转变成诉诸人的知觉的东西。艺术形式与我们的感觉、理智和情感生活所具有的动态形式是同构的形式，正如亨利·詹姆斯所说的，艺术品就是'情感生活'在空间时间或诗中的投影。因此，艺术品也就是情感的形式或是能够将内在情感系统地呈现出来以供我们认识的形式。"❶虽然这个说法仍然把艺术情感看成是从生活情感"转化"过来的，有点混淆两种情感的性质，但是它把艺术中的情感当作情感的形式，能够被人观赏

---

❶　苏珊·朗格：《艺术问题》，滕守尧、朱疆源译，中国社会科学出版社 1983 年版，第 24 页。

和认识,这的确说出了艺术情感的特点。

3. 艺术显现了它自身的存在

艺术还显现了它自身的存在。

在艺术活动中,我们始终不能摆脱的东西是艺术本身。我们在艺术的情境中,艺术的背景中,用艺术的语言说话,关注的是艺术的效果。但是正如我们在一个屋子里只注意到其他事物一样,最容易忘却的就是屋子本身的存在,当我们在艺术中,最容易忽视的也是艺术本身的存在。

(1) 艺术化的情感

我们谈到艺术诗歌中的情感,那是有韵律有节奏的情感,它在隐喻和排比中加强词的质感,铸就诗情,就像北岛的《回答》。北岛和李逵都有情感,李逵的情感强度可能强于北岛,但是北岛成为诗人,而李逵不是诗人,那跟他们有没有一般意义上的情感无关,而跟他们会不会隐喻排比和音韵操作有关,跟他们能不能在排比中酝酿出诗情有关。不是愤怒出诗人,而是诗艺出诗人。而诗人吟诵情感,诗的情感是从诗的所有要件和总体情境中产生出来的并与之血肉相连。

同样,如果我们谈论贝多芬的《悲怆》的情感,我们谈论的是《悲怆》中特有的旋律,是该钢琴奏鸣曲第三乐章的回旋曲式,这个回旋曲式对主题产生了不断激荡加强的效果。由于音乐语言的特殊性,这个主题甚至是不能用文学语言描绘的。严格地说,这个主题只能用钢琴来表述。这是一种音乐的情感。音乐家试着在钢琴上敲击出一小段旋律,然后用心去体会它的味道,将它发展、充实,探索其各种可能性,在完成之后给它命名为"悲怆"或者"热情"。贝多芬的这个曲子可能是开始于他生活中某个悲天悯人的瞬间,所以当曲子完成后他把"悲怆"的名称给了它。但是柴可夫斯基也有"悲怆"命名的作品,即第六交响曲,但这是多么不同的悲怆啊!它们几乎没有可比之处。也许只有在我们试图描绘它们的区别时,才能明显地感到艺术本身的存在,因为我们只有通过前者的快板主题与后者极慢的慢板的第四乐章的比较,通过圆号与钢琴的音色的比较,以及两者对奏鸣曲式发展部的不同处理,来谈它们的区别。这时我们谈论的都是音乐术语。

艺术为人类创造自己的情感提供了新的园地。在这个园地里出现的情感都是艺术情感,但它也是人类总的情感的一部分,是唯一能够反思和欣赏的情感、创造的情感,情感在这里不仅仅是被动反应式的,而是创造生活的一部分。

(2) 艺术化的事物和真理

同样,艺术显现的事物和真理也是艺术化的事物和真理。

我们最熟悉的关于事件的开头、发展、高潮、结尾的过程,并不是生活事件的本来面目,而是叙事艺术的一种模式。所以,当事件被这样谈论的时候,它已经艺术化了。闰土的故事就是这样进行的:他小时候怎么样,后来怎样,最后……其实这个"最后",我们甚至有点期待他有出人意料的表现,而鲁迅也确实按我们的这种期待去写了——闰土在生活和体制的重压下,除了说"老爷",除了变形扭曲的身体和麻木的心灵,已经没有任何叙述者童年记忆中的活气了。也就是说,戏剧性隐含在事件的结构里。只有在小说、戏剧里,才有这样的事件。

绘画艺术的每次革命都与视觉真理有关。达·芬奇和文艺复兴巨匠们似乎在一夜之间把画面真实提高了一大步,因为他们发明和贯彻了透视投影法,运用解剖学理论于人体绘画,达·芬奇还发展出一种渐隐法来处理人体的面部、手部等微妙部分。这使得绘画母题,尤其是人体,其效果看起来特别的真实。这种真实建立在素描关系之上,也就是平面空间的造型原则之上,这是一种绘画的真实。十九世纪末开始的绘画革命力求在绘画材料的界线内找到视觉真理,这场革命让绘画回到平面,在平面构造中显示画题的质感和秩序,不再求助于幻觉来营造虚假的空间。结果它在还原的色彩、最基本的线条和形状上找到了绘画的原始因子。现代绘画提供抽象性的描绘,宣布了有关绘画的真理。如果不通过绘画语言,绝对不可能理解现代主义关于视觉真理的谈论。

在艺术中,所有的东西都以艺术的形式出现。这样,我们就了解了一个最简单而又最易为人遗忘或不解的事实:艺术就是艺术的世界。

第二章 艺术语言

第一节 广义的语言与艺术语言

一、狭义的和广义的语言

艺术成其为艺术是因为它用的是艺术语言,艺术语言支撑起艺术的世界。

我们这里使用"语言"一词是用它"有所表达"的意思。

语言有狭义与广义之分。狭义的语言是指作为人类交际工具的口头语言和书面语言,它的价值是能够通过语言符号表达意义。如果把表达承接下来,而越过语言符号,我们就可以看到,存在着其他各种能够承担表达功能的媒介和符号形式,这就是广义的语言。广义的语言指表达。任何媒体,只要它载有信息,有含义,都可被看成语言。在此意义上,我们说,工厂的烟囱和火车蒸汽机车是一种语言,它表达了早期工业文明的某些含义;考古发掘中的棺椁是一种语言,它向我们诉说有关那个时代的文化、技术和社会关系的一些事情,等等。

二、通过语言理解艺术

艺术语言是广义的语言的一种。艺术在其本质上是一种显现,所以它的语言性功能和特征就特别明显。

经验表明,欣赏作品时,如果把它当作一种诉说,会容易理解得多。如果我们带着这样的问题——"毕加索想向我们诉说什么",或者"他通过这个矩形要表示什么",来观赏毕加索的画,我们就会更容易理解画面的总体及其与细节之间的关系。如果我们聆听贝多芬的作品,始终保持"贝多芬要告诉我什么"这样的问题,我们的心态也会积极得多,从而更加有理解的动力。因为,毕竟,艺术家都是想要通过作品说出些什么的。

因此,进一步了解艺术语言的特点、规则、诉说方式、结构等,就成为欣赏艺术的必要基础。对于艺术创作活动也一样。

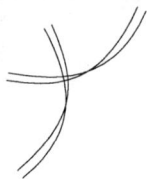

第二节 艺术语言的符号性质

一、索绪尔的语言符号学与艺术语言

语言都具有符号性质。

符号就是用一个替代品来代替某个被替代的东西。¥是人民币的符号,可以用它代替"人民币"的意义,"人民币"的意义就是被替代的东西。

索绪尔对普通语言的符号学性质作了详尽的分析。他把语言符号分为能指和所指两个成分。语言符号的能指就是"音响—形象",即语言的声音,"形象"一词表明它是有特点的音响,能作为一个单位组织被分辨出来。在语言符号中,这个单位是音位。能指是语言符号的物质载体。所指是语言符号的概念。"符号"则是"音响—形象"与概念的统一体。"鱼"的能指是它的发音,所指是"鱼"的概念,这个声音和鱼的概念联接在一起构成了"鱼"的符号。

从这个描述可以看出,语言符号的能指与所指有一种非理性的联系,即,"鱼"的声音与其概念之间的联系完全是没有道理可讲的。实际上,我们也可以把"鱼"这样东西叫做 shù,之所以叫 yú,完全是偶然的、任意的,这个声音与鱼这样东西及其意义没有任何关系。但是一旦叫做 yú,它就约定俗成,是不能改变的。这个声音与这个意义的关系就被绑定了。所以索绪尔说符号是任意的,又是武断的。

这样,符号就不是实质性的。"鱼"只是鱼这样东西的代号,它代表的是"鱼"的意思,与鱼这样东西的实体没有任何关联。

由于符号与事物及其意义根本上是分离的,因此符号有自己的运作规则,它服从能指和所指的材料界限及其派生的语法。所以符号的意义在很大程度上不取决于它所代表的东西,而取决于符号内在的结构关系。

艺术语言既然是一种语言,其实质也就是以一个代表某种东西的符号来代替某种要表达的意义。所以,艺术语言也具有符号的性质。

下面我们分别来看艺术语言的符号性。

二、艺术符号的能指

与语言符号一样,艺术符号也有其物质担待者,由一种物质材料作为其能指。这种材料在不同媒介的艺术中是不一样的:音乐是听觉的材料;绘画是视觉的材料。而且,它们也能够构成有特征的、单位性的组织,比如音乐中的一个小二度音,或者绘画中的一个色块。

与语言符号不同之处是,艺术符号的物质材料与意义之间的关系大部分不是任意武断的,而是有理有据的。绘画中的色彩材料本身可以引起情绪,因此色块构成的符号的意义不完全是任意指定的。红色块是代表某种意义的物质材料,但它本身就有热的意义,它是暖色。同样,直线与平稳是有联系的;底边呈直线的正三角形具有稳定的性质,而倒三角形是不稳定的。

艺术符号的能指不是任意的,这与艺术的审美性有关。普通语言只是传达概念意义,它的能指仅仅起分辨不同信号的作用。艺术符号是用来审美的,也就是用来感受的,其意义也与感受相关,要从感受中生出意义,不能不对能指材料高度敏感。

三、艺术符号的所指

艺术符号的所指即是它的意义。

艺术符号所指的形成与以下三个因素有关:

第一,预先的定型。这是指某门艺术传统中留下来一些固定的表达格式、定式,这些定式在创作艺术作品前就已经存在,并制约着符号意义的形成。每门艺术都有一些自身固定的符号图式,它们是在该门艺术的材料、技艺的限制中产生并流传下来的。芭蕾舞的雁式跳、脚尖碎步、倒踢紫金冠,这些动作是程式化的,它们有一些固定的意义,就像文学中的词语,舞蹈家通过对这些动作的编排来构造意义的连续体,创造新的更高层次上的意义。在绘画中,我们能够认出的花、草、鱼、虾,是与它们的传统画法相关的,比如在国画中与皴、抹、染的技法及其图形相关,某些事物形象与某些构图有固定联系,这些图像虽然一直在修改之中,但是基本的形状是有连续性的。音乐中也有好多固定的音型,多听音乐有助于了解更多的音型,从而更好地辨认意义。

第二,材料的感性特征。艺术语言的能指不是任意的,它被用来审美、感受,所以其材料的感性特征也是符号所指的一大来源。音乐中,三度音、二度音,甚至乐器的音色,都是有所表现的,感受音乐的意义总是与对这些材料的感觉特征有关。音乐的创新也一直与材料的更新联系在一起,新乐器的发现与创造会给音乐的意义拓展新的天地。谭盾在中国民族乐器方面的发掘,例如对埙的使用,最终都给音乐的世界带来更新。绘画中,所有的色块、形状,甚至颜料、画框、平面承载材料(布面、板面,或者合成材料面),都会产生意义。有些艺术甚至利用了该材料本来不被利用的感性特征,例如文学。文学使用语言,但是它利用能指材料的感性特点来产生意义。在诗歌中,语言的声音被用来形成韵脚、平仄、轻重读音的起伏,这不仅仅是形成一种声音的审美效果,而且以这种感性效果形成新的意义。比如韵脚,它不仅仅形成节奏感,而且使押韵的词之间产生意义的共鸣和交流。

第三,艺术符号的所指还与它出现的场所和方式有关。比如,有些日常生活

中的物件由于出现在艺术展览会上，就成了艺术作品。达达主义者杜尚的《泉》就是一个例子。这其实是男厕所用的小便器，但它堂而皇之地出现在艺术展览会，足以令人驻足观看。又如，二十世纪大地艺术的代表人物克里斯托，他把纽约曼哈顿的大楼和柏林议会大厦用布包裹起来，把小岛用布做出饰面。由于这些东西与"装饰"这一美术关键词发生了联系，人们就不把它看成工程行为，而看成艺术行为，这些东西也就临时成了艺术品，产生艺术的意义。

四、艺术符号与意义游戏

符号是能指和所指构成的整体，它并不能被拆解。所以我们跟艺术打交道就是直接跟艺术符号打交道。这意义何在呢？

第一，我们把所有艺术要素都看作是有所代表的替代物。它们不是实体，不是外部事物本身，也不是实质性的，它们只是各种记号的构成要素。所以再现论在这儿是讲不通的。

第二，由于艺术符号不依附于所代表的东西，它就有其自己的运作规则和法则，这些独立于外部世界的法则是艺术家和观众必须遵循的东西。从积极的方面看，它给艺术想象带来创造性的动力。

第三，艺术符号都有所代表，这意味着当我们看到它们的时候，必须从意义这方面去理解。任何艺术作品的要素都有意义，它们都承担意义连续体上的一个环节或者干脆就是完全的意义，连男用小便器这种在日常生活中不被注意的物体，一旦被作为艺术品对待，也就成了表示某种意义的符号，人们会去品味它。艺术就是意义的游戏。

第三节　艺术语言的运作

如果艺术是一种显现活动的话，这种活动的内容就是艺术语言的运作。艺术语言不断的邻接、对话和构造过程，成就了艺术显现。

本节介绍艺术语言的运作方式。

一、艺术语言的双轴及其运作

1. 艺术语言的双轴

艺术语言沿着纵、横两根轴线运作。纵轴是符号的纵向关联，是符号与意义的对应性关系；横轴是符号的横向展开，是符号之间的连接关系。

普通语言就是在这两根轴线上展开的。构成一个句子首先必须选词，要选出其意义对得上欲表达意思的合适的词，这是纵轴上的运作。可是，选词的目的是为了成句,单个的词并不能表达完整的意义,得把所选的词连接起来,形成句子,这是横向轴线上的运作。只有双轴同时运作,才能构成语言的表达。

艺术语言也是如此。比如绘画,画家首先有个别的形象或色块,同时他必须把这些形象和色块画到画里去,也就是他必须选择与这些形象和色块邻接的其他形象或色块,这个过程一直要延续到画面画满为止。

艺术语言的意义取决于符号双轴的共同作用。从纵向关系来判断,贾宝玉是一个叛逆的末世贵族形象;但是贾宝玉在小说中不是一个不动的名称,他要被展开,他要做事、说话、吟诗、献爱,他要与很多人及事纠结,而这种横向展开过程对于贾宝玉形象意义的形成至关重要。

2. 双轴各自的原则

艺术语言纵轴的原则是对应性。

选词必须与要表达的意义相对应,这就需要对词的斟酌。所谓"选",也就是在几个可选项里选择一个合适的。可选项各有千秋,要选的是最合适的。例如对一个年少的女子,在"女孩"、"小姑娘"、"少女"、"丫头"这些词中选择某个最合适的。而所谓最合适,就是指与要表达的意义对应性最强的。绘画在各种细微的色调中选择,音乐在各种差别细腻的音阶关系、调性关系、音色、和声类型中选择。

艺术语言横轴的原则是可连接性。一个符号与另一个相接的时候,要接得上。"女孩"这个词可以与"哭"、"笑"等连得上,但与"吼"就不太连得上;"坐"与"在椅子上"、"在地上"可以连得上,但与"在太阳上"就连不上。把不可连接的词连在一起,就不像话。同样,有些色调也是不可邻接的,"黄配紫,不如死"就是说这种相逆的色彩关系。舞蹈动作的编排更要考虑肢体运动衔接的可能性。

3. 双轴互动的原则

双轴的运作是同时进行的,因此双轴有一个互动的原则。横轴的展开要有利于纵轴上意义的产生,纵轴在作对应性选择时,要顾及横轴展开的顺利。所有的调整都是朝着使两者配合的方向进行。

上述"黄配紫,不如死"虽然是针对色彩关系的,但这个表述本身像诗一样,它押韵。因此,第六个字"死"与第三个字"紫"之间有一种默契,有可能是"紫"催生了"死"。也就是说,下文出现"死"是因为上文相同位置上的"紫"字;如果上文是"紫配黄",那下文要改成与"黄"押韵的字才能连得起来,比如"紫配黄,出洋相"。横轴要顺着纵轴的选词作出调整,这是横轴展开时对纵轴的配合。但我们同时发现,在后面这个表述中,纵轴选词组的时候也作出了根本的改变,它把"不如……"这样的介宾结构词组改成"出……"这个动宾结构的词组,因为"相"虽然与"黄"构成了对应性,但还要选出与"相"连得起来的上文,选词照顾了横轴的毗连性要求。

最重要的,这种配合产生了艺术的推动力量,选词给连词出了难题,连词不仅解开了难题,其最佳效果是把句子带向一个事先未能预料到的新的境界。反之亦然。两者是互动的。

在小说中,句子能够顺利展开情节,这当然很好,但如果在情节展开的同时,句子还能把一些言外之意带出来,构成隐喻关系,那就更好了。音乐也是如此。在奏鸣曲式中,有主题的呈示部,也有主题的发展部,其中发展部是把被呈示的主题的许多要素展开,这使得主题像是一个种子,在展开部它发芽、生长,把蕴涵的各种可能性显示出来。而在这种展开的各个阶段,纵轴上的主题意义一直被反映出来。事实上,杰出的艺术作品都是在这两者之间形成张力的。如果读到有关贾宝玉情节的时候,能够意识到故事开头的交代(他前身是"大荒山无稽崖青埂峰下的一块顽石"),那么他的每一个行为都有了双重的含义了。而这种效果的产生有赖于创作和欣赏中双轴的互动。在绘画中也是如此,塞尚的"调节"概念就是不断在横轴(互邻的色块)与纵轴(需要突出的色块、真实的画题的发现等等)之间的适配,这样,我们就能在他的画中看到衔接得很好的色块构成的整体,同时在这个整体中有些东西闪闪发亮。

二、艺术语言的言外之意

1. 言外之意与意指作用

艺术的意义通过艺术语言的双轴运作显现出来。但艺术的意义与普通的意义不同之处在于,它总是以言外之意为旨归,所以其双轴运作指向的永远是表面以外的意义,或第二级层次上的符号意义。

诗歌里如果出现了"山气日夕佳,飞鸟相与还"这样的句子,对它的理解并不能停留在它的表面意思——黄昏时分的鸟在群山背景下飞翔,而应该发掘这一描写背后的寓意,那是人融入自然的一种生存境界。谁都知道,言外之意才是诗人写作的目标。小说的情节具有展开故事的功能,但是故事是有所揭示的。与更深的层次相连,情节就有深意了。比如《红楼梦》第三十三回写贾政毒打贾宝玉,这个情节与作品好几个寓意的头绪相关,有贾政与贾宝玉的价值观念冲突,贾政、贾母和宝玉的亲情关系,宝玉与宝钗的情感纠结,宝玉与黛玉的情感纠结等等。必须与这些情节外寓意相关,该情节才能被作为艺术加以理解。绘画艺术亦然。伦勃朗有一幅题为《木匠的家庭》的画,画的是一个普通木匠家的内景:破敝的房屋,简陋的用具,总体灰暗的内景,屋里一个妇女抱着一个刚出生的婴儿在喂奶,旁边是俯身凝视自己孩子的父亲。不过这并不是一幅简单的写实画,透过从窗户摄入的阳光,以及阳光聚照孩子的脸,伦勃朗让这幅画有了言外之意,贫穷和艰难退出了视野,破敝和简陋成了衬托,灿烂的希望崭露头角,在这个新生命的面前所有的东西都黯然失色。

罗兰·巴尔特揭示了今日神话的产生方式(见前面"西方美学""罗兰·巴尔特"一节中的"神话分析与大众文化的意义生产"内容),他指出,今日神话通过"意指作用"使得符号的原意即第一级符号意义隐没,而经由符号操作者的摆弄,其言外之意即第二级符号意义替代了原意显赫地出现在所指的位置上。艺术的言外之意也是通过与意指作用类似的过程产生。因此我们可以借用巴尔特的意指作用机制揭示艺术语言的这一意义产生方式。

2. 言外之意的形成过程

按罗兰·巴尔特的意指作用理论,存在着逐层递进的两个符号系统,其中,第一级符号系统的符号成为第二级符号系统中的能指。以陶渊明上述《饮酒》诗句"山气日夕佳,飞鸟相与还"为例,"山气日夕佳,飞鸟相与还"这十个音节构成第一级符号系统的能指,而"黄昏时分的鸟在群山背景下飞翔"构成其所指,这两者的结合即"山气日夕佳,飞鸟相与还"及其所指,构成了第一级符号系统的符号;但是,当我们理解此诗的深层含义,即言外之意的时候,第一级层次的符号就仅仅被用来当作能指,也就是当作另一层意义的容器,这时,"山气日夕佳,飞鸟相与还"的所指是"人融入自然的一种生存境界"。

这个第二级符号系统符号的形成,经过了"掏空"和"充实"两个步骤。

所谓掏空,就是将第一级符号的所指掏空。在上述例子里,就是将"黄昏时分的鸟在群山背景下飞翔"这个意思挖掉,因为对诗歌言外之意的期待会使读者将这十个字重新看待,让其原有的所指失效。这样,这十个字仍然存在,但它们的意思被取出,它们成了形式,成了空洞的音节和有待填充的容器。于是,迎来了第二个步骤——充实。

所谓充实,就是将新的所指充入这十个字(即第一级符号)之中。"山气日夕佳,飞鸟相与还"的所指成了"人融入自然的一种生存境界"。这个步骤靠作者和读者双方共同完成。作者要给出充分的语境,即上下文,暗示第二级符号的存在;读者则要自己去读出,也就是完成第二级符号意义的构造。

3. 言外之意的构成原则

言外之意的构成原则是若即若离。

若即若离指第一级符号的所指与第二级符号的所指之间的关系。

在成为第二级符号所指之前,第一级符号的所指首先被掏空。这个"掏空"不能被理解为彻底抛弃,而是引导人们的理解脱离原意,抛开原意。只有这样,新的意义才能被充入。但是,当新的意义充入的时候,它必须充分照顾第一级符号的原意,利用它,而不能彻底抛弃它。二级符号的意义之间形成若即若离的关系。

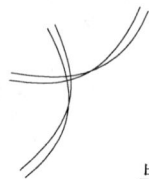

"山气日夕佳,飞鸟相与还"的第二级符号所指"人融入自然的一种生存境界"与第一级符号所指"黄昏时分的鸟在群山背景下飞翔"有很密切的关系。一方面,群山和飞鸟正是大自然的象征,而此描述中可以明显看到人沉醉于其中的态度。这是"即"的一面,这在第二级符号构成中很重要。言外之意必须与原意相关,是原意的可能的引伸。不能指望"刑天舞干戚,猛志固长在"(这是陶渊明的另一首诗的诗句)的描述产生"人融入自然的一种生存境界"的言外之意。另一方面,又必须在某种程度上离开原意,这样才能产生言外之意。这是"离"的一面。群山和飞鸟并不就是自然,它们之间并不能划等号,可是它们之间的亲缘关系又使我们试图构成这样的关联。这里产生了罗兰·巴尔特所说的"夸张"或者"歪曲"的机制,群山和飞鸟被放大到"大自然"的概念,严格地说,这是一种歪曲,但是在神话或者艺术言外之意的构造中,人们乐意见到这种歪曲,并且视之为一种创造发明。这里,真正的创造性就体现在尽可能使原意和言外之意两者之间产生若即若离、既是又不是的关系。其中,离得越开,就越有创造性,当然前提是两者仍然有联系。

第四节 艺术语言意义的三层次

艺术语言的意义形成经过了从较小单位组织到较大单位的连续过程,它由从低到高依次形成的三个层次构成。在较低级的层次,我们理解其个别的和较小单位的意义,在较高层次,我们理解其较大单位的意义直至总体意义。

一、艺术语言意义的基础层

艺术语言意义的第一个层次是艺术得以存在的基础,它由诉诸人的感官的物质材料和操纵这些材料的技术两部分组成,前一部分是这个层次的客体方面,后一部分是主体方面。

1. 物质材料

艺术语言的物质材料是艺术符号的能指。前面已经讲过,艺术符号的能指不是纯任意的,它本身是形成意义的条件。

艺术是感觉的对象,它的前提条件就是必须具备作用于人感觉器官的物质材料(质料)。任何一个艺术品都是由一定的物质材料组成的。绘画中的颜色、画笔、亚麻布或纸;雕塑中的石块、青铜、现代合金材料;电影中的胶片、银幕;音乐中的乐器、歌喉等等,离开了这些物质材料,艺术便无法存在。这些材料构成艺术的物质基础。

物质材料在作品中起着媒介的作用,它作为中间环节,沟通主体和艺术品两方面,使两者得以交流。因此,物质材料本身也就具有两个特点。首先,作为直接诉诸主体感官的要素,它具备鲜明的感觉特点。根据这个特点,艺术家选用不同特性的材料来造成他所追求的感觉效果,例如水彩颜料、油画颜料和丙烯颜料,它们的质感是不同的。亚麻布和纸的视觉效果也不一样。音乐中,小提琴和钢琴的不同音色,是音乐家构思小提琴曲和钢琴曲的重要依据。当我们听到用电子合成器演奏贝多芬第九交响曲中的《欢乐颂》时,原作中的崇高风格就不见了,成了地道的流行音乐。当然,造成这种效果的原因很多,包括对作品节奏作了强化处理等,但这种乐器本身的音色也起了重要作用。

其次,作为作品构成的基本材料,物质媒介是完成艺术构思的内在因素。它已经不是青铜或石块,而是整个作品的一部分,它被消融在艺术构思之中,因而具有整体性特征。青铜和石块在没有进入艺术作品的时候,是一种自然物质,但在雕塑作品中,由于艺术家的构思,它们具有了某种意味,每一块石头经过了艺术家的改造,产生内在的功能和作用,它们合力把作品推往一个方向,这个方向就是艺术品所要显现的意义。没有游离于作品整体之外的物质,也就是说如果有一块质料没有被理解,那就没有很好地把握作品的全部意义。因此,艺术品中的物质已经不是自然状态的物质,它们被作品的意义所激活,从而成为一种有生命的物质。

古典艺术不很注意发掘质料本身的含义和作用。在一个古典艺术作品中,质料一般仅仅被当作完成作品构思的手段。现代诗歌中,声音常常成为构思的中心。现代雕塑作品有很多使用了新型的构成材料。例如塑料、不锈钢、铝合金等等。这些材料本身的性质经常是作品发掘的中心。铝合金的明快和单纯、不锈钢的坚硬,作品要显示的就是这些。在习惯于古典艺术的人看来,这些作品是抽象的、无主题的。其实这些被发掘的性质就是作品的主题。它们被发掘,因而它们就不再是其自身,而是具有了某种精神价值。此外,诸如激光等材料,在艺术中也很活跃,激光本身单色性好的特点,使得它比我们所能看到的任何其他光和色都更纯正。而追求单纯性是现代艺术比较普遍的一个倾向,例如国际式建筑一通到顶的单纯线条、流行音乐单纯明快的节奏等,激光的被重视同这种倾向是一致的。

2. 技术

技术是指操纵和加工物质材料的手段,它也是艺术初始层次的一部分,但它是主体方面的条件。它起的作用是给意义生产提供基础。

艺术概念的历史演变昭示了技术在艺术中的特别经历。在古代,艺术和技术是没有什么区别的,这两个概念是可以重合的,所有需要一定技术的工作都被看成艺术,艺术被看成就是技术。但是当阿贝·巴托提出"美的艺术"的概念以后,技术和艺术有了根本区别。艺术的根源是摹仿和审美,技术,特别是实用或机械的技术与摹仿及审美完全不相干。因此技术好像成了艺术的异己分子或对立面。

但是,真正改变了的实际上不是技术在艺术中的重要地位,以及技术在艺术意义基础层次中的不可或缺性;真正改变了的首先是"美的艺术"概念的出现,接着是"美的艺术"取代了艺术的概念,从而使大量过去意义上的艺术门类被排除到艺术以外,变成了技术门类,从而显示了艺术与技术的对立性。我们不能因某些被排除到"美的艺术"之外的人工活动种类(例如纺织、射箭)具有技术含量,就认为技术与艺术是无关的。纺织、射箭之所以被排除出"美的艺术",是因为这两种工作种类缺乏审美含量,而不是因为它们具有技术含量。涵盖在"美的艺术"之内的种类依然需要技术或技艺。

艺术中的技术在两个层次上施展。第一个层次是制作层次。绘画的绘制技术,音乐的演奏技术、把握高音演唱的技术,雕刻的篆刻技术,舞蹈的基本功,等等。这些技术要素是艺术的辅助要素。真正好的歌唱家并不只是能够唱出高音C,真正好的小提琴演奏家也不仅仅是会很难的指法、弓法,他们克服了歌唱中的技术难度,把它变成运用自如的要素消融在艺术的显现之中。第二个层次是构造层次,就是组合和构造材料以形成某种审美效果的能力。它需要大局面的想象力,这种想象力的基础是对材料及其组合原则,以及构造方案的可操作性的把握。毕加索的油画"梦"和"镜前少女",在人物的两个立面之间所作的拼合,就建立在画家对于不同维度几何面组合能力的基础上,这种能力是以画家杰出的空间想象力为前提的。这个层次上的技术直接就是艺术的支撑因素。

技术要素在艺术中往往是看不见的,但这就是基础的作用,因为如果没有它,艺术也就不存在了。

二、艺术语言意义的分节单位

艺术语言意义的第二个层次是节点层,节点是意义的较小单位,是符号的一个分节,它是艺术家根据艺术构思操纵物质材料而得到的基本语言单位。艺术家运用这些节点,去构成作品的整体。这些节点,在电影中表现为镜头、音响、视角、蒙太奇等,在诗歌中表现为意象、韵律,在小说中表现为情节、性格等,在音乐中是节奏和旋律,在绘画中是线条、形状、色彩。

节点是构思和物质材料融合的产物,因此它同时既具有感觉效果,又具有内在的含义,是艺术语言结构的基本构成单位。

不同的物质材料,为分节单位规定不同的物质基础,因而也就规定了它的感觉特性和存在形态。每门艺术都有其特殊的物质材料,艺术构思正是在这个基础上形成的。这种特殊构成的节点,再加上艺术惯例的作用,形成一种艺术和另一种艺术各不相同的语言。音乐是由一系列听觉材料组成的,诉诸人的听觉感受,因而音乐的分节单位必然与人的听觉方式相一致。因此,节奏、旋律等等,就成了音乐语言的基本构成单位,它包含了音乐特有的情思或意义。绘画的基本物质材料是视觉的,因此它要形成与人的视觉方式相一致的语言,它由线条、形状、色调等构成。这种音乐的、绘画的以及其他艺术的分节单位的特殊形态,使各门艺术从根本上区别开来,因此当我们欣赏音乐的时候,我们就在感受它的节奏、旋律,而在欣赏绘画的时候,就在把握它的线条、构图、色彩。

绘画用线条、形状、色彩说话,音乐则用节奏、旋律说话,不仅说话的方式不同,而且所说的话也不同。也就是说,它们各自包含的意义不同。

节点是艺术形式的基本单位。但一个艺术品的节点层次又是复杂多样的。从不同的角度,分解为不同的节点。例如诗歌,从文字意义的角度,可以分解为不同的意象;而从文字声音角度,又可分解为韵、节奏等等。李贺诗《雁门太守行》:"黑云压城城欲摧,甲光向日金麟开。角声满天秋色里,塞上燕脂凝夜紫。半卷红旗临易水,霜重鼓寒声不起。报君黄金台上意,提携玉龙为君死。"其中黑云、甲光、秋色、紫、易水、寒等构成诗的意象层,这些意象是平行的,它们的逐个展开,构成了此诗萧飒、悲壮的悲剧性。另一方面,在声音上惯穿全诗的仄声韵,是作品艺术构思的一部分,而它作为音响符号与意象符号的交叉,形成作品立体的意义发生系统。

艺术的各门类之间有密切关系。一些在时空展开形式上相近的艺术之间更是如此。这种联系也表现在分节单位的互相渗透上。例如,在模仿性较强的时间艺术(电影、小说、戏剧等)中,情节和性格普遍存在,而节奏不仅在时间艺术中存在,即使在空间的造型艺术中也存在。绘画讲线条的节奏,建筑讲造型的节奏。但是,如果我们注意到每门艺术都有使它成为这门艺术而不是那门艺术的一些特殊分节单位,它们同这些似乎相同的节点互相交叉和影响,就会理解这些分节单位在每一门艺术中仍然是不同的。电影的情节是镜头、蒙太奇的情节,小说的情节是叙述性情节,而戏剧由于舞台的特殊条件,情节是间断的,跳跃性很大的,它集中于几个较大的冲突场面。至于节奏,在时间艺术和空间艺术中的区别更为明显。造成这种区别的根本原因还在于每门艺术整体的主题构成上,而要弄清这一点,我们必须进入艺术语言的第三层次。

三、艺术语言意义的主题层

分节单位为艺术提供基本的语言单位——词和句子。由词和句子排列组合而成的艺术的整体,即艺术总的结构构成,这就是艺术语言意义的第三层次——主题层,也是艺术语言的最高层次。

分节单位是艺术构思见诸于质料的产物,但对于作品整体来说,它们仍然是一种材料,不过是高度意念化了的材料,这些材料必须放在一个更大的构成,即总的结构构成中,才能发挥真正的作用。每个节点说出一层含义,结构构成则在无

数层含义之间建立联系,说出主题,结构构成就是主题所在。主题就是一个总调子,它贯穿在每个分节单位之中。当我们体验一个节点的时候,同时把握了它向主题骤合的轨道。它有明确的方向,所有分节单位都体现出这种方向性,因而主题是明确的。但是另一方面,主题又是由无数个独特的、具有不同情感信息的节点构成的,因而它在展开过程中不是循着单调的路线发展,而是一种多方向的辐射,这些不同的方向表达了主题的不同方面,因而主题又是丰富的。

艺术的结构构成,集中反映了艺术与非艺术的区别。在非艺术中,例如在自然现象或现实生活片断中,人们也能获得审美经验。但是这些现象并没有一种有组织的秩序,它们有时异常地生动,但却掺杂着许多杂质。因为没有人为着审美的目的组织过它们,它们是没有边界的,我们所看到的具有造型价值的一团云彩,也许和另一些没有什么审美价值的云团接合在一起。艺术作品尽管"言有尽而意无穷",尽管本身是一个丰富的世界,但在结构上它是有边界的。诗歌有始有终;绘画有画框;音乐有起点和终点;电影既有画面界限,又有起点和终点。它们是有限的整体,而构成这个有限的整体,正是主体——艺术家的功绩。艺术家通过材料和分节单位的发掘,不断明确作品的主题。为了突出这个主题,必须删削多余的部分,强化需要的部分;必须把所有材料结合为一个统一的秩序。在不论多么蔑视传统规则的艺术家的作品中,只要他想成功,就必须找到这个秩序。因而,我们所看到的任何艺术作品,一切都理想化了。小说中的人物性格再生动,再丰富,也是经过删改了的,这个性格展开的所有情节,都被精心编排在由理想指导的统一秩序之中,用现代画家塞尚的话来说,艺术的结构构成是一个"圆锥体",圆锥的锥尖是作品的焦点、主题。它是艺术理想所选取的视点,围绕这一点,所有其他单位有秩序地连贯地聚合起来。

第三章　艺术的分类

第一节　美学史上各种艺术分类法

艺术内部按其存在方式的不同区分为不同的类型。对艺术分类的了解有助于加深对艺术本身以及各种具体艺术的认识。

一、柏拉图和亚里士多德的艺术分类

柏拉图提到过的艺术类型有史诗（包括诵诗）、悲剧、喜剧、绘画等等。但是柏拉图在提及这些类别的时候，并没有明确的"艺术"概念。在古希腊，"艺术"一词更多的用于"技艺"的意思，柏拉图并没有表明在史诗（包括诵诗）、悲剧、喜剧、绘画等等之上存在着一个更大的统一类别，可以把它们涵盖进去。但是柏拉图仍然尝试过对所提及的艺术种类作出区分。例如在史诗里，他对出自灵感的诗及诵诗（见《伊安篇》）与出自摹仿的诗（见《理想国》等）作出区分，这种区分的标准涉及诗的各种源泉。又比如，柏拉图对绘画和摹仿性的诗作过比较（见《理想国》），得出它们是相似的结论。柏拉图的分类主要着眼于对他的摹仿理论的阐释。

与柏拉图不同，亚里士多德对艺术的分类是很有系统性的。他的概念是，所有艺术都是摹仿，但根据摹仿的媒介、对象和方式的不同，艺术可以分为悲剧、喜剧、史诗，绘画、雕塑，说唱表演，舞蹈、音乐，包括阿洛斯乐、竖琴乐、苏里克斯乐等（见他的《诗学》第一章）。亚里士多德的分类涵盖了当时几乎所有的艺术种类。这个分类有两点是极其突出的。第一，他提出了分类理论的根据，即根据媒介、对象和摹仿方式来分类，这也几乎是后代分类的基本标准。第二，他提及的几乎都是后代"美的艺术"中的种类，而"美的艺术"的提出是在亚里士多德以后两千两百年左右的事情。遗憾的是，他是在《诗学》里提到这个问题的，而《诗学》的主要目标是解决史诗、悲剧诗、喜剧诗的基本理论问题，对更大的艺术分类问题只是一笔带过，没有详细展开。

二、西塞罗的艺术分类

西塞罗（Marcus Tullius Cicero，前106—前43）是古罗马著名政治家、演说家、雄辩家、法学家和哲学家。

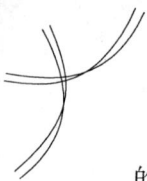

西塞罗的艺术分类法有两种。第一种是将艺术分为两类：领悟的东西和创造的东西。领悟的东西指科学，创造的东西指艺术。从这儿可以看出古代"艺术"一词的涵盖面极广。第二种是把艺术分为三类：多数的艺术，包括政治和军事艺术；中间的艺术，包括科学、诗、雄辩术等纯粹智力的艺术；少数的艺术，包括绘画、雕塑、音乐、演技、竞技等等。这两种分类，无论从合理性和清晰性上，都明显不如亚里士多德的分类。

三、昆体良的艺术分类

昆体良（Quintilian,35—95）是罗马时代的一位修辞学家。他的理论承继亚里士多德和西塞罗。

按昆体良，艺术可以分成三类：第一类是理论的艺术，例如天文学；第二类是行动的艺术，意思是有行动而无成果的艺术，例如舞蹈；第三类是产品的艺术，指可以由某种技能制作出作品的艺术，例如绘画、雕塑。很明显，这也是按亚里士多德提出的根据媒介、对象和方式的不同区分艺术的理论作出的，只是它留有广义艺术（把技术也算在艺术中）的强烈标记。

四、阿贝·巴托的艺术分类

这是历史上第一次提出"美的艺术"的概念，阿贝·巴托的艺术分类也是迄今为止影响最大、获得认可度最高的分类方法。详见"西方美学"中"阿贝·巴托"一节。

五、莱辛的艺术分类

莱辛（Gotthold Ephraim Lessing,1729—1781）著名的著作《拉奥孔》是对艺术进行分类的一种新的尝试。《拉奥孔》虽然是"论画与诗的界限"，但是他把"画"的概念也用在雕塑上面，实际上是造型艺术的范畴，而他的诗的概念也超出了诗歌范围。用他自己的话说："我用'画'这个词来指一般的造型艺术，我也无须否认，我用'诗'这个词也多少考虑到其他艺术，只要它们的摹仿是承续性的。"❶

莱辛首先确认了所有艺术的共同目标。他说，诗与画都是摹仿，都力图把不在我们眼前的东西表现为在我们眼前的东西，能产生逼真的幻觉。但摹仿并不是艺术的目标。所有艺术都以美的表现为目的，而每一种艺术达到美的途径是不同的。这主要是因为它们的表现方法和效果不同。

所以，莱辛对诗与画的区别建立在两者不同的显示方式和感官冲击力基础

---

❶ 莱辛：《拉奥孔》,朱光潜译,人民文学出版社 1979 年版,第 4 页。

上。他指出,雕塑(造型艺术)不宜表现太剧烈的扭曲,有两个原因。第一个原因,狰狞扭曲的表情是丑的;第二个原因,雕塑(造型艺术)是静态的视觉艺术,它只能表现瞬间的形象。就群雕《拉奥孔》而言,拉奥孔和他的两个孩子在被巨蟒缠绕将死的时候,脸部没有表现出垂死前的扭曲表情,而是比较宁静,就是为了避免丑的直接呈现;同时,作为静态的瞬间画面,这种比较宁静的表情可以达到一种"高潮前的瞬间"的审美效果,即给想象力留下余地,让人们想象将要发生的事情(死),但避免了将它直接表现在眼前。但是诗就不同了,在罗马诗人维吉尔表现同一题材的诗歌里,详细地描绘了拉奥孔临死前的哀号和挣扎。对于诗句,"读者是不会从视觉的观点来考虑它的"❶,诗句不会转化为直接的画面。诗的美表现在声音上,而这几句诗的声音非常铿锵响亮。另一方面,诗因为是"承续性"的艺术,即在时间中展开的艺术,它不描绘瞬间,而是描绘较长的过程,所以也不需要考虑"高潮前的瞬间"。

莱辛区分的其实是空间造型艺术与时间艺术。这也正是近代以来对艺术分类的主要着眼点之一。但是莱辛的分类原则(以材质和显现方式确定一种艺术的特质)是更加值得重视的,它既继承了亚里士多德以来艺术分类的重要遗产,又对现代主义艺术的理论和实践有直接的启发意义。

六、黑格尔的艺术分类

黑格尔对艺术的分类是根据他的哲学—美学理念作出的。他认为人类现实界是绝对精神外化的结果,并且将循着由具体到抽象、由物质到精神逐级向上发展,最后回归精神。而人类艺术的发展也是循着这一线索进行的。

黑格尔按照这个时间—历史线索对艺术进行分类。他认为,最先产生的第一种艺术类型是象征型艺术,由于对精神的认知还很朦胧,它的形式大而无当,只能起代表精神符号也就是象征的作用,其代表性种类是建筑(金字塔、印度神庙等等)。第二种类型是古典型艺术,精神与外形达到和谐统一,代表性种类是希腊雕塑。第三种类型是浪漫型艺术,也就是黑格尔当时的艺术,那也是艺术发展的最高阶段,这种艺术中精神超越了物质和形式,代表性种类是诗歌和音乐。浪漫型艺术之后,艺术将消亡,而被纯粹的思维形式——哲学所取代。

实际上,在希腊甚至更早的时代,诗歌和音乐已经存在了。为了应对这个疑问,黑格尔只是把象征型、古典型、浪漫型艺术作为三种类型,而在类型以下又设种类。黑格尔提及的艺术种类有五门:建筑、雕塑、绘画、音乐、诗歌。这些种类似乎不是时间性的,按黑格尔的思路,虽然诗歌、音乐很早就有,但是早期

---

❶ 莱辛:《拉奥孔》,朱光潜译,人民文学出版社 1979 年版,第 22 页。

的代表性艺术并不是它们;而且各种类的艺术在不同时期的特征是不同的,也都可以表现那时主导性艺术精神的,浪漫型艺术时期的建筑表现的是浪漫型艺术的精神。

总的看来,黑格尔的艺术分类完全围绕他的精神哲学,有不少牵强附会的东西。但是他的五种类艺术的分类方法,似乎是受到阿贝·巴托分类法的巨大影响。

第二节　现代常见的几种艺术分类方法

二十世纪以后,出现了一些新的艺术分类方法。

一、以时空存在方式对艺术分类

按艺术的时空存在方式,艺术被分为:

A. 时间艺术,包括音乐、文学。这两门艺术的存在方式都是时间性的。音乐始终是在时间中展开的乐音的连续,在这种流动的长线里完成主题和构思。文学则在语音的连续推进下展开描绘。它们的共同之处是顺着时间线进行。

B. 空间艺术,包括雕塑、绘画、建筑。空间艺术的特点是静态的,它们占据空间的点和面,拥有体积。

C. 时空综合艺术,包括戏剧、影视、舞蹈。戏剧需要在时间中展开情节,但是它的表演者需要占据空间位置。影视在这两点上与戏剧一样。舞蹈,不论是抽象表现性的还是情节性的,都既有时间性——动作的顺时展开,又有空间性——动作的空间造型。

二、以感受方式对艺术分类

以人的感受方式,可以把艺术分为:

A. 听觉艺术,包括音乐、诗歌、小说。它们主要诉诸人的听觉。

B. 视觉艺术,包括建筑、绘画、雕塑。它们主要诉诸人的视觉。

C. 视听综合艺术,包括戏剧、影视、舞蹈。它们既诉诸人的听觉,也诉诸人的视觉。

三、以表现方式对艺术分类

以表现方式来对艺术分类,艺术也被分为以下四种。

A. 造型艺术。它是通过塑造空间形象的方式来显示,包括建筑、绘画、雕塑。

B. 表演艺术。它是通过演员表演的方式来表现的。包括音乐、舞蹈。

C. 综合艺术。它综合了造型和表演两种表现方式,包括戏剧、影视,也有把舞蹈算作综合艺术的。

D. 语言艺术。以语言为表现媒介的艺术,包括小说、诗歌、散文等。

第三节　八种艺术

一、美学史上几种艺术分类方法的优劣

十九世纪以前美学史上关于艺术的分类理论有两点引人注目之处。

第一,它们中的一些与广义艺术概念有关,即把艺术与技术等同看待,例如西塞罗、昆体良的分类方法。而只要艺术和技术没有分开,那些分类都缺乏有效性,无法在后世得到认可。

第二,它们中对后世有重大影响的分类方法,是把艺术分类建立在媒介材料、存在方式和表现方式区别的基础上。例如亚里士多德、莱辛的分类方法。阿贝·巴托的方法实际上也包括了这样的分类原则。

二、现代分类的优劣

上述现代艺术分类方法的好处是充分考虑到艺术材质及其影响下的艺术存在方式等方面的作用,这些分类的简化作用也对理解艺术大有好处。

但是我们可以看到,不管如何分类,现代分类方法最后还得落实到建筑、绘画、雕塑、音乐、舞蹈、戏剧、影视这几个具体种类。这几种艺术是艺术的自然样态,现代的分类方法尽管原则性和概括性都很强,但似乎没有充分照顾到艺术的自然样态。

三、结论:美的艺术及其改进型

目前,最合理的艺术分类还是要回到阿贝·巴托的美的艺术分类法。这个分类法有三个主要的优点:

第一,有一个明确的关于艺术界限的观念。巴托的分类法首先把美的艺术从广义艺术中区分开来,并且给了它坚实的边界:美的艺术(也就是后来统称的"艺术")必须以审美为目的,同时是摹仿性的。其他分类要么把艺术与技术混为一谈,要么由于底线不清而随意接纳或遗漏应有的种类。

第二,在艺术内部的分类中,它保留了艺术的自然样态。自然样态的艺术名称,比如绘画、雕塑、音乐,不仅指出了它们的活动方法,也指出了它们的材质和存在方法,是通用名称,含义准确、流行。

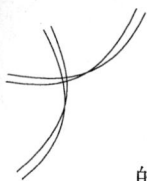

第三，以上两者的结合为新的艺术的进入准备了条件。只要纯以审美为目的，任何一种自然样态的活动形式都可以被接纳到艺术中来。这为艺术的未来发展准备了条件，它既可以扩展（如果有了新的艺术形式，或者对原有某些非艺术类型有了新的认知），也可以收缩（如果原有的某种艺术发生了性质的变化）。

所以，合理的艺术分类是沿用并且改进阿贝·巴托"美的艺术"的分类法。

据此，今天我们可以把艺术分为八种——雕塑、绘画、音乐、舞蹈、戏剧、文学、建筑、电影。

前四种是巴托"美的艺术"中原有的，后四种是改进和新添的。其中戏剧、文学，这两种原属于巴托"美的艺术"中的"诗"类，但现在被分开，因为戏剧有一般文学所没有的表演因素，而文学能涵盖"诗"所不能涵盖的后来盛行的非韵文小说和其他美文；建筑，巴托把它放入"居中的艺术"类，但是后人对此有新的认知，认为应当归入艺术；电影，这是巴托以后才产生的新的艺术类型，但它是纯以审美为目的的。有些类型有争议，例如电视，它的大量作品不是艺术性的，所以暂时不能放入艺术中。

以八种艺术为基础，艺术分类仍然可以借用现代分类中的各种概念，如时空艺术、造型艺术、表演艺术等等，对某几种艺术的共同特点加以说明。

第四章 艺术的发展
——古典主义、现代主义、后现代主义

艺术自身的历史发展是有关艺术美学的很重要的内容。我们在这儿提到的是比较重大的、涉及美学观念变化的那种发展。

艺术发展的第一个大的阶段——古典主义——的结束与阿贝·巴托的艺术分类有关。巴托对美的艺术内部的分类使人们意识到艺术是各不相同的。这开启了对各种艺术的界限的注意。在随后一百多年，这种意识促成了现代主义的产生。下面我们要把艺术的发展分成三个重大阶段给予介绍。这三个阶段——依次是古典主义、现代主义、后现代主义——拥有各自不同但又互相批判继承的美学观念。

第一节 古典主义艺术

我们把以描绘和写实的方法来追求美的理想的、兴盛于十九世纪以前的艺术统称为古典主义艺术。它的时间起始于远古，直至现代主义艺术出现以后，它也仍然存在，只是不再独占艺术舞台，并且随着现代主义的发展而不再盛行。

古典主义艺术是在现代主义艺术出现以后才显示出来的，相比较于现代主义艺术，它有如下特点：

一、写实、描绘的艺术

古典主义艺术是一种写实的艺术、描绘性的艺术。艺术总是向外的，把对外部世界事物和情感的描绘作为目标。

在古典主义艺术中，绘画、雕塑的造型都是对生活世界或者故事传说的表现。诗歌用来叙事，抒情诗描绘人的内心情感。戏剧表现故事情节和人物冲突。即使是音乐，也多是描绘性的。三段曲式的 A—B—A，回旋曲式、奏鸣曲式的更加复杂的主题群，都是通过以下方法实现的：对比性质的旋律，对一些与生活世界有关的东西，比如悲怆、热情、田园、优雅的、高贵的，男性阳刚的、女性阴柔的等等的描绘。古典主义艺术的众多杰作都是在写实和描绘方面取得重大成就的。不用说绘画和雕塑，在文学方面，从荷马史诗、希腊悲剧、但丁的《神曲》，一直到莎士比亚戏剧、托尔斯泰和陀思妥耶夫斯基的小说，在以描绘和写实见长上无一例外。在

音乐方面,则有贝多芬描绘命运挣扎的第五交响曲、描绘天堂的第九交响曲,莫扎特的丘比特交响曲,马勒的"大地"。

古典主义的艺术理想与写实和描绘联系在一起,它理解的艺术理想就是描绘一个美的世界。

二、自在的艺术

古典主义艺术是自在的艺术,它沉浸在对世界的描绘之中,并不对自身及其界限作反思。

亚里士多德提到,由于摹仿的媒介、对象和方式的不同,各门艺术是不同的。但是他同时又指出,这一切都是摹仿。不同被涵盖在一个大同的背景里。摹仿自然对象才是艺术的主调。亚里士多德给这个古典主义艺术定了调子。

因此,在古典主义阶段,各门艺术对自身能够做到什么,以及自身与其他艺术的差别,考虑很少。这导致在美学上对各门艺术等量齐观,以及不同艺术间的相互摹仿。如果绘画和诗都能够描绘世界,诗与画就会被看成是相同的艺术,诗中有画,画中有诗,它们的差别会被忽视。所以,出现了格林伯格所说的绘画摹仿文学的情节性(情节性被看成对象世界的客观性质,所以对世界的描绘应当反映这一点),绘画摹仿雕塑的三维性(三维性也被看成必须得到体现的物体的客观性质)等倾向。

三、风格流派变化很慢很少的艺术

艺术风格流派的发展主要靠美学观念的革新,对艺术自身的反思会加速产生新的艺术风格。

古典主义艺术在自在状态中前行,思考对象远多于反思自身,所以在风格流派上,相对于现代主义艺术变化很慢很少。埃及绘画历经数千年,但是埃及画家们的作画风格、技巧前后几乎没有变化。希腊、罗马以后的绘画即使有变化,其变化的程度也很小。对于普通观众而言,十六世纪荷兰画派和意大利威尼斯画派的区别是可以忽略不计的,而直到十九世纪安格尔的新古典主义绘画与上述两者的差别也是要细心体察才能分辨;但是安格尔的绘画与莫奈的印象派绘画可以说是天壤之别。在文学上,德国浪漫主义诗歌与英国浪漫主义诗歌的差别微乎其微,但它们与艾兹拉·庞德的意象派诗歌相去甚远。

第二节 现代主义艺术

一、现代主义艺术及其观感

现代主义艺术出现于十九世纪后半期,它以反思艺术界限为动力,表现为艺术形式的大规模革新,遍及所有艺术门类,导致艺术美学观念的革命。

对习惯于写实和描绘艺术的人来说,现代主义艺术是对原有艺术的彻底破坏。

在文学上,叙事文学的情节线条被破坏,人们不明白连接叙述的线条是什么;作品中充满了看不懂的内心描写(意识流),有的甚至连续数页没有标点符号断句。诗歌中,联想规律不起作用,词似乎并不用于描绘,因为通过它我们并不能看见什么;此外,音响和文字的排列被故意突出了。在绘画上,模仿性的形象被改变或破坏,人物、景物没有立体感了,回到原始绘画的平面化,有时是用几何图形表示物体,有些画里甚至根本没有形象,都是抽象图形;色彩规则改变了,不按模仿对象的逻辑着色,色彩不再被调和,随处可见本色平涂。在音乐上,三度、五度音程不再是支配性的,到处是不谐和音程;调性被破坏,半音作为基本的构成成分,创作出来的音乐没有任何基调,音乐的美消失了。雕塑雕人像不再按照人的三维形象,严重变形,甚至根本不雕人像。舞蹈抛弃了芭蕾舞或者古典舞的程式,变成自由的肢体动作,任何姿态皆可入舞。戏剧抛弃了情节,没有戏剧性和悬念,台词无厘头。建筑不再注重造型的风格和美,倒是很注重材料的特点。这些观感彻底改变了人们对艺术的观念。

二、现代主义与现代性

现代主义艺术的根源在于遍及全球的现代性进程。

1. 现代性的三个议题

现代性是人类社会一个大的历史进程,于十六世纪左右起始于欧洲,随后波及和扩展至全球,至今仍在运行。现代性造成了现代社会现象,从哲学思想、政治制度、经济运作,直到文化的各个角落。

概括地看,现代性有三个主要的议题,它们贯穿在政治、经济、文化、艺术各方面。

第一是人本主义。中世纪一千年,欧洲人思想中占主导地位的是神,以神为本位。文艺复兴通过科学和人文艺术的发展,使人们看到了自己的力量,脱离开上帝,人自己也行。日益高涨的自我觉醒,催生了人本主义或人道主义的基本思想。启蒙主义就是开启人对自己力量的蒙蔽。科学的发展,人的理性地位的提升、感性的受肯定,都是这一进程的组成部分。

第二是发展、进步和创新的理念。这涉及人类的方向及其判断标准。从前是以神为本位,人类的生活行为,其好坏善恶都有神的话语作为判断标准,人只需要回头看看圣经就可以了。现在脱离了神,自己走出来,去闯一条路,这条路的方向和判断标准也要由人定。人类对这条路走得好坏的判断标准是发展和进步。今

天与昨天相比是否进步了,发展了,有没有创新,就成为判断现代进程的主要标准。体现在经济上,就看经济数据是否上升了;体现在科学研究上,就看有没有新的发现;体现在政治上,就看有没有改进,以及支持率是否上升;体现在文化上,就看有没有创新。所有这些,数据是最有说服力的,因为数据的多寡是最直观的有关进步、发展的标志。

现代性第三个主要议题是划界和专业化。现代以前世界是统一的,神的世界并不分割,真善美在希腊哲学中是一致的。但是当人成为世界主人的时候,统一的世界就不是那么好把握,而且,如果不加区分,发展、进步、创新的原则就无法贯彻,也无从判断,因为经济数据的发展和议会政治的发展是不能等量齐观的。康德首先把人的认识分成三种:关于真的纯粹理性、关于善的实践理性、关于审美的判断力。他因而也把世界分为三个,因为在他看来,不是认识符合世界,而是世界符合认识,由这三种认识,将会产生三个相应的世界。这三个世界还可以再分,比如真的世界,可以分成科学的、技术的;科学可以再分为自然科学、社会科学,如此等等。划分的后果是,每一个领域都有自身适用的原则,每一种原则只能用于相应的范围,不能越界使用;每一个领域内的知识被大量生产出来;于是产生了专家,就是在某一领域里掌握专门知识的人,他们各管一处,是那里的权威。各种专家构成现代社会的精英集团,是现代社会的主导性力量。

2. 现代性的展开与现代主义艺术的产生

现代主义艺术产生于十九世纪末,而现代性进程从十六世纪就开始了。从十六世纪到十九世纪末,现代性对艺术的影响主要在其第一个即人本主义议题上。而且,由于没有大规模触及后两个议题,在人本主义议题方面,这三四百年主要涉及的是艺术的人本主义内容。比如文学描写人的情感生活,绘画把耶稣的形象画成普通人的形象,音乐从圣乐转向人的情感形式的描写,等等。这种艺术具有现代性,但其现代性不全面,不根本。

十九世纪末现代主义艺术的产生,是对现代性在艺术领域的全面展开,主要是在创新和专业化两个领域的展开,同时,在两者的带领下,现代主义艺术对人本主义议题有了进一步深入的开发。

三、现代主义艺术的催生因素

现代主义艺术是现代性在艺术领域发展的一个必然后果。但是,在现代性进程开始三四百年后才启动了现代主义艺术,这也有艺术自身的一些内外部原因。现代主义艺术的催生因素可以归结为:

第一,古典主义艺术的难以为继。以写实和描绘为特点的古典主义艺术发展到十九世纪中叶,已经达到顶点,在这种美学理想的限度内可以动用和开发的艺术资源已经耗尽。法国印象派绘画是现代主义艺术运动的发起点。在印象派绘画之前，最重要的法国画家安格尔的新古典主义绘画对人和物的刻画已经到了毫发毕现、丝丝入扣的境地，在写实的层面，画家已经没有什么事情可做。在文学上，巴尔扎克把古典的写实主义发挥到极致，经过莫泊桑、都德等人，到了左拉，文学进入自然主义轨道，冷静的、细腻的、不掺杂情感的描写耗尽了写实的潜力。艺术只有变革才能找到生路。

第二，摄影术的发明。十九世纪三十年代，摄影术出现。摄影术的发明从根本上打击了古典写实主义的美学理念。如果一个对象进入摄影，其任何细节都可以被清晰地再现，这的确像柏拉图和达·芬奇都提到过的映在镜子里的影像。如果艺术的目的在于写实，那么，有了照相机，以及后来进一步出现的摄影机，艺术就没有必要了。或者，艺术必须重新寻找出路。

四、现代主义艺术的特点

1. 突出每门艺术的媒介材料，而不是描写对象

现代性关注每个领域的界限，在界限内实施适合该领域性质的原则和方法，从而把每一个领域变成专业化的领域。

对界限的关注就是对自身局限性的关注，它势必涉及每一门艺术所使用的材料和媒介。实际上，某门艺术的局限性就建立在它所使用的媒介材料的基础上。

现代主义艺术把艺术的注意力从描写对象转向自身的界限，突出了每门艺术自身的媒介材料。

文学本来被认为是用语词来描写对象的，语词作为媒介材料，并不是重点。这种美学观使得描写对象占据了文学的中心，在诗歌方面，联想律因而成为创作和阅读的主要规律，通过联想，语词可以被奇妙地引导到它所述及的对象上。现代主义的象征派诗歌——以马拉美、瓦莱里、艾兹拉·庞德为代表——反对联想，突出语词本身的质量，突出语词的连接和排列布局，要把读者的注意力引导到诗的建筑材料——语言上来。马拉美指出，人们并不是用思想来写诗的，而是用词语来写的；艾兹拉·庞德则指出，诗歌不是人类情感的喷发器，而是人类情感的方程式。他们的创作致力于显示语词本身的意义，产生一个由词语本身构成的世界，来象征，而不是描写另一个世界。

塞尚的现代主义绘画理念通过两个概念得以表现——调节和实现。他认为艺术要描绘对象，但是艺术首先必须弄清它用什么描绘。绘画的描绘是在画布上，通过颜料进行的。这样，被描写的物体就要经过一个调节过程，即它的可以在画布上呈现的轮廓与颜料、画布、画笔之间的相互适应、接近的过程，最终使一个母题（即可描写的对象）在画面上得以实现。所以，在他的风景画中，色块不再作

为写实的手段附着于实际事物的色彩,一种色块被用来表现某一朝向的物体的立面,在各个物体相同的立面之间形成色块间的呼应;并且,一色块在与其他色块的邻接时遵循色彩自身的关系原则。毕加索在此基础上索性抛弃了对事物立体幻觉的依赖,而直接走向平面。他在立体主义阶段的绘画全都是由平面的几何形体组成的,物体的各个方向的立面被处理成在同一平面上铺开的几何体。毕加索据此承认了绘画的局限。绘画本质上就是一个平面,艺术家应该在这个局限下施展创造性。以后,康定斯基和蒙德里安的抽象表现主义试图找到绘画界限的最大公约数,他们认为,绘画语言可以省略为:线条——直线、曲线;色彩——三原色、三非色;形状——三角形、矩形、圆形。

现代主义对媒介材料的突出,不是更注重媒介材料对表现对象的重要性,而是,把媒介材料作为艺术构思的中心,从其中获得灵感。现代主义不在乎所表现的对象,画面中的人或马只是一个道具,借以表示画家在线条、色彩和形状方面发现的东西。有时候,为了阻止人们因关注对象而忽视了画家想要告诉人们的东西,现代主义艺术家们干脆只用抽象图形。这就是现代主义艺术之所以普遍使用抽象手段的原因。

2. 前卫与创新

与现代性发展、进步、创新的议题相适应,现代主义艺术从一开始就充满了创新的冲动。

现代派艺术家也被称为前卫或先锋艺术家。他们总是试图突破前人的规范和方法,以这种突破为成功的标尺。从十九世纪末开始,艺术的各种风格流派以前所未有的速度更替轮换,刚开始的前后期印象派绘画持续了几十年时间,后来的立体主义、表现主义,其兴盛期只有十几年,到后来的抽象表现主义,时间更短,而在二十世纪五十年代以后,艺术流派的转换愈来愈频繁,有的持续时间以周计算。就像哈贝马斯所说,创新和前卫是现代主义艺术的标志,所以,每一个认同现代主义的艺术家必然要拥有这个标志,这是一个"如假包换"的标志。

3. 突出主体的非理性层面

人本主义是现代性的标志。这种对人的突出意味着主体性的高涨。在十六世纪到十九世纪的艺术中,对主体性的表现主要体现在对作为理性、情感、意志统一体的人的表现。

现代主义艺术深化了人的主体性这个主题。借助于詹姆斯意识流理论、弗洛伊德心理分析理论和萨特的存在主义哲学,艺术将触角伸向人的非理性层面。

意识流理论相信人的意识是一股不停前行的流,它随时而变化,随遇而变化,并且受到下意识的影响,因此意识并不是理性的,清晰可控的,真实的意识流动充满了不可理解的东西。意识流小说因而就描写这种在常人看来颠三倒四、不合逻辑的主观念头的连续，为了让意识的流动表现得更真实，甚至取消了标点符号。这在普鲁斯特和福克纳的作品中都有表现。

弗洛伊德对现代主义艺术的影响也是巨大的，主要体现在电影和绘画上。在电影方面，希区柯克是主要的代表。在绘画上，超现实主义是主要代表。尤其是西班牙画家达利的画，经常有意识地把梦境带入画面。他的画面所安排的都是一些无法明确辨认的事物，把最不可能的东西放在一起：头上长角的人，飞在空中的坐椅，长翅膀的猫，在树枝上弯曲下垂的钟表，上面爬满蚂蚁，等等。

荒谬感是二十世纪艺术和哲学开发出来的人的一种现实生存感受。这是一种关于人的非理性处境的感受。理性主义允诺，现实的一切都是有理由的，但是卡夫卡在小说《变形记》、《城堡》、《审判》里发现，在制度化、理性化的社会里，个人成了可怜的牺牲品。荒诞派戏剧，贝克特的《等待戈多》告诉人们，理想成了限制人的行动，使人在无谓的等待中耗尽生命的罪魁；尤奈斯库的《秃头歌女》则展示了人们在机械呆板的生活程序中生活而导致的冷漠和隔阂的荒谬现实。

第三节　后现代主义艺术

二十世纪六十年代之后，出现了后现代主义艺术。

一、"后现代"的两层含义

"后现代主义"中的"后现代"有两层含义，两者既有区别又有联系。

1. 社会层面上的"后现代"

首先，从社会层面上看，"后现代"指后工业社会。随着传统工业社会（标准化机器大生产，以自然资源占有为基础的、由资本主控的经济模式）的终结，二十世纪七十年代开始出现了以电子传媒技术为基础的信息社会，也就是后工业社会。控制这个社会和时代的不是自然资源，也不是资本，而是具有理论知识与信息知识头脑的人才，传媒和信息将是这一社会权力的中心，决策过程将是一种智能科技过程，社会进入知识经济时代。而随着信息技术的发展，全球各区域之间的联系日益紧密，地球村的现实使得一切经济、政治问题成为全球化的问题。"后现代"也是指这种全球化现象。它深刻改变着单一民族国家的经济政治现实。

2. 文化层面上的"后现代"

文化层面上的后现代，即我们后面所讲的作为哲学、美学和艺术思潮的后现代主义。它与后工业社会以及全球化现象有着密切的联系，两者是互动的，互相影响的。

二、后现代主义思潮的诉求

作为哲学、美学和艺术思潮的后现代主义,是在某种程度上对于现代主义的反思、纠正和深化。其主要诉求是:

1. 反对划界,取消自主性

划界和自主性、专业性,是现代主义的最主要成果。但是后现代主义从理论上否定了严格划界的合法性,取消了自主性的基础。现代主义划界理论建立在把世界划分为三种认识对象的基础上,这是按照主客二分的认识论作出的一种假定。后现代主义是以语言论哲学为基础的,从语言和话语的层面看,并不存在一个可以划分的客观世界,只存在一个话语的世界。政治话语、经济话语、艺术话语的区别并不是话语对象的区别,而是话语规则的区别。同时,从话语层面看,政治、经济、艺术反而是互渗的、互惠的、同质的,后殖民主义话语不仅出现在文学中,也出现在教育、法律、政治体制、新闻报道,乃至日常语言中。新历史主义将历史文本与文学文本等同看待。跨文化、跨学科的视点创造出许多新型的学术成果。

2. 倡导大众化

现代主义的专家权威和精英文化策略,虽然提供了文化和艺术新的动力,推动了文化的自觉意识。但是它也使得思想文化和艺术远离大众。只有专家才懂的探索,造成了文化与大众的隔阂。启蒙和人本主义的目标是解放大众,现代主义的这一倾向有悖于现代性的人本主义宗旨。

后现代主义主张文化的大众化。在文化的商业操作模式下,通俗文化得到了流行。同时,借助于信息新技术,比如电视的普及、互联网络的建立,大众传媒在文化的构造中扮演了关键角色。社会上到处流行的是大众文化的产品和样式。后现代时期,精英文化不再盛行。

3. 质疑大写的"真理",强调差异

大写的"真理"就是普遍真理。现代主义开启了对普遍真理的怀疑,因为它反对越界,反对把某种只在某一领域有效的原则扩大到任何领域,因此具体的真理都是有限度的。但是现代主义并没有明确放弃普遍真理的理想,由于在很大的领域里也有相应的原则,比如康德的道德领域的原则,这原则被认为是在很大领域里普遍适用的。

后现代主义把现代主义的具体真理落实到最小的单位,强调这些单位间没有共同性,因此不能适用共同的原则,这样,实际上就取消了普遍真理的概念。取而代之的是差异的概念,"差异"成为后现代普遍适用的概念。因此,后现代主义反

对用一事物具有的特征去推证其他事物,强调每一个个体都是特殊的,差异必须得到尊重。诸如通过数据统计得出"单亲家庭的子女容易犯罪",或者"单亲家庭的子女容易罹患抑郁症"这样的判断,统统是普遍化的错误结论,因为每一个单亲家庭子女都是不同的,对于有的人,他百分之一百是不犯罪的。

取消大写的"真理",强调差异,是后现代主义对现代主义原有议题的深化。

4. 平面化,去深度

后现代主义是反形而上学的。形而上学相信在可见世界背后有看不见的深刻原则,它支配着可见世界。现代主义仍然相信深度原则,只不过它把事物背后的原则从更普遍化的真善美转到具体领域的界限。现代主义认为,划界有助于人们最终找到一事物的本质。

但是后现代主义在取消普遍真理的同时,也取消了对于本质和深度存在的信念。后现代主义不追究事物背后的东西,不挖掘深度,视整个世界和具体事物为平面的,所有事物的性质就是浮在表面的事物的体征本身。

5. 去中心,边缘化

现代主义以前,人们相信一个统一的、有序的世界,世界上的每一个事物都有其存在的理由,也有其合适的位置。有秩序就有中心,每一事物按照其在统一世界的地位而与其他事物发生关系,有的占据中心的位置,它是有特权的,其他事物围绕它而存在,并且起作用。这样,也形成了一个对中心的向往的心态,和向中心靠拢或争取成为中心的努力。

后现代主义不相信世界的统一性,认为差异是世界的原则。所以它也不相信中心主义的理念。它主张每一个个体都自成中心,实际上,也就是没有中心,大家都是边缘。比如在前现代和现代,政治被认为是整个社会生活的中心,成为政治领袖是一个人最大的成功。而后现代主义完全不认可这种价值观,认为每个人的资质、爱好不同,都可以在自身领域成为成功者,他与政治领袖、经济学家或者调酒师的价值是一样的,他们的区别只是职业的区别。这样,在使每一个人都成为中心的时候,后现代主义也使其他职业,包括政治家,成为了边缘。

6. 去主体性

一直到现代主义为止,主体性作为人本主义的主要标记受到张扬,在三四百年间得到多方面的发掘。

主体性也是一个中心化的概念。后现代主义去中心的同时,也对主体性加以质疑。福柯认为,一方面,主体是相对的,没有什么东西可以确保某些个体无条件的主体地位;另一方面,所谓主体首先要屈从于知识话语及其建构起来的机构和体制,只有先被体制化,才能成为体制中的主体,所以主体实际上只是话语、知识

的通道和功能因素。后现代主义不重视主体的因素,更重视话语及其构造物,认为,一种文化的真实面目取决于这种文化的构成因素。"投入"成为后现代主义的关键词之一,也就是说,人投入某种社会性构造,去成为其中的功能因素。

7. 质疑科学的权利

现代性赋予科学以至高无上的地位。划界实际上就是科学化。科学同时被认为是现代社会的主要动力,它就是真理。

后现代主义在怀疑普遍真理的同时就已经质疑了科学的至高无上性质。利奥塔在《后现代状况》一书中论证道,科学只不过是一种叙事,因此它并没有比史诗、戏剧多一点真理性,当然也没有少。对科学地位的挑战是后现代主义反权威主义倾向的表现。

三、后现代主义与现代主义

后现代主义与现代主义的关系可以从相反和相成两个方面来看。

1. 后现代主义对现代主义的纠正

从上述后现代主义诉求可以看出,它反对现代主义中的本质主义和形而上学基础。表现在:第一,对精细的划界和自主性不满,倡导消弭界限;第二,对精英主义不满,倡导大众化;第三,对形而上追求不满,主张平面化,去深度;第四,反对主体至上论。从这个意义上看,后现代主义是对现代主义的超越。

2. 后现代主义对现代主义的深化

后现代主义也继承和深化了现代主义的诸多议题。

首先,后现代主义对创新和发展这一现代性的主要内容不仅没有否定,反而变本加厉地施行,社会生活、经济政治乃至文化的发展更加迅速多变;第二,极端的专业化虽然受到批评,但是后现代主义仍然施行一种有限度的专业化,专家仍然是后现代社会的支柱,只是专家被要求能够触类旁通,有更多跨学科知识;第三,人本主义在一个新的前提下得到继续,这个新的前提就是大众化。

基于这些原因,当代德国哲学家哈贝马斯认为,所谓后现代只不过是现代的一个继续。美国思想家詹姆逊则认为,只存在一个单一的现代性,所谓后现代只是为现代所作的一个准备,最终的归宿只有现代性。

四、后现代主义艺术的特点

后现代主义哲学、美学思潮下产生的后现代主义艺术有如下特点:

1. 打破各种艺术的界限

后现代主义艺术的一个显著特点是打破了艺术的界限,一个艺术作品会涉及多种媒介材料,具有多种艺术属性。

西方从波普艺术开始了这种打破艺术界限的尝试。波普艺术主要代表人物沃霍尔的作品结合了摄影、丝网印刷、绘画等多种媒介;另一个波普艺术代表人物博伊于思在美术展览上把自己全身涂上蜂蜜,手里抱着一只死兔子,这样构成一个"活体雕塑"。行为艺术用身体或者动物的肢体动作作画,这个作画过程就是艺术作品。现在,在世界各地的美术双年展上,作品主体不是架上画作,也不是雕塑,而是装置作品(集合了实物、画、雕塑等等在内的作品)、影像作品(但不是电影、电视剧),以及行为艺术。因特网、多媒体也参与到了艺术之中。

在具体的艺术作品中,艺术家们不再恪守固定的风格,而是把各种不同时期、地域流行的艺术风格杂糅在一起,创作的口号是"怎么好怎么来"。后现代建筑把室内和室外加以结合,让天空进入建筑视野,成为建筑的有机组成部分,而不再分建筑内和建筑外;在建筑功能上,后现代作品甚至打破了房屋和街道的界限,对一个小的城区作综合设计,这在香港的沙田广场、又一城购物中心周围等,可以看得很清楚。

2. 大众化

后现代主义艺术的大众化体现在两个方面:

第一是充分利用大众传播媒介,制造完全不同于过去的艺术运作模式,以及艺术家和观众的概念。文学上了网络,博客让每个人都能够成为写家,发表作品,评论成为简短的回帖留言;歌唱进入大众传媒,就不再是歌唱家的天下,通过网络和电视,海选和PK,人们不只是在比歌唱艺术,更多的是在比长相、谈吐、气质,比的是人气。电影市场被更加大众化的电视剧、影碟机所取代。大众传播媒介改变了我们时代艺术的面目。这些都是后现代主义艺术美学所推动和乐见的。

第二是艺术作品的通俗化。后现代主义艺术避谈精英意识,主动在艺术理念上靠近大众。在商业运作模式的影响下,作品的收视率、印刷量、点击率成为判断其受欢迎程度的标准——成王败寇,追求这种商业成功也是后现代主义艺术的目标。这样,通俗化就成为它的基本手段:用口语化的语词、热闹的情节编排写作,用简单、强烈的节奏形式作曲,用夸张的、吸引人眼球的方式表演。

3. 游戏化、表面化、去深度、去本质

艺术不是实质性的,而是一种符号游戏,这一从现代主义开始的意识,到后现代主义艺术这儿到处发芽,开花,结果。

后现代主义艺术是一种不讲深度的艺术,它不以发掘事物背后隐藏的意义为己任,它恪守这样的美学原则:表现和所表现的相等,不多也不少。所以,它注意直接的效果,注意编排。比如在文学上,自从约瑟夫·海勒的《第二十二条军规》问世以后,语句编排呈示的幽默效果就成为很多作家艺术家争相尝试的东西。

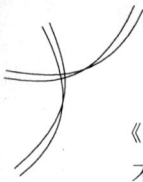

《第二十二条军规》中意大利妓院的老头说,那句豪言壮语应该是"宁可站着生,也不愿跪着死"。这一著名的文字游戏启发了后现代的去深度实践:这个新的词语编排产生了原有定式"宁可站着死,也不愿跪着生"所没有的意义,它很新鲜,很幽默,也很有道理,但它就是它自身,没有隐喻,没有暗含的其他意义。《大话西游》有相似的段子:"如果太平洋的水能够舀干就可以浇灭我对你的爱。但是,太平洋的水能够舀干吗?不能!所以注定我会爱你到永远。"

去深度,也就产生了对图像的极度利用,产生了被称为"读图时代"的社会文化特征。图像,特别是卡通图像,基本建立在横向展开的连续轴线上,引导观众行进到作品的结尾,而不向纵深方向思索。

4. 取消主体性

后现代主义艺术没有主体,作者不明确,也不重要。

"超女"节目的作者是谁?人们经过查询,可以找出它的策划者(可能还是一个团体)、电视导播、主持人、演员,但是真正的作者也许是中国移动公司或者某个广告公司吧?也许,这个节目的形式才是把所有人纳入其中的主体,它是决定性的,它决定了演员的成名、各个公司的收入、电视台的收视率。但它不是人。

按后现代主义理论,人不是话语(包括体制、机构)的主体,相反,是它的工具。所以,人设计的节目,作品,不能简单地说是他的创作,他用话语定式说话,其他人也一样。每个句子、设计,从某种意义上看都是他人的句子和设计的改进、变形,甚至重复。后现代主义艺术热衷于互文性,热衷于引用的文化。

现在,在网络上一些很红的写手甚至不用实名,这跟过去重视署名的情况完全不一样。艺术家不再把"我"看得最重要,"我"迷失在符号构成的世界里,变得渺小。这也是与自嘲有关的幽默感比较流行的原因。

五、后现代主义艺术批判

作为对现代主义艺术的一种校正,后现代主义在提醒人们更注重社会大众,以更加开放的姿态发掘人类想象力等方面是有贡献的。

但是后现代主义艺术引导人们不在乎深度,对艺术作表面游戏,这种倾向是相对主义和虚无主义恶果的表现。相对主义和虚无主义是西方形而上学的恶果,而绝对不是它的出路。可以说,西方形而上学的传统以相对主义和虚无主义的形式在后现代主义艺术上继续着,这对艺术的发展是有害的。

第五编

各门类艺术的美学问题

第一章 绘 画

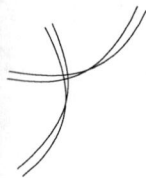

绘画是一种空间的视觉艺术,它利用平面造型与视觉打交道。与任何其他艺术一样,绘画也是在自身材料和语言的条件中实现其审美价值的。

第一节 绘画的前提条件

一、绘画的限定性条件

当画家作画时,他首先面临一些限定性条件。

1. 平面

任何绘画都是在一个平面——不论它是画布、石料或者木材——上操作的。画面上的立体感只不过是一种幻觉,是通过绘画技术实现的一种效果。画家只拥有一个平面,他要在这个平面上做文章。

2. 涂抹材料

在这个平面上所涂抹的是颜料,或者随便什么有视觉效果的东西。史前期人类在岩壁上作画,涂抹的是由有色石头磨成的粉末,加上有黏性的液体调和而成的颜料。达·芬奇时代人们用蛋清、桐油、矿石粉和植物性颜料;到了十九世纪末,有了成批生产的工业颜料;二十世纪下半期出现了化学合成的丙烯颜料。每一种颜料的不同视觉特点和操作特点就成了画家绘画的限定性条件。

3. 工具

绘画需要涂抹颜料的工具:画笔,刷子以及其他可以想到的手段。这些工具当然也成为了绘画的限定性条件,因为画家必须且只能使用这些东西。

4. 技术

绘画技术是发展的,但在每一历史阶段,画家只能在已有绘画技术限制下作画。他们必须在此技术条件下做出决断。

这也是我们理解绘画历史的基本条件。古埃及绘画的许多形式与他们拥有的技术限制相关,比如他们的人物画,千篇一律地把侧面的脸庞和正面的眼睛组合在一起,他们的脚也全都是侧面的,这些都与他们尚未掌握明暗对比的素描技术以及透视法有关,这两种技术可以解决物体视像的立体感问题。波提切利也是因为技术上的局限,而使《维纳斯的诞生》中维纳斯形象的肢体关系失衡。达·芬奇能够画出蒙娜丽莎神秘的微笑,得助于他渐隐法的发明和使用。印象派作品的光感,主要来自于他们发现的色彩分割法:画家们用补色关系和细小而鲜亮的笔触并置来塑造形象,造成光透亮的感觉。画家可以利用新技术的发明做到以前不可思议之事,但是所有的技术条件始终是绘画的限定性因素,因为,除了已经拥有的,他们没有别的办法。

二、绘画题材

绘画题材指绘画对象。绘画要画什么,这是绘画的前提条件之一。

绘画题材可以分成两类:具象的和抽象的。

1. 具象题材

有史以来最多的绘画题材是具象的。绘画是视觉艺术,视觉的对象首先是自然事物,具象题材顺理成章地成为画家的首选。

选择具象题材,画家马上面临的是解决物象与平面图像之间的关系问题,由画笔、颜料和技术完成的平面构图要与物象建立起对应关系。同时画家还面临了在画面内建立起一种图形之间的和谐平衡关系的任务。简单地说,具象题材的画既要解决绘画的真实性问题,又要解决画面的审美问题。

2. 抽象题材

抽象题材是以图形本身为绘画对象,而不在乎这图形与物象的对应、辨认关系。画家可以只画几何图形,由这些图形配以一定的色彩构成一幅画。抽象题材的画在古代就有,但是那时人们是偶尔为之。现代的抽象题材绘画是人们故意选择的一种风格,为的是攻击旧有的绘画审美观念,建立新的艺术美学,二十世纪的抽象表现主义是这方面的代表。

抽象题材的画要解决的是画面本身的审美问题,包括选择的理由和达到的效果。

第二节　绘画语言

一、什么是绘画语言

在绘画的限定性条件和题材之间,有一个中介的层次,那就是绘画语言。画笔、绘画平面、颜料和技术糅合在一起,能够产生哪些视觉要素,从而与物象建立

起一种可辨认的对应关系,同时对视觉产生冲击力和表现力?线条、形状、色彩就是这些要素,它们是可以通过画笔、绘画平面、颜料和技术产生出来的,又是具有视觉表现力,并且能够构成与物象的对应关系的,它们是绘画语言的主要组成部分。

二、线条

线条具有最丰富的二维(平面)空间表现力。不仅可以通过直线、横线、弧线以及它们的各种变种构成各种形状,提供三维空间感觉,而且线条本身就可以显示出韵律感和生气。

艺术家对于物态的领悟最终归为线条样态。古典油画中,放射线既规定了画面总体构图、各种物体的合理位置,也规定了各细部的准确构图。这是一种规定好的线条样态。但是古典大师们总是力图强调和发现物态的最有个性的线条样态,使画面充满生气而突破放射性的死板性。蒙娜丽莎的嘴角,耶稣和犹大的眼睛(乔托壁画《犹大的亲吻》),这些作品中,一种线条样态就强有力地捕捉到了形象的生气。瑞士的现代主义艺术巨匠克利的杰作《妇女》(作于 1935 年),用九根首尾相衔的线条,明白无误地显示了一位妇女的所有个性特征:她的飘动着的时髦衣裙,甚至飘带、高傲的脸庞(包括这张画侧面的和正面的不同动态)、上翘的嘴角、交叉于胸前的手臂等等。这幅杰作向人们显示了线条语言的丰富表现力,尤其是对动态的表现力。

线条也能有力地显示出艺术家的风格与才气。流畅潇洒的线条表明画家思想的明确性,简洁有力的线条显示画家巨大的才气,而从尖凸曲折的线条中可以窥见画家艺术探索的艰难。敦煌洞窟第二百四十九窟壁画刻划了一个狩猎场面,其中有一组动物形象。这些猪、羊、鹿、狼的线条十分简单,但画家显然抓住了它们的动态韵律,从而使不同处境的动物各各显示了特有的生气。但是我们从这简单和生动的线条语言中最强烈地感受到的,是画家无与伦比的造型才能,他的潇洒和通达的风格。毕加索也曾经用一根线条勾画了一头强有力的公牛。中国书法可以被当作线条语言的艺术,它之所以被作为一种艺术,就在于它能充分显示艺术家的个人气质、品格和才华。

三、形状

绘画是一种造型艺术,形状在绘画中承担着主要的造型功能。尽管形状的样式很多,但最终可以归结为圆形、三角形和方形几种基本样式。每一种特殊的圆或三角形表达一层意义,它们之间的对话和呼应构成总的画面。

画家的造型能力最终不仅体现在对线条语言的把握上,也体现在对形状语言的握上。线条和形状之间存在着互动的复杂关系。虽然某种线条可以单独被欣赏,但是在绘画中线条往往作为形状的边界线,它的落脚点在形状上,通过形状而被理解。勾线填色的画法一直把线条作为色彩的边缘,在画面上形成了以形状为单位的构图。在古典主义写实画上,我们往往只注意对画中形象的认识,但画家对实物的描绘最终是从细部开始的,而这些细部都是一个细小的形状。例如对于眼睛和嘴角的描绘,就是在发掘特殊三角形和圆形的含义。即使从作品最宏观的画面来看,其总的构图也构成一种形状语言。古典绘画中最常见的三角形构图,显示了这个时代人们普遍的审美爱好:稳定、平衡。

形状及其创造是绘画的本质方面。现代绘画突出地发展了这一方面。毕加索及其他立体主义画家用几何图形分解自然事物,并进行再组合,显现一种更本质的真相。在他们眼中,绘画中的自然事物都是由不同的三角形、方形、圆形组成的。抽象表现主义和构成主义则进一步抽去了形状与任何具体的自然事物的联系,因而引起人们极大的不习惯。但他们认为这才是绘画本质的东西。

四、色彩

色彩在绘画中始终受到最强烈的关注,因为色彩语言最具有情感表现力。在人的视觉因素中,色彩也是最敏感的一种,任何尚不懂语言的婴孩都对色彩有敏锐的反应。色彩最清楚地表达了画家的艺术理解力,它也是绘画中具有无限潜力的领域。

色彩在以下三方面具有无可争辩的表现力。首先,是显示物体的明暗关系。这一点在古典绘画中得到最充分的注意。物体的明暗是画家构图重点的体现,构图的中心边缘,突出与不突出的部分,以及物体透视关系,都可以通过明暗关系显示出来。同时物体之间的关系也通过明暗关系显示。这一切正是用色彩加以调节的。第二,色彩是描绘物体质感的主要方法。塞尚反对光线和主观情感对物体的"歪曲",认为这些都是瞬息万变的不稳定因素,应当显示物体质感的真实性和永恒性。而他的色彩调节在这儿起关键作用。第三,也是最重要的,色彩语言在揭示绘画艺术真实(包括情感和物态的真实)方面最敏感、最细腻、最清晰,具有无限的可能性。即使在现实中空间和时间的每一个点和面上,也找不出相同的色彩样态。在绘画中,每一色块的具体含义几乎是不可能重复的,而色彩的对比关系也无法穷尽。例如黄色,可以由于掺杂不同的调节色,而形成有着微妙区别的调子,认真地观看其中任何一种黄色调,都会使我们进入一个具有特殊情调的世界。即使黄本色平涂,也由于这与周围不同色彩的对比关系和过渡关系,而显示出无穷意味。

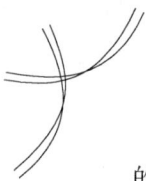

一种色彩的意义取决于它与周边色彩的关系,因此调和色和补色是绘画色彩的关键技术,也是画家训练的重点。

对于色彩的全面探索是晚近的事情。古典主义绘画所注重的是色彩在逼真地描绘自然物体方面的功能,这与当时绘画颜料的局限性有关。印象派绘画在人们对色彩的认识方面起了革命性的作用,使人们认识到,由于色彩语言的情感表现力,绘画的领域不再局限于自然事物的描绘。二十世纪几乎所有现代画派都对色彩语言做过专门的探索。色彩往往不再是物体的附庸,而是独立地出来说话。通过色块之间的对话与调节,一幅抽象表现主义作品的主题就确定了。野兽派最著名的代表马蒂斯所说的话,表达了大部分现代画家对色彩的看法:"用色彩面来构造,寻找最强有力的色彩效果——题材是无所谓的……从彩色面的全体里跳出了有力的语言。"❶

第三节　绘画过程

一、绘画艺术的目标

绘画的过程就是在绘画语言、画家意图和绘画题材之间反复适配的过程,这种反复适配的目标是构造一个建立在合理性、可信性、真实性基础上的平面图像的审美世界。

这个目标在抽象题材的作品中表现为线条、形状、色彩本身适配的合理性及其审美效果,即抽象图案的搭配及其与色彩的搭配是否合理,以及这种整体构造有没有体现出特定的审美效果。

在具象题材的作品中,绘画的目标就表现得比较复杂,除了线条、形状、色彩本身适配的合理性及其审美效果外,还要达到物象世界的真实性、可信性。

下面我们就来探讨绘画是如何处理这些关系以达到审美的目标的。

二、绘画过程需要处理的两个世界

1. 物象世界

具象题材的绘画,其形象与物象世界有对应性。在具象画里,物象世界被指及,图像因而要适配物象世界的逻辑。如果画的是人,他的各个器官、肢体等等都必须得到落实,也就是说,图像必须能够匹配这些肢体器官在现实中的样态及其相互关系。这样的人像具有真实性。

---

❶　马蒂斯论画,见《宗白华美学文学译文选》,宗白华译,北京大学出版社 1982 年版,第 241 页。

处理物象世界,使之真实可信,需要依赖绘画技术。在古埃及及更早的绘画中,由于我们今天可以明显感到的某些技术的缺乏,物体没有立体感,对物象的指称十分粗糙,各部分之间关系别扭。希腊的绘画拥有了明暗对比技术,物象的立体感得到了一定程度的表现,而到了文艺复兴以后,由于透视投影法的发现及解剖学在视觉艺术中的应用,对物象的指称达到了很高的程度。画得像真的一样,就是当时画家的一种目标。达·芬奇说绘画应该像一面镜子,照到什么就反映什么。对物象世界真实刻画的这种信心来自于技术的创新和发展。

与在文学中的情况相似,绘画的真实性也表现为可信性,只要符合逻辑,物象就可以被认为是真实的。达·芬奇的《丽达与鹅》巧妙地利用光影和侧视把丽达的脖子隐没于暗影之中,这样他就回避了美女颀长的脖子与肩膀之间衔接的难题。但是这并没有招致"不真实"的批评,因为从逻辑上,丽达的长脖子是可以隐没的。

2. 画面世界

所有的物象必须在画面世界中得到呈现。因此,物象必须有所改变。

首先,物象本身必须从平面的角度被指涉,成为平面图像。这在人类早期尚未掌握立体技术时的作品中表现得很明显。我们前面提到古埃及的人物画像都是侧面的脚、侧面的脸庞配正面的眼睛,因为在没有明暗对比和透视投影技术的情况下,对人物的每一个部位的表现首先要选择一个面,因为绘画是平面的,古埃及人之所以选择侧面的脚、侧面的脸庞配正面的眼睛,是因为这是这些部位最美的一面:脚的修长,脸庞的优美而复杂变化的线条,以及眼睛的大(侧面的眼睛占据的平面空间很小)。在有了立体技术以后,画家仍然面临选择一个面的问题,比如人物的正面、侧面甚至反面,只不过他的选择余地更大了,他可以选择正面的脸庞同时又表现出脸部的其他曲线。

其次,图像必须在一个平面上展开相互之间的排列,因为画面世界就是一个平面世界。这一点对物象世界的改变之大可以从达·芬奇《最后的晚餐》上几种表现出来。在《最后的晚餐》中,所有的人物,即耶稣和他的十二个门徒,都坐在餐桌的一边,另一边完全空缺,这实在不符合餐桌的就座习惯。另一方面,耶稣作为作品中最主要的人物,没有坐在现实生活中主人该坐的餐桌窄边的一头,而是坐在餐桌长边一侧的中间,这一侧本该是听众和配角坐的。但有趣的是,耶稣现在的位置对于绘画来说,正是画面的中心。画面世界与现实世界的中心是相反的,物象的展现应该服从画面世界的逻辑。至于画面中十三个人物都坐在餐桌的一边,这就使得所有人物的表情都能够被看清。如果按照现实世界的逻辑,我们就会看见至少六个人的后脑勺,而对于这幅画而言,后脑勺是没有任何功能的。

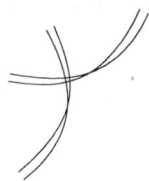

3. 审美秩序

具象题材的绘画过程必须兼顾物象和画面两个世界。兼顾物象,是为了取得对现实世界的对应性;兼顾画面,是为了使之在画面世界中实现。也就是说,物象必须平面化,在某种程度上抽象化。而抽象题材的绘画直接以画面的形状、线条和色彩出现。这是两者的区别。

但是这两种绘画都必须实现审美的目标。这是它们共同之处。画面的合理性和真实性能够保证一幅画不出错,却并不能保证一幅画具有审美价值。在画面真实与审美之间还存在着一种张力,画面真实必须进入审美秩序之中,这是绘画过程的最终目标。

真实和审美这两个部分在绘画过程中所处的地位是不同的。绘画不是为了反映一个原已存在的世界,或一个图像间合理编排的世界,绘画是为了建立一个理想的审美世界,好的世界。这个好的理想世界建立在真实性基础上,具有可以实现的盼望,真正的目标是一个理想的审美世界的提出。物象和画面世界的逻辑虽然重要,但它必须服从审美的逻辑。物象在画面构造的审美秩序中呈现自己,被感性地想象,这就是画物象的目的。秩序只有一种,那就是画面审美的秩序。《最后的晚餐》的每一个细部的安排都是合理的,符合画面真实的,但是我们只有理解它的以耶稣为中心、为焦点、为高点的构图及其在审美上的强大震撼力,才算理解了这幅画的真正价值。

人类对于前人作品的态度可以说明这一点。从写真技术上看,后人都是超过前人的。但是前人的作品并没有因而丧失价值,常见的情况是,前人的绘画作品更有价值。一幅现在看来技术过时的画,之所以能够不断地被后代欣赏,原因就在于它的审美价值,在于除去了技术的因素后,一幅画在追求审美理想方面所表现出来的力量,以及在构造一种图像的审美秩序方面所做的努力。在技术贫乏的时代,这种努力尤其可贵。

三、两种关系的处理原则

1. 平衡的原则

真实和审美的关系首先要符合平衡原则,达到既真又美,两个方面同时并进。

古埃及人物画的画家尽全力处理人体的真实与美的平衡关系。他们通过曲线及其所构成的形状表现了人体的各个部位,让观众能够辨认得出来;同时他们又通过对人体各部位最美侧面及其构图的表现达到了对审美效果的追求。他们做到了在当时条件下能够做到的最好的程度。在后人看来,他们绘画的真实性是不足的,但那是在有了新的技术的对照以后人们发现的不足。

达·芬奇的《丽达与鹅》在处理丽达的美体方面也令人信服地做到了真实与

美的平衡。丽达的身材有美丽的 S 形曲线,她的肩膀是美女特有的削肩,在左侧腰以下,达·芬奇发现了一个特殊的角度,能够看见一条不间断的弧线一直持续到膝盖处,为了突出这个发现,达·芬奇甚至专门用鹅的一个翅膀作全程陪衬;而对于自上而下身体各部位的不同扭转方向,达·芬奇处理得极其自然合理,丽达的双脚呈不同的摆放姿势,既不雷同呆板,又符合力学上的正确性。而对美女的颈项,他做了隐没的处理,这样,颈项的美仍然可以通过想象而获得。

既真实又美,这当然是最好的绘画效果。

2. 审美优先的原则

其次,如果不能兼顾两者的平衡,例如由于技术上的缺陷而不能达到最高程度的真实,或者由于题材的限制无法达到设想的审美效果,那就要实行优先的原则。在审美和真实之间,优先的当然是审美。

文艺复兴时期意大利画家波提切利的《维纳斯的诞生》是这方面最好的例子。这幅画的主题显然是女性人体的美。为了表现这一点,波提切利把女人体所有部位的美的特征都结合在了一起。他赋予维纳斯颀长的颈项,削肩,胸部到腰部以下优美的 S 形曲线,以及双脚交叉站立的站姿,被风吹起飘舞着的亚麻色长发(为此他画了风神以体现合理性)。但是这幅画在真实性上有明显的缺陷:由于颈项太长,它与削肩的关系无法融合,致使画面右边的胳膊与肩膀的连接很别扭;身体自上而下的扭转使得双脚的落脚点出现了力学上的合理性偏差,失去了重心。以波提切利已经掌握的技术,他可能无法兼顾美和真实两头。他可以做到让人体真实,但要付出美的代价,也就是无法将美女各部位的美都表现出来;他也可以坚持将这些所发现的美都表现出来,但要付出真实性的代价。波提切利无疑选择了后者。这使这幅画得以作为艺术杰作被创造出来,并留传后世。

第四节 绘画与观看

绘画是一种视觉艺术,因此这与人的观看活动有着天然的关系。绘画与观看是什么关系? 绘画中的观看有什么特点?

一、主动的观看

有两种不同性质的观看:被动的观看和主动的观看。当人在怠惰和消极的精神状态中,或在被盲目的欲望支配时,只能看到浮光掠影的和单一片面的图像,没有任何真正属于观看的因素被看到。他可能会说:"我看到一个人",但这可能只表明他看到了一个概念的"人",关于这个人他说不出任何东西。这种观看把视觉置于被动的位置。日常生活中的观看大部分情况下是被动的,它起的作用主要是

保护自身的安全。

　　绘画的观看是主动的观看。所谓主动观看就是观看时还有期待和询问的积极意图。无论画家在日常生活中如何地漫不经心,但当他作画时,必然是在寻找自己所看见的方面,并将这些方面构造成整个画面,这显现了他期待和所关注的东西。在这个过程中,眼睛已不是作为消极接受的感官起作用。看的行为发生于视觉主动去寻找和发现的冲动之后。安格尔的人物肖像画表明,他在整个绘画观看中期待看到一种更辉煌的优美,他对这种优美的理解是:更有诱惑力的肉感,具有更精确细腻质感的华丽衣裙和室内摆设,以及确定化的面部表情。同样是人物肖像,伦勃朗用笔草草,而旨在把握具有粗犷生气和微妙感情的面部神态。戈雅则竭力捉一种瞬间的动态效果,也不忘记在背景中寻找黑暗里闪着精灵般绿光的物体。这些作品说明,所有的视觉形象由于积极观看的介入,经过了精心的组织。

二、有创新的观看

　　现代主义绘画的每一种革新都曾经招来许多非议,其中大部分出于对绘画新形式的不习惯。事实上,这种反应同文艺复兴初期新兴的写实风格画引起的人们的惊讶是同一种性质。伟大的绘画艺术家都不会满足于仅仅看到事物的现状。看到事物的现状就等于什么也没有看到。所谓现状就是已有的习惯性的样子,它是通过某种已有的习惯的观看方式获得一种幻觉。这不是事物的真相。当你凝视眼前的窗户,搜寻真正的视觉因素时,会发现自己看到的和过去所有的关于窗户的印象或观念大不相同,你会看到一些真正令人吃惊的但与事物现状不同的东西。画家力求发现审美的真实,这种真实总是比现状更内在,更不易为人所见,这在画面中的溢露也总是把久已为人们习惯了的视觉现状冲击得无影无踪。文艺复兴时代,达·芬奇、米开朗琪罗等人对事物现状的突破,就在于发现了人体的真实素描关系,从而把不同运动状态中的人体比例,以及不为人知的人体各部分肌肉、骨骼的明暗层次清晰地展现出来;就在于通过透视和投影,宣告了关于物体关系的某种真相。而当这种观看方式经过几百年发展变成一种习惯性的现状时,现代绘画革命就来临了。因此,观看的主动性,企图通过创新看到事物真相的愿望,支撑着绘画的艺术世界。

三、通过绘画语言的观看

　　强调绘画中的观看,旨在说明这种观看与观看自然事物的方式是有区别的。绘画中的观看是通过绘画语言并期待发现新的视觉语言样式的观看。这种样式是真实的某种特殊审美符号。日常的观看把自然事物本身作为观看的目标。在日常生活中,我们对一位朋友的看法寓于这位朋友的音容笑貌中。但要画他,我们的看法就不是这样了。我们得透过绘画语言这种特殊样式去看他,去发现他的个性在绘画语言中引起的可视性因素。这首先就意味着我们必须平面地把握他,在平面上使用色彩及明暗,把他幻化为具有立体视觉效果的图像。这样,我们看他时的感觉就不同了。加上观看方式的创新,这就是在用一种新的视觉样式看他,使他的画面形象在审美效果上不同于已有过的作品。就这个意义说,绘画确是一种创造活动——创造一个未曾有过的审美视觉真相。

因此,如意大利 20 世纪美学家克罗齐所说,"要画像的那个人物站在画家面前,如像一个尚待发见的世界"❶。介入绘画语言后,被画的人体迅速化为一个待解的课题,他要在绘画语言中出现,这种观感完全不同于日常视觉中的那个人。

第五编　各门类艺术的美学问题

---

❶　克罗齐:《美学原理　美学纲要》,朱光潜译,外国文学出版社 1983 年版,第 17 页。

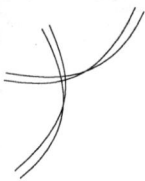

第二章　雕　塑

雕塑是另一种视觉艺术,是三维空间的造型艺术。

第一节　雕塑与自然物体

一、相似性

从某种意义上说,雕塑是最具仿真效果的艺术,它比绘画更像(或接近于)自然物体。如果说绘画是一面镜子(如同某些模仿论者所说的那样),那么雕塑就无异于将实物摆到观众面前。原因在于:绘画是二维的,而雕塑是三维的。

在绘画中我们之所以感到形象与实物相似,是因为画家用色彩和明暗关系的手法创造了一个三维空间的幻觉。观众面对画框的画布,首先想象那里面是一个三维的空间,然后把那些平面上用线条和色彩勾画出来的形状想象成人物、树木、空气或者房屋。在这样做的时候,画家和观众把实际上的二维平面幻想成了三维空间。绘画的中心课题就是这种视觉上的转换。所以冈布里奇将绘画作为一种幻觉艺术。

然而,雕塑本身就是三维的、立体的。它占据空间,和我们平时看到和接触到的任何实物一样。这就使我们更容易将一尊雕像同自然物体联系起来。应当指出,现在的某些城市雕塑,以现实或传说故事为题材,如白蛇娘娘的故事、水浒传的故事等,更加强了雕塑作品同自然物体、文学传说的联系,加强了雕塑的外指性。

雕塑与自然物体的相似性也出于另一个原因,即雕塑在传统上一向是表现人体为主要题材的。从古埃及的狮身人面像,到秦兵马俑,再到纽约港的自由女神像,雕塑的客体主要是人,不仅圆雕塑(即以一独立实体占据空间的雕像)如此,浮雕也是如此。虽然浮雕主要表现群像,但在这些群像中,主体往往是人。

人是观众最熟悉的客体,但观众最熟悉的方面不在人的体积构成,而在于其自然性质:人的肉体、外貌、衣饰、动作、面部表情等等。因此,一看到人体雕像,我们最容易从这些方面去看待它。有时,即使理性指导我们从另外的角度观察雕像,但一看到人体,看到身体、手、脚,特别是面部表情,我们总是去把它当作现实的人。

雕塑与自然物体的相似性表明,雕塑艺术的创作冲动和最早的根源来于自然事物,尤其是人,生动的现实能够被石料的块面、体积捕捉并表现,这促使艺术家去观察、研究和发现各种物体的可雕塑性。一直到今天,现代主义雕塑已经将自然物体的相像性减少到最低限度,但我们在布朗库西、贾科梅蒂、亨利·摩尔的作品中仍然到处可见到自然物体的影子。而一些纯抽象的几何形体组合,正由于其与建筑的相似性而令人担忧,遭到批评。

二、区别

但是雕塑毕竟区别于自然物体,这种区别是根本性的。

雕塑本身不是自然物体,因为它是为审美目的由人工制作出来的。在这一点上,它与任何艺术品一样有别于自然物。

雕塑也不是为再现和反映自然物而存在的,尽管它本身具有很强的仿真能力。这从下述几点可以看到。

1. 雕塑的抽象化进程

雕塑艺术的发展走着一条抽象化的道路,最早的希腊雕塑(人像)是涂颜料的。色彩帮助加强仿真效果,使人像看来像真人一样有容貌色彩及服饰色彩。但是很快,颜色就被从雕像上取消了。很显然,过度的仿真效果破坏了雕像的艺术表现力,使人们只把它们认作真人的复制品,这是真正的艺术家所不能接受的。所以,到希腊雕塑艺术的鼎盛时期,那些著名的雕刻家,如菲迪亚斯、米隆等人,他们的主要作品都取消了色。我们熟悉的这一时期作品,如米隆的《掷铁饼者》,以及《米洛岛的维纳斯》等,无不如此。现在,只有在蜡像馆和佛庙里,雕像才是着色的。但这些雕像都不是为审美的目的,而是为纪实和宗教目的创作的。雕像去除色彩,就是为了使雕塑艺术区别自然物体,而且告诉人们,即使有仿真的效果,雕塑也绝不是以仿真为目的和宗旨的。

雕塑的抽象化进程在近现代受到现代主义思潮推动,有加速的迹象。从十九世纪末二十世纪初的罗丹开始,艺术家们逐渐地从传统雕塑的目标——使人从美的身体形象中认出精神的东西——转向一个新的目标,即对精神内容的追求,并且摆脱肉体形象的束缚。人物雕像不再按公认的人体比例,肢体的自然形状加以雕塑,而是尽量虚化,突出的东西是内在的精神素质。从罗丹的为剧烈感情所虚化的人物形象(《巴尔扎克》、《欧米哀尔》、《思想者》),到莫迪良尼的变形人体,再到布朗库西的抽象化雕塑("布嘉尼小姐")的纯卵造型,"无尽柱"的抽象的构成,雕像从其形象上就在阻止人们向自然物的认同。

2. 雕塑的精神特质

从审美经验看,人们欣赏一座雕像也主要是为了欣赏其内在的表现性。最通常的评语就可反映一点。例如面对一具杰出的雕像,即使不大懂艺术的人也会说一句"这人物雕得真生动",而这"生动"就已是从其精神气质上,而不是外表外貌上来评价作品。这说明人们对一具雕像的看法同对真人的看法不一样。罗丹的《巴尔扎克》可能并不真的像巴尔扎克,但在这座雕像前,人们会为它精神上的震撼力所迷住,人们得到的是关于"巴尔扎克精神"的强烈印象。

第二节　雕塑显现什么

跟所有其他艺术一样,雕塑不是为了再现和(艺术家的自我)表现的目的而存在于世的。作为客体,它的存在是一种显现;作为活动,它的创作和欣赏是一个显现过程。那么,雕塑显现了什么?

一、马约尔雕塑的启发

我们引用法国美术评论家德尼·谢瓦利埃《马约尔》一书(出版于 1970 年)中的几段话来说明这个问题。马约尔是二十世纪屈指可数的几位伟大雕塑艺术家之一。他是从罗丹过渡到亨利·摩尔这个巨大转变进程中的一个关键性人物。德尼·谢瓦利埃总结他的创作时说:"马约尔不注意个别事物,只关心一般的概念,甚至是主要的一般概念。他有通过不断地去芜存菁来阐明一般概念的力量。他的雕塑中,根本没有那种来自观察能力的分析精神。而是在他造型创作之前的一个阶段运用分析精神。当他用综合的方法塑造、雕琢的时候,他把没有被他淘汰掉的东西精炼、集中、压缩、凝聚成不可分离的新实体。"❶

"马约尔的作品总是那么平衡、安详、饱满。毫无疑问,这正是由于他接受了古代这种富有表现力的、得天独厚的,但也是十分朴素的艺术手段。轮廓的多样化可以使感情不受约束,但是,马约尔更喜欢的还是生动的、几何学的严格而又灵活的秩序。"❷

"这些雕像使我们充分地感到泰然、自信。任何引起造型方面疑虑的方向倾斜,面的不平衡、不稳定,都不会削弱精确的塑像比例的匀称。像的各个部分都是仔细斟酌过的,它们互相渗透,交错连接,最终在组成永恒作品的灵魂的那些东西之中,按照序列排在一起。令人惊讶的是,尽管马约尔的人像全部是裸露的,甚至

---

❶　德尼·谢瓦利埃:《马约尔》,吴葆璋译,见《世界美术》1980 年第 3 期。

❷　同上。

有一种连专门描写性爱的作品都没有涉及过的强烈的性感,但是,它们却显得十分纯洁……显而易见,他赋予性感的唯一的意义仍然是造型艺术方面的。造型艺术像是一块界碑,马约尔的视野从此始,到此止。"❶

二、雕塑显现的内容

上述分析表明,在马约尔的雕塑艺术中,至少显现了三个重要内容。其他雕塑作品,尤其是杰出的作品的内容,也莫不如此。因此,可以把马约尔看成是雕塑艺术方面的一个启发性范例。

这三个内容是:

1. 关于事物的真理

上引第一段话中,谢瓦利埃明确指出,马约尔关心的不是个别事物,而是一般概念,即一事物之所以如此的本质或真理。这听起来像是在谈论哲学而不是雕像,但事实是,我们所见到的马约尔的全部作品,都是人体(他给人体起了许多一般性的名字,如"地中海"、"大气"、"山岳"、"夜"等),它们是具象的。根本的问题在于,这些形象是通过他的综合能力,通过精炼、砍削、集中、压缩等抽象化方法塑造而成的。它们身上体现了事物一般所具有的内在真理。

二十世纪另一位伟大雕塑家摩尔也有类似经验。他说:"在雕塑上却不能直接利用对某一特定物体的记忆或观察,而是利用对自然形式的一般知识。"❷各种物体的一般性形状——例如某种长方体或椭圆形体——的受力和施力关系是亨利·摩尔关注的重点,它揭示的真理比起一个具体形状——例如树干、篮球——的施力受力状况更有启发性。

2. 情感

马约尔面对着一代大师罗丹。罗丹喜欢不平衡,喜欢大幅度的延伸和众多的侧面,表现出强烈的激情。马约尔不喜欢罗丹的方法,他选择了古希腊艺术中的平衡、安详、饱满(这从他的人像的那种略带夸张的壮实、丰厚以及自然舒展的一贯姿态中可见到)。但这并不意味着马约尔的作品没有情感表现,恰恰相反,安详、饱满和平衡,这些正是马约尔作品的情感意味。

3. 艺术的存在

取自平时观察的那些素材最终被综合到一个整体——雕塑作品中去了,这个

---

❶ 德尼·谢瓦利埃:《马约尔》,吴葆璋译,见《世界美术》1980 年第 3 期。

❷ 亨利·摩尔对赫伯特·里德的谈话。见赫伯特·里德:《现代艺术哲学》,朱伯雄、曹剑译,百花文艺出版社 1999 年版,第 207 页。

整体不是按实物的逻辑结合起来,而是按造型艺术的逻辑结合起来的:每个侧面的倾斜和不稳定聚合成整体的匀称,细节部分互相渗透、连接,按内在序列排在一起,共同组成了作品的永恒灵魂。没有任何细节可以不按艺术的内在要求出现。从上引第三段话来看,即使是性感,也是以艺术的方式出现的,因而"显得十分纯洁"。这表明,不论是来自被观察的世界的物象还是来自艺术家内心世界的情感,都已不同于一般意义上的形象和情感了。它们都已艺术化、纯洁化了。因此,从马约尔的雕像作品中,可以感受到,其中的一切都可以而且必须被归结为艺术。所以谢瓦利埃感叹道:"造型艺术像是一块界碑,马约尔的视野自此始,到此止。"人们可以谈论马约尔作品的性感、饱满、概念化,但是,这是一种雕塑的性感,雕塑的饱满,雕塑的概念化,作品首先显现了雕塑艺术的强大存在力量。

从这个意义上讲,马约尔和罗丹的作品引起不同的甚至是相反的感情,但这并不妨碍他们是同样伟大的艺术家。一个艺术家的标志并不取决于他拥有的感情有多强烈,而取决于这是不是一种艺术的(例如雕塑艺术的)感情。对性感具有敏感的人不止于艺术家,但一般的性感不属于艺术。谢瓦利埃在另一处分析道,马约尔仅仅用膝盖、臂部或脖项表现性感。这些部位,加上人体的抽象化,再结合铜雕材料的质感,使这种性感成为只能在造型艺术中存在的、阻断淫欲的、纯洁的审美对象。从中我们始终可以感受到艺术(包括它的目的、非功利性、规则、惯例等)的存在。

第三节　雕塑的审美特性

一、三维性

"三维性"也可称作"立体性",但这名称更能使人警觉。对于一个物体,人的视觉直接看到的是二维的面。但人的视觉处理中枢有一种潜能,即通过想象把握所见事物的厚度、延展度和实体的能力。物体的背面不能被直接看见,必须介入想象和估计。因此这是一种较为困难的视觉反应。除非必需,人们并不常用自己的这种立体反应能力,更不用说发展它了。而雕塑作为一种立体造型艺术,就是诉诸人的这种立体的视觉能力。说雕塑的"三维性",即是提醒人们,在通常的二维视觉外,还应注意事物的第三个维度。

亨利·摩尔对雕塑艺术的三维性作过通俗的描述:"欣赏雕塑依赖于对三维形式的反应能力。这也许就是为什么雕塑被认为是所有艺术中最难懂的一种艺术的原因;的确,它比那平面的,其形状只有两个维度的艺术要难懂。'形盲'比色盲要多得多。小孩学看东西,开始只能分辨二维形状,而不能分辨距离、深度。然后,出于个人安全和实际需要,他就必须(部分地依靠触觉)发展其粗略地判断三维距离的能力。但是在满足了实际需要以后,大多数人不再进一步发展这种能力了。尽管他们对平面形体的视觉能达到很精确的程度,但他们不再在智慧和感情上作出努力,以理解形体的完整的空间存在。

"而这是雕塑家必须做的,雕塑家必须持续努力,来思考和运用完整的空间形式。"❶

这段话道出了雕塑艺术的一个实质。人们观赏一幅绘画,也许是为了满足自己的视幻觉的要求,或是满足自己的色彩分辨和享受能力,但雕塑涉及的则是"形体的完整的空间存在"。它满足人的三维空间感受能力,而由于这能力在日常生活中发展得不完备,不充分,因而欣赏雕塑显得特别困难。但这同时说明,这方面的努力是必需的,值得的。

圆雕典型地体现了雕塑的三维性。一个人像在弯曲他的身体时,他的每一个侧面及背面都应在一个实体中被想象出来,不仅有其厚度,而且有其空间的伸展度。

也许人像太为人所熟悉,往往使人找不到更多的感觉,所以现代雕塑家往往采用变形,甚至抽象化形体,来提高陌生度,促进想象力。亨利·摩尔的许多"斜倚人体"就仅仅是有机形体的组合,很难从中认出人的形状来。但面对这样的作品,观众的三维视觉能力就被大大地调动起来了。人们从形体的各个边侧看到了不同实体之间的空间关系,并且理解它们在完整的(三维的)空间中的存在方式。

二、静态与动态

雕塑艺术中存在着显而易见的一对矛盾,即静态和动态的矛盾。

雕塑存在方式和媒介物都是静态的,即使某些先锋派作品中的运动型雕塑,也只作机械的运动。然而雕塑所要显现的意义却是动态的:当它是一尊人像时,意在产生活人的某种(生动的、传神的)效果,而不是模仿一个死人,这种动态还必须是有机生命的动态。

于是产生一个问题:怎样才能显示动态,静止的雕塑造型究竟应当捕捉有机体的哪一个瞬间才能显示动态? 德国十八世纪美学家莱辛在他的名著《拉奥孔》中提出,雕塑(例如《拉奥孔》雕像群)的美表现在,雕塑捕捉住了"高潮前的瞬间"。这里既有美的要求,也有动态的要求。《拉奥孔》雕像群表现了拉奥孔和他的两个儿子被巨蟒缠住临死前的挣扎。如果雕像表现他们痛苦表情的顶点,那就会从两方面破坏美:一是剧烈扭曲的面部表情(这肯定是丑的);二是人物因哀号而张开大口,会给作品带来一个大黑窟窿,这是雕像中最坏的效果。而抓住"高潮前的瞬

---

❶ Henry Moore:The Sculptor Speaks, from the Listener. 见《新概念英语》第四册,上海外语教育出版社 1985 年版,第 126 页。引用者对译文略有改动。

间",则既避开了丑的效果,同时产生生动的动态。因为这是一个进程往高潮进行中的一点,它可以给人留下想象的余地,即想象这一运动可能的前景。在这种想象中,雕像与可能的运动方向联系起来,产生动态效果。如果抓住高潮顶点,运动过程到了终点,反而静止不动了。

这个道理既适用于古罗马的《拉奥孔》雕像群,也适用于其他类似的古典作品,如米隆的《掷铁饼者》、米开朗琪罗的《被缚的奴隶》等。

当然,不同时期对动态的理解并不一样,所谓"高潮前的瞬间"强调的是雕塑的戏剧性效果,而现代雕塑家一般不追求戏剧性。它们追求较为恒久而抽象的效果。但是"以静写动"这个基本规律并没有变,他们的作品只是在另外的(较为抽象的)意义上实现"以静写动"罢了。布朗库西的《无尽柱》虽然是抽象的几何体积堆垒,但是它的"无穷无尽"的感觉效果,却正是通过自下而上渐行渐细的体积曲线向远处延伸过去的。如果我们的视觉不经历这一运动,作品不产生动态效果,作品的主旨就无法实现。

看来,在静态造型中追求动态效果,是雕塑效果艺术的主要审美特征之一。

三、力的表现性

任何实体都有一种凝聚力。据此,它把松散的物质元素结为一体,作为物体存在于空间。实体的空间存在的方式也富于力的表现性——它挤开一个空间,取得自身存在的权利;它本身也是一个引力中心,与周围实体和空间发生力的相互关系。

雕塑是一种三维实体的艺术,这使它自然而然地具有力的表现性。把握这一点,便能有力地把握一具雕塑作品的审美性质。

在古典主义模仿性雕像中,力的表现性是众多杰出作品表现的主题。所谓"高潮前的瞬间",其"高潮"往往是指力释放过程的顶点。因此,《掷铁饼者》卷曲的身体姿态,是他爆发力孕育的见证,充满了即将释放前的紧张和内聚性。《拉奥孔》群像则表现了垂死挣扎的痛苦力量,而米开朗琪罗则更加之以一根绳索,来表现《被缚的奴隶》体内向外冲击的争取自由的张力,与束缚它的外部绳索的挤压力进行搏斗。现代雕塑更自觉集中地倾向于对力的表现。

此外,雕像的构形也充满了力的喻示:体积的支点是否合理稳定,各部分的倚靠联系是否符合力学关系,等等。

雕塑的力的表现性集中体现在外部压力和内部张力之间的关系上,也就是说,一个实体(包括人像、物像)具有一种向外扩张的力,而它的外部空间又对它形成向内挤压的力,所谓的雕像,必须表现好这两种力之间的平衡,找到它们之间的临界点、平衡点。强有力的雕塑作品往往表现了内部张力的强大、不安,具有激动人心的效果,而又不致失控。软弱的失败作品则正好相反,要么张力不够,要么失去平衡。

德尼·谢瓦利埃说,马约尔的雕像"作品的各个面受到内部生命的向外推动,但又在扩展过程中,遇到想象中的束缚,正好处于向心力与离心力互相抵消的空间"。这儿所说的"向心力""离心力",就是指压力和张力。对这种力的表现性的向往,是很多现代雕塑家的自觉审美追求,本书前面介绍审美范畴"力"的时候所引用的亨利·摩尔的一段话表明,他已经用"力"取代了"美",作为雕塑艺术的主要审美目标。

第四节　雕塑语言

一、雕塑材质

雕塑材质在古典雕塑中并不具有艺术表现力,它只标志富裕、贫困,贵族宫殿气派,原始村民习气等价值。古希腊的菲迪亚斯用黄金、象牙和宝石雕刻《雅典娜处女像》,主要显示了奢侈辉煌的皇家气派,而原始部落的用泥塑也主要由于雕塑家无力得到更贵重的材料。它们与艺术表现力并无关系。

材质的表现力,主要是指它们与作品艺术构思的适应性。事实上,雕塑的材质是一种语言,而不只是原料。材料的选择运用产生了不可估量的艺术效果,它诉诸着某种内在的意义,随着现代雕塑的产生和发展,现代科学技术的进展,艺术家所能得到的雕塑材质极大地丰富起来了。不仅不锈钢、铝合金进入了雕塑领域,而且各种软体材料、充气材料也得到了广泛应和。对各种材质的选用,显然都与它们可能产生的艺术效果有关。

用粗重石块雕成的形体,看来要比金属铸成的更富于立体感、肉体感。光滑的金属,它的表面柔和地反射着光的闪耀;铜雕的光泽是暖和的、软性的,不锈钢的光泽则是冰冷的、无比坚硬的;粗糙的大理石,要比磨光的大理石更坚硬,更质朴,而磨光的大理石,却具有优美的富于表情的栩栩如生的血管脉络。砂石和陶制品,则缺乏木制品那样富于肉感和温暖的光泽。

为此,亨利·摩尔提出"石感"的概念:"它切合于材料;它有巨大的力量而无损于它的敏感性;在形的创新上它的花样繁多而孕育力强大。"❶这段话是他对约克郡教堂中十一世纪雕像的评论。"石感"主要指"切合于材料",由于这个原因,这些雕像力量巨大,花样繁多。可见,在摩尔看来,"切合于材料",对于雕像的艺术生命有着关键性的作用。

材料的表现力还体现于某些材料本身的形状,这对于根雕作品或石雕作品极为重要。许多根雕艺人都表示过,他们的很多创作冲动甚至来自于树根的自然形

第五编　各门类艺术的美学问题

---

❶　赫伯特·里德:《亨利·摩尔的生平及其作品研究》,见《世界美术》1982 年第 3 期。

状,这些形状令人惊讶,促成了构思。亨利·摩尔的一些木雕作品也充分利用了材料本身的组织结构:一个结节、一段弯曲等等。

二、块面

既然雕塑是一个三维实体,它就可以被看成由不同的块面组成的。块面是一个几何学概念,是抽象化的概念。雕像(人体)是自然物体,然而不论古典还是当代的雕塑艺术家都自觉地考虑到了作品的几何块面构成。这也可以被看成是雕塑艺术抽象化的佐证。

块面关系构成了作品的和谐,不同的块面关系准则反映了艺术家的不同审美追求。典型的菲迪亚斯人像雕塑由四个面组成——头、胸、腿、脚,其中自上而下每个间隔块面呈自然复归走向,因而很有节奏感。这样构成的人像也显示出一种平和,与古希腊"和谐"的审美理想是一致的。米开朗琪罗的雕像一般有两个大的块面:头和胸部是一块,其他躯干是另一块(没有少于两个大的块面的雕塑了。如果一个人像自上而下朝向一个面,既没有变化也没有扭曲,那它一定糟得没法看,像死人一样。实际上,日常生活中人体有可能全部朝向一面,而在艺术上这是不能接受的。可见艺术并不以生活为依据)。米开朗琪罗的雕像块面简洁,但更富于激情。两个块面往往意味着这是一种较剧烈的扭曲。当然,四个块面也并不算复杂,有些艺术家的作品有多得多的侧面。

罗丹说道:"我不是一个梦幻者,而是个数学家,我的雕塑之所以好就因为它是几何形的。"❶雕塑的几何块面表现性,由此可见一斑。

三、形状

形状语言在古典雕塑中是没有争议的,由于摹仿论的影响,雕塑的形状被看成是雕塑所摹仿的自然物体的形状。

随着现代艺术的发展,一些争议点出现了,我们就这些争论点来看雕塑语言的特点。

1. 几何的还是有机的

在这儿,"几何"的含义是针对形状而不是上文的块面而言的。

现代雕塑中有一种构成主义趋向,即把雕塑理解为不同几何形状的组合,有的艺术家干脆抛弃了对有机体形状的兴趣,转而雕塑纯几何形状。这就是雕塑中抽象化的极点。这种理论认为只有这样才算抓雕塑艺术的实质。

❶ 见赫伯特·里德:《现代艺术哲学》,朱伯雄、曹剑译,百花文艺出版社 1999 年版,第 200 页。

反对它的观点认为,人们的立体感受毕竟主要来自有机形体,有机形体的构成和样态是无限的,而且人们可以从中感到生命的力量,受到启发,而几何构成则没有这种力量,可供利用的形式有限。而且,纯抽象最可怕的后果是造成建筑化趋势,这就势必取消雕塑艺术的独立存在。

2. 自然的还是人为的

雕塑的形状具有明显的人为性。因为作品都会体现艺术家的创作意图,因此如果需要雕像抬起胳臂,那么即使找不到十分合理的方案,雕塑家也得让他抬起来。

亨利·摩尔特别强调形状的自然性,认为只有这样,才能显示事物固有的本质。他主张雕塑的外形应显示出该物固有的内部结构及其变化。他说:"我最感兴趣的是人的形象,但我已从诸如卵石、岩石、骨骼、树木、植物等自然对象的研究中发现了形式和韵律的基本原则。光滑的,由海水磨光了的卵石表示着缓慢的磨光方式,石头摩擦的方式和它的不对称原理。"❶卵石的例子生动地表明了他的看法,在自然力作用下所产生的物体形状最具有表现力,尽管它可能不符合我们所想到的形状。雕刻家永远应向自然学习。

3. 对称的还是非对称的

对称是对建筑形体的要求。然而由于雕塑的是三维实体,它要求结构上的平衡,这使人自然而然地想到对称性。

雕塑,当它是几何形体组合时,它的对称性要求会被特别明确地提出。但古今绝大部分成功的杰作表明,非对称性也许是雕塑形状语言的一个本质。自然形状是非对称的,有机形状也是非对称的,所以在上引亨利·摩尔的话里,他把非对称性称作"原理"。

布朗库西有一具十分著名的雕塑作品《吻》。这个用立方石柱加上一些简单的刻线构成的作品,似乎是在刻意追求对称性。然而不对称性仍然可以从作品中明显看出:代表男女人体头部的内容不同,双方的手是错开的,腿部也不对称。这雕像可以说是对称与不对称的统一。而由于不对称,才赋予了雕像以活力。

---

❶ 亨利·摩尔:《雕塑家的目的》,转引自朱狄《当代西方美学》,人民出版社 1984 年版,第 442 页。

第三章 建 筑

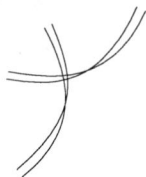

建筑也是一种视觉艺术,它是另一种通过空间造型来实现审美理想的艺术。

第一节 建筑的幻觉特征

一、建筑为什么是艺术

建筑从来就是一种实用品,它被用于居住、工作、贮藏、公共活动。人们也首先是为了使用才去设计建筑的。实用价值与审美价值向来被认为是相对立的两种价值,为实用而制造出来的建筑为什么又是艺术呢?

法国十八世纪美学家巴托在他的"美的艺术"体系里就排除了建筑,他认为建筑不具有任何模仿性,而艺术必须是对自然的模仿。但后来随着模仿论地位的动摇,建筑就被毫不犹豫地接纳到艺术中来了。只有人怀疑它的模仿性,没有人怀疑它的其他艺术特征。那么,使它成为艺术的究竟是什么呢?

是幻觉。

试想一下,如果我们进入一个居室,关上门,这样,我们就进入了一个与外部世界绝缘的不同的世界:有墙、天花板、门窗,可以挂上各式窗帘,镶上地板,装上吊灯,让灯发出柔和的光。我们就像进入了一个梦幻的世界,实际上,我们与外面肮脏、吵闹、尘土飞扬的大街只相隔一堵墙,这堵墙在某种程度上隔绝了我们同现实世界的联系。

任何艺术都具有幻觉特征,它使我们在看一幅画或一场电影时进入画与电影的世界(尽管实际上我们是在展览厅里或电影院里),从而促进了我们的想象力和创造力。建筑显然具有这种特征,因而被列入七大艺术之中。这使得我们在走进一所房子时在头脑中保持一种幻觉的激情,激发创造力和想象力,因为建筑的本质就是如此。

二、天圆地方:理想的世界

当原始人类走出洞穴后,要求建一所创造的房子。这时就马上得考虑房子应当建成什么样子的问题。如果世上从来没有过房子,那么这个"样子"是靠什么得出的呢？依靠想象。而这种想象显然包含了原始人类的宇宙观念和理想。把宇宙理解为怎样和根据这种理解决定我们应当生活在怎样一个内部空间中,这些东西铸就了房子的样子。因此,当房子落成,人居住时,就像居住在一个理想的世界里：所看见的和面对的,都是理想中的东西。

天圆地方。

圆是自然的本质,方是人为的理想。因此方圆自然就成了一切建筑要处理的基本形状和体量,例如中国古典建筑里的圆殿方台,古希腊柱式庙宇(圆柱方庙),哥特式建筑的方形底面和圆体穹隆,以及各种现代,特别是后现代作品的奇怪处理。除了基本体量上的特征外,建筑内部的各细部充满了方和圆的巧妙运用,根据不同的审美理想,达到两者间不同意义上的平衡。有些建筑运用三角形,但仍以方和圆为主,例如金字塔的基底还是方的。

方和圆的形状处理,加上建筑的外部装饰、内部色彩、墙面和天顶装修,地面处理,以及用具和设备的审美效果,形成了建筑的主要艺术特点。它是一个梦,一个幻觉,但又是实用的。人类需要这东西来陪伴他漫长的创造性的生命过程。

第二节　建筑语言

一、高度抽象化——建筑语言的特征

一般人不难看出,作为造型艺术,建筑是最抽象的艺术。它既不模仿自然形状,也不能借喻为任何社会、人生的意义。绘画、雕塑的造型概念一直是借助于自然物体的形状的,即使是发展到极端的抽象主义作品,也是对某种自然物的抽象或探索某种构成,这种构成体现了自然的普遍构造原则。但是在建筑中,自然物外形的概念基本上不起作用,而且自古而然。某些形状,如壳形屋顶、拱顶,主要是从力学角度加以利用的,而在建筑总体构造上,无法看出它与自然物的相似处。

因此,象征、比喻、模仿等其他艺术常用的概念,对于建筑是不适用的。作为艺术,建筑用特有的语言——高度抽象的几何空间语言——体现自己的文化特征,始终如一地作为独立的实体显示其存在价值。

建筑语言的基本要素是线条、立面、体量和内部空间。

二、线条

线条在建筑中是十分突出的要素。

建筑的线条没有什么比拟性和模仿性,而且不像雕塑和绘画那样复杂。它基

本上是垂直线、水平线和弧线的比较单纯的结合。但是线条的明确、生动和富于变化，是建筑艺术成功的标志，其特点也强烈显示了各时代、各民族不同的审美追求。古希腊庙宇建筑的线条质朴、生动，平面和各个立面的水平线同垂直线的有规则排布，同建筑整体及其功能结合在一起，并不单调，显得庄严宏伟。古典主义的建筑强调对称的轴线，南北和东西的线条展开要求互相平衡，有中心，体现了理性主义的艺术理想。盛行于西方文艺复兴的洛可可、巴洛克式建筑虽有不同的装饰风格和体量特征，但在对称轴线上基本相同。现代建筑在线条上明显有别于过去一切建筑。首先是线条脱离了它的平面性，而与体积结合在一起，弧形线不再是屋顶上或门洞上的平面弯曲，它是圆柱体或球体自身性质的一部分，在若干个体形单元的连接中展示线条的特征。其次是单纯化和明快性。二十世纪盛行的现代主义国际式建筑删繁就简，在线条上比以前的所有建筑都单纯。由于采用了新材料和新工艺，甚至连基座和上层建筑的区别都不复存在。一通到顶的垂直线和没有阻隔的水平线，很少用曲折和多变的线条。遭到恐怖袭击的纽约世界贸易中心大楼便是最典型的例子。当然也有一些变化。如著名华裔建筑家贝聿铭的波士顿人寿保险大厦，在侧面采用了三角形凹面，增加了线条的生动性，但这种变化仍然是单纯和明快的。这些特征与现代艺术总的追求是一致的。独树一帜的中国建筑始终体现着中国哲学的人格理想和宇宙观念，它使各种形状并蓄，融为一体，贯穿中和的精神实质。因此，在线条上充满变化，水平线、垂直线和各种走向的弧线天衣无缝地接合在整体中，建筑群（例如较复杂的方宅、四合院、宫殿群，甚至城市建筑）轴线稳定而不单调，匀称而不呆板。房屋上的上挑飞檐，屋薨到房檐之间瓦片的流线型辐射状排列，把生动性赋予稳重的实体，成为中国建筑的标志。

线条是流动的，它的单线性与时间的单维性是同质的，因此线条成为建筑艺术时间性的标志。对建筑物的观看总是循着它的线条向前进展的。一种复杂的多走向线条显示了一种复杂的时间模式，一种单向的垂直线和平行线显示了时间一泄无余的单纯性。而正是由于线条这个时间概念的介入，建筑有了它自己的节奏。随着一个立面的结束和另一个立面的开始，线条间断、折曲和重新进展，建筑体在纵向和横向上都展开了有规则的重复，从而显示了总体变化中的节奏性。

三、立面

如果说线条是建筑中的时间性概念的话，立面就是它的平面空间。

尽管大部分建筑立面的基本形状都是矩形的，但它仍可显示出丰富的变化。这种变化包括两方面，首先是立面的形状。总的立面形状可能是呈竖向的长方矩形，也可能是呈横向的长方形，或几种矩形的叠置，同时，在基本的矩形不变的情况下，顶部、底部或两端都可能出现圆形或三角形的变化。例如哥特式建筑，由底部的长方矩形加顶部的三角形构成。其次，在一个立面中嵌入很多窗、门或其他功能性孔洞，它们的形状与总的立面形状之间，有许多变化的可能性。这些都可以形成立面的或生动或呆板的形状。

立面语言更丰富的表现力还体现在立面之间的关系上。一座独立的建筑一般有四个以上的立面，较为复杂的建筑物可以有无数个立面。它们之间有一种转换关系，从一个立面过渡到另一个立面既不能丧失整体性，又不能毫无关系。那种只注重正面效果而不重视侧面和背面效果的建筑，显然是缺乏艺术性的。

一座建筑不仅体现了线条的连续发展，也是众多立面共同构成的整体。每一立面有它的功能适应性，因而它有它富于个性的表面特征。这儿有一个蒙太奇效果问题。蒙太奇的不同块面和段落之间没有主次之分，它是一种组合，通过组合使不同块面、段落发生冲突和互相渗透，从而由平面过渡到体积，产生新的质量和整体效果。电影正是从这意义上借用蒙太奇这个建筑概念的。

四、体量

由所有立面加上基底和顶面，形成建筑的体量效果。体量是这样的概念，它标志一座建筑的所有实体构成的整体外形效果，同时也体现或暗示着建筑的内部功能。体量最完整而充分地体现了艺术家的设计思想。

贝聿铭为法国罗浮宫设计的改建工程中，设在拿破仑庭院的玻璃金字塔是最引人注目的一座建筑。贝聿铭用金字塔的体量与罗浮宫古老而辉煌的建筑对话，其含义是多方面的。金字塔稳固的结构和所代表的古老历史，是罗浮宫在某种意义上的象征，通过这一点，两种时空距离遥远的文明在此相会。但是这座金字塔使用了最现代的建筑材料，这使它在体量上的现代特征强烈地显示出来。它是透明的，反射天空和四周的光芒，同时又不阻隔建筑之间的观瞻效果。它体现了聿铭的建筑思想：通过玻璃金字塔"见识我们这个时代的重要东西"。由于金字塔体量引人注目，它作为罗浮宫的入口处又是十分适宜的。同时它还暗示了内部所包含的一个神奇而巨大的世界——地下众多现代服务设施和通向展览厅的各个通道。所有这些都通过一个总的体量效果充分显示出来。

由此我们也可以理解各个时代各种风格建筑的体量含义。哥特式教堂的体量奇异怪诞，其力学设计有违于一般的建筑原则，极其尖细的穹顶具有一种不稳定的观感，显示了某种非现实性；其建造费用昂贵、不计代价，体现了那个时代人们对于天国的热烈的渴望。早期的现代国际式建筑由于极端强调实用，容积的概

念取代了体量的概念,在一个长方形盒子中,没有体量上的变化和丰富性,只表明它是一个容器。但即使如此,这种没有体量的体量,仍然充满意义,它既是明块简洁的标志,也是现代生活拥挤、重效率的反映。

五、内部空间

建筑与所有其他造型艺术不同之处还在于,除了外表体量、线条和立面几个维度外,还有一个内部空间的维度。这是一个很大很重要的因素,如果不考虑这个维度,关于建筑艺术的概念就是平面的和外在的。

雕塑主要是一个外部体积的视觉效果问题,它没有内部世界。因此在审美上,视线围绕一个中心投射,这是一个(对于观者而言的)外沿型的审美。建筑除了这种外沿型的审美外,还有一个内摄型审美的问题。在建筑物之中,墙面、天花板、地面包围着观者,通过以观者为轴心的向四周投射视线的方式,内部空间的整体效果收摄到观者的视野。外沿的和内摄的审美效果,不论它们有多大差异,必须在观者那儿形成统一的印象,这一点使建筑成为具有特殊复杂性的艺术,也使建筑独一无二的个性表露无遗。它表明用任何其他艺术的概念都无法解释或解决建筑艺术问题。例如,正因为有内部空间的牵制,建筑的外部体量就不同于雕塑的体积,体量上的任何改变都是与内部空间的改变互为前提的。它们互相体现,互相塑造。

内部空间也体现着某种时间性。尽管每个房间都是一个相对独立的空间,但在建筑整体中,它们不是封闭性的,通过房门楼梯和走廊,它们向外流动,从一个房间到另一个房间,从一种走向到另一种走向,从一个楼层到另一个楼层,把内部空间的各个单元及其功能完整地衔接起来。由于内部空间是人的活动空间,人的走动就在各个不同的空间之间建立起一个时间性的联系。

内部空间主要是功能的空间。因为说到底,建筑不是一件摆设品,也不是纯欣赏性艺术品,它是人们居住、生活、工作和社交活动的场所。适应于这些活动的功能塑造着它的内部空间,以及相应的外部体量、线条和立面。这就涉及建筑的另一个与众不同的本质,即建筑艺术与功能以及工艺的纠结。

第三节 艺术性 功能性 工艺性

一、功能与艺术结合的可能性

除了建筑,没有其他现代意义上的艺术具有实用的功能。从这个角度看,最抽象的建筑艺术似乎又不能算作纯粹意义上的艺术。经典的美学家,特别是自康德以来的美学家大都把非功利性、非实用性作为艺术和美的本质,这是众所周知的。建筑作为一种艺术,它以实用功能为基本前提,这就造成了两个问题:一是实用功能能否涵盖在艺术中?二是实用功能怎样成为艺术性的?

关于第一个问题,前面已经涉及,答案是清楚的。我们在古今中外杰出的建筑艺术作品中明显地感到,这些建筑作为居所、宫殿、宗教活动场所、办公场所、博物馆,都是意味深长的艺术品,它们的实用功能没有对想象力和幻觉特征形成障碍。问题在于这些功能如何成了艺术本身。

人类的功能概念具有无限多的层次和可能性。例如实用品,有粗陋的实用品,有精致的实用品;有勉强凑合的实用品,也有唯一如此的实用品。实用品并不都体现功能性,一个饭盒被偶然用于盛开水,它是实用的,但并不切合其功能。圆形茶杯更适合喝水的功能。但这种适合也是相对的。人们总是在发现更适合的茶杯。功能性概念处于无限的序列上,有待于人们无限地加以揭示。极其巧妙的功能性显示体现了匠心独运的艺术性。作为对无限的指向,它们都可以与审美融为一体。这样,当一种实用品在很深的层次上体现了功能的概念,就实现为艺术了。

对于一种具体的功能性建筑,例如住宅,怎样才算是符合功能的,其标准是没有止境的。二十世纪的住宅建筑,有的突出它与自然环境的融合(如 P. 约翰逊在康涅狄格州建造的玻璃住宅),有的突出立面以内的人造环境的自然性(如拥有花房、草坪和日光透射等内部空间的住宅),也有的就势利用外部环境(莱特在亚利桑那沙漠上的西塔里森住宅,以及他为霍夫曼建造在一瀑布上的住宅)。这些建筑在功能上都有独特的创造性,尽管其中任何一种都不可能代表人们对于居住功能的全面要求,但是无论如何,天才的艺术家那种不懈追求的精神,体现了他们关于功能无限性的理解,从而使他们的作品进入艺术的境界。

二、怎样结合

具体地看,功能性实现为艺术,取决于艺术家在对功能的深刻揭示所显现的艺术性。圆形是没有起点的,也没有终点,它无限循环,如果加上沿圆周螺旋上升的坡道,人们在这样一个室内空间里就可以在不经意中一直走完全程,到达顶层。这恰好适合于一个专门性主题的博物馆,这就是莱特设计的纽约古根海姆现代艺术博物馆。为了增加亲切感,莱特还用板块等距离地将坡道分割成无数小间,观众可以在里面观赏至多不超过三四幅绘画,而中空圆形的内部体量使观众一转身便可看到全博物馆的宏大场景。这就是对圆形的功能性揭示,它将对象物(圆)的可能性尽可能完善地显现出来,从而使人意识到自己的需要所在,并把人和对象物结合为一个显现结构(建筑物)。这样,艺术就在其中找

到了驻足之地。

因此，强调建筑的功能性，并没有排除艺术性，相反，它将艺术性结合到建筑的独特性之中。功能是建筑视野中不可回避的前景因素，不管人们是否承认，它都潜在于观者和艺术家的估计中。有史以来就是如此，只是到二十世纪，从包豪斯❶时期开始，人们才把这一点作为明确的意识提出来，并进行大量有意识的实践。这种实践打破了立在艺术与实用性之间的铁幕，对于寻求生活通向艺术，或艺术通向生活的途径，是一个启示。

三、工艺性与艺术性

与功能性相关的是工艺。工艺包括体现工艺水平的建筑材料和建筑技术。功能必须以工艺的可能性为前提。古根海姆博物馆的圆形体量是建立在现代钢筋水泥板块、混凝土和金属件的材料基础上，这是木石结构所做不到的。建筑在显现功能结构特性的同时，也显现新型材料的特性和新技术的特性。二十世纪的许多建筑概念是在新工艺基础上提出的，摩天大楼、高层建筑自不必说，全玻璃建筑、全封闭建筑（在立面上不开任何窗户，室内采光全靠人工电光源），也从不同的方面展示了现代工艺的特性。这样，建筑也提供了另一个范例：在展示工艺的同时展示艺术。展示工艺，这是其他艺术竭力要避免的，而对于建筑，这成为它独特性的一个体现。

如此看来，功能和与之相适应的工艺是建筑艺术的动机和主题之所在。围绕这个动机，建筑的内部空间、立面、体量和线条逐渐地发展起来，汇聚为用这些语言所表达的一个主题，一个关于功能的主题。它涉及功能的无限性方面，由此产生出丰富的想象性。它不同于绘画，因为绘画从某种自然物或某种色彩关系上获得动机，在画面上构造一个想象空间；也不同于雕塑，因为雕塑从某种动势或块面关系获得动机，构造一个想象的实体空间。它提供给人以居住、社交、工作、休闲活动的场所，而由于它所制造的幻觉以及它对功能及工艺的深刻理解，人们即使在最平凡的居家生活中也得以体会某种想象力。建筑因而成为这样一种文化：它既是人们生存的空间，也是人们观看的空间。人们进出其中，感受、吸收和确认一个时代和区域的文化氛围，并与之互动。

---

❶ 包豪斯是 1919—1933 年间存在于德国一所造型设计学校的名字。其创始人，德国现代主义设计家和建筑师格罗皮斯（后加入美国籍）倡导这样一种思想：建筑师、艺术家、手工艺人应该是一个统一体。建筑师、画家、雕塑家首先应该是一个手工艺人，从干中学，在技艺严谨的基础上发展出新型的美学思想。经过格罗皮斯及其继任者米斯（1930 年接任包豪斯校长）以及在包豪斯任教的众多艺术家的发扬光大，包豪斯成为一个学派、一种艺术理念的代名词。

第四节　力学与感觉

一、力学与力学感觉

建筑的搭建存在着力学的问题。每一座建筑,特别是现代的高层建筑和体量怪异的建筑,必须建立在可靠的力学基础上,具有稳固性。

建筑的力学概念不仅仅指由大量数据计算支持的建诸材料力学和结构力学基础上的工程力学,而且是指一种力学上的感觉。由于诉诸感性的直觉,这个概念更趋向于把建筑当作一门艺术,例如贝聿铭谈到罗浮宫的玻璃金字塔时说,金字塔结构是建筑上最稳定的结构。这就是对金字塔形体(正方形底基的锥体)的力学含义作了一种感觉上的描述。为了准确可靠,现代人在建筑上对每一种形状作出准确的测量,来保证力学上的稳固性。实际上这是可以靠某种判断力很强的直觉来肯定的。当然这是一种需要经过锤炼的直觉。

事实上,金字塔形体并非都很牢靠。古埃及的金字塔有不少失败的例子,其中有的就因为基底较大,高度太低而塌陷了。据现代考古学家描绘的复原图像,这种金字塔在感觉上就给人以极不稳定感:上层部分像一只沉重的盖子压下来,每一个斜面都呈向内弯曲状(尽管它们实际上是平直的),塔顶好像难以撑住而有下坠感。所谓的金字塔是最稳固的结构,是指保留下来的最成功的例子,如胡夫金字塔、哈夫拉金字塔。由于我们看到的一直是这些成功的作品,它们就建立起我们关于金字塔的概念。这种金字塔的比例关系和体量特征是经过长期摸索获得的,这不只是力学关系的摸索,也是直觉判断力的摸索。这些金字塔高耸而不飘动,稳定而不坠落,它的内部张力和外部压力达到巧妙的平衡。这种稳定的力学关系可以在视觉上获得确认。古人就是主要依靠这种感觉,加上一些简单的技术手段,来处理这种力学结构的。

二、前人的伟大创造

丹纳在《艺术哲学》中描述了古希腊建筑对数学力学关系的处理方式:"他们的建筑尺度是以柱子的直径决定柱子的高度,以高度决定款式,以款式决定础石和柱头,由此再决定柱间的距离和建筑物的总的布局。他们故意在形式上不遵守正确的数学关系,而迁就眼睛的要求:他们把一根柱子的三分之二加粗,加粗的曲线非常巧妙;在巴德农神庙上把一切水平线的中段向上提起,一切垂直线向中央倾斜。"❶该书

❶　丹纳:《艺术哲学》,傅雷译,人民文学出版社 1981 年版,第 272—273 页。

第五编　各门类艺术的美学问题

中文译者傅雷在这儿加了一个重要的注释,可以帮助我们理解丹纳的确切所指:"由于眼睛的错觉,凡数学关系绝对正确的几何形式往往给予人以不愉快的感觉。严格的圆锥形柱子,看起来中间部分特别细小,成行的列柱之间距离相等,全部柱子有向外离散之感;门楣上的大三角墙,中央部分有向下陷落之感。为了迁就人的视觉,希腊建筑家才改变建筑形式之间正确的数学关系,使肉眼看来更和谐。"丹纳接着写道:"他们不受呆板的对称的束缚;普罗比来斯(卫城的大门)的两翼并不相等;伊累克修斯神庙的两所祭堂,地基高低不同。他们把许多平面、角度,加以交叉、变化、屈曲,使建筑物的几何形体像生命一样的妩媚,多样,推陈出新,飘逸有致……他们把两个似乎不能并存的优点结合起来:极其朴素,同时又极其华丽。我们现代人的感觉达不到这个境界,他们的发明,我们只能逐渐体会到它完善的程度,而且只体会到一半……他们最美的神庙所以其美无比,是由于水平线的向上提起和垂直线的向外凸出,而这种细微莫辨的曲线还是一个现代英国建筑师量出来的。在他们面前,我们好像一个普通的听众面对一个天赋独厚,经过特别培养的音乐家。"❶

丹纳的这些话向我们提示,建筑的数学力学关系不仅依靠计算,更重要的是依靠眼睛的感觉,这是一种更可靠的判断方式,审美的判断方式。事实上我们看到,眼睛所作出的判断能够为数学和力学的计算所确证,两者并不是相悖的。丹纳指出,依靠那些弯曲的水平线、倾斜的和外凸的垂直线,希腊神庙保留了几千年,并且将继续保留下去。如果不是因为战火等人为破坏,保留下来的神庙数目还会更多。圆柱中段的向外凸出,不仅满足了眼睛的要求,而且在力学上也是一种更牢靠的结构。中国建筑鼓形石柱和作为建筑配件的鼓形石凳也是很好的例子。当然,鼓形石凳的设计并不是因为它要求承受的压力很大,只是因为这种形状给人以稳定感。但如果做压力测试,它也肯定比直线的圆柱更耐压。

三、科学与直觉的结合

科学手段是一种必要的佐证,它帮助确认和反思我们的眼睛直觉。问题在于,当我们有了自以为完美无缺的科学手段后,往往放弃了对于力学的直觉,结果使某些建筑看起来反而不可靠了,相对于古人的建筑好像缺少点什么。因此,重要的是在科学手段和直觉之间建立起一种一致关系,使之融会贯通,既不致因歪曲了的、不可靠的感觉而造成错误,又不致轻视直觉判断力。因为从根本上说,直觉是更正确、更内在、更合目的性的判断,通过它,建筑达到有生命力的美。

---

❶ 丹纳:《艺术哲学》,傅雷译,人民文学出版社 1981 年版,第 273 页。

第四章　文　学

文学是语言的艺术。从展开方式看,它是时间性的;而与其他时间艺术不同的是,它是叙述而不是表演,主要诉诸人的听觉,视觉(文字)是辅助性的。

第一节　语言与文学审美

一、文学审美的要件

从审美的角度看待文学,下列几个要件就必然凸显出来:

第一,感性。审美是感性的。文学作品必须表现出其感性特征来,它必须利用它能够利用的各种感性条件形成特有效果。

第二,意义。这是审美的第二个关键词。文学是利用感性要素所做的意义的游戏,如果不涉及意义层次,就根本谈不上审美。

第三,安排和构造。文学是语言的艺术。"艺术"一词的要义是精心巧妙的安排,文学就是通过对感性材料的精心巧妙的安排,达到意义的显现。

所以,文学的审美效应主要是从这些要件上体现的。

二、语言可贡献给审美的东西

文学的基本限制条件就是语言。它只能在语言中做审美的艺术游戏。那么,语言能够提供给审美的是哪些因素呢?

1. 感性因素

语言能够从两方面提供感性的因素。

第一,能指方面,它提供音响—形象。词有声音形式,这是文学审美可以加以利用的因素,尽管在其他使用语言的场合,例如科学论文、法律文件,是要设法避免词的声音形式的干扰的。

第二,所指方面,语言能够提供意指具体事物的具象名词甚至专用名词,并且能够通过词的组合使得词义具象化。语言中的具象化效应,加强了词与想象力的联系,使得人们(作者和读者)从感受性方面而不是抽象意义方面对待语言。

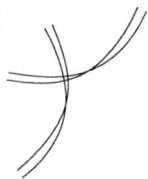

2．意义因素

无疑,语言天然地就是意义的符号。日常语言都是从具体意义方面被理解和看待的。语言产生意义的特殊性,就是它能够提供给文学审美的限定性条件。

首先,语词作为文学的建造材料在意义上的特殊性,即每个词本身就带有所指,有固定的意义。一个词对应一个或多个意义。这与其他艺术,例如绘画或者音乐颇为不同。绘画和音乐的材料——色块、乐音或旋律——并没有固定的、词典学上的意义,它们完全靠与周围要素互动而产生相对的意义。当文学作者使用词的时候,这个词已经有公认的词典学意义了,无论作者要做什么样的改动,都要把其词典学的意义考虑进去。

第二,词的意义方面——所指——所涉及的是概念而不是实物。一个词,比如"鱼",它的所指不是一条具体的鱼,而是"鱼"的类,即"鱼"的概念。相对于某些抽象词语,它是具象化的,但这并不意味着它意指一个实物,它意指的是文化层次上的意义,一种类,或者这种事物在文化层面上的意味。文学使用词,即使是使用具象化的词,其用意也不在实物,而是与实物有关的意义。

第三,语言是顺时展开、推进的,时间性是语言构造意义的基本条件,这意味着,文学创造意义不能停留在一词一义的对应上,而要以上下文的语境构造为重点。

三、文学产生意义的途径

文学是运用语言的感性要素所作的意义游戏。其感性要素围绕着意义运作,其目标直指意义。

文学产生意义的途径有三。

1．词义本身

词本身的所指就是意义。所以在提及一个词的同时,就有了意义的敏感。索绪尔把这种词与词义的对应关系称作联想关系,意思是当语音出现时,它指及一个不在场的东西,需要通过联想把两者联系起来。

语词的所指是概念,但是文学作为艺术是要诉诸感性的,所以文学作品要使许多词的词义尽可能朝具象化方向靠拢,以使想象力和感受性能够介入。具象化就成为文学话语的重要课题。

语词所指的概念如何具象化?主要靠词语的选择和组织。不同的话语在对语言的使用中形成了不同的指称的侧重点,例如科学的或哲学的话语,主要用它的抽象性以与其成果的普遍性相适应。具有抽象功能的指称,主要用于阐述思想、记载知识等。在语法的选择上,它多使用判断句式、推理性的句子结构;在词汇上,多选用概括性很强的抽象词语,如感情、理智、质量、重量、存在、意识、人、物等等。文学则设法从具象性上来用它。文学有许多种方法可以使指称具象化。例如,"耳朵"概括了所有的耳朵,"他"代表了所有相应的第三人称。但是把"他"和"耳朵"接连起来,就指出了一个特殊的具体的耳朵。文学通过描述,达到对事物的见证。更重要的是,文学言语营造了一种诗意的想象气氛。想象是文学指称具象化语用效果的关键。对场景的描述就指引着语言使用者,包括读者和作者,对被描绘的场景中的每一指涉物作具体想象。这既是创作和理解作品意义的前提,也是建构故事场面所必须。

具象化涉及感官感觉。文学通过语言的描述甚至可以指涉人的任何种类的感觉,也可以描写多种感觉的复合。这一直是文学感到骄傲的地方。达·芬奇曾经评论道,文学不如绘画,因为绘画是直接通过眼睛看的,文学则要经过头脑的转化,才能涉及形象。但是文学也有比绘画优越的地方,那就是它可以涉及任何感觉。杜甫诗《月夜》中描绘他妻子的月夜形象时,用"香雾云鬟湿,清辉玉臂寒"二句,是一个特别显著的例证。"香"是嗅觉,"湿"是湿度感,"玉"强调了质感,"寒"则指出了温度感觉,而"雾"、"云鬟"、"清辉"、"臂"主要诉诸视觉。这种描绘调动了人们对多种感觉的想象,从而造成强烈的具象化词义效果。

但是我们仍然要考虑达·芬奇轻视文学的理由(注意:仅仅是考虑他的理由而不是结论)。杜甫的这些词并不能直接传达触觉、视觉或者嗅觉,因为词的所指是不及物的。文学即使涉及了感觉,也是从意义上而不是实物上涉及的,它只能被想象而不能被看见、碰到、闻到。所以,"香"更多的是表达了一种评价,一种与诗人价值观有关的反应,而不是具体的嗅觉。这样,才有评论家对这两句诗反映了杜甫何种女性观的评论。

2. 语音

语言的能指是音响—形象。文学把声音作为独立的审美要素,利用声音达到意义的生成。

语音是一种敲响,它不仅把一种声音上的质感保留在我们头脑中,而且通过这种质感将音节所代表的意义也敲响了。

（1）谐音词

谐音词指两个以上发音相同或非常近似的词。发现谐音词是文学利用语音产生意义的主要途径之一。

中国古代诗歌对谐音词的利用极为丰富,著名的如刘禹锡的《竹枝词》:"杨柳青青江水平,闻郎江上唱歌声。东边日出西边雨,道是无晴却有晴。"这里面的"晴"谐"情"的音;又如古诗中"柳"谐"留"的音(柳咏"今宵酒醒何处,杨柳岸晓风

残月";王维"客舍青青柳色新"等等)。谐音是诗歌语言的特点,因为它在两个不同的词之间建立起一种对应性关系,从而引起两个词意义间的交流(关于诗的审美特征详见下节)。

谐音词在不同的语言里出现的几率是不同的,例如在拉丁语或者斯拉夫语系里,谐音词相对中文而言要少得多。这也造成中文在诗歌创作方面先天的优越条件。中文的同音词众多,谐音现象比比皆是,这使得使用中文的人对于谐音以及其造成的语义互渗特别敏感。中国是一个诗的国度,因为中文里充满了诗的条件——谐音词。

(2)音调

在汉语里,每个音节都有一个声调,总共是四个调。在拉丁语系的语言里,每个词都有一个重读音节,轻读音和重读音相区别。言语是一个流动的过程,要使这个过程生动,必须在它的展开过程中通过音节的特殊排列造成变化,避免单调和重复。而这种变化同样带来了意义效应。

汉语的声调体现了极为丰富的变化图式,声音的不同倾向回旋流转,充满音乐性。在古人那儿,四声被进一步简化为平仄。因此声调的格式基本上按抑扬顿挫的原则排列。拼音文字语言里的重读音节则是语音的响亮形式的有规则出现,它按音量上的强弱原则排列。这些抑扬顿挫和强弱在语义上也实现了强调和弱化的效果。

上述中西语文学的对比使我们看到,不同语言对音调的概念是不同的。西方人难以理解四声变化所带来的感性经验,因为他们语言中没有声调这个概念。因此每个民族都有自己语言诉诸声音的独特方式。

除了一般的音调规则外,逻辑上的重读音节起着更引人注目的作用,它敲响语言进行中不同段落的重心,而这个重心往往是在意义上明显凸现的词语上。

(3)韵脚

在文学中,语音变化必须与规则并存,才显示出艺术性和匠心独运。

韵脚是标志语音整体性的第一个标志。诗歌的押韵表明了语音上的一种重复。这种重复隔一行或几行出现一次,从声音上起到一种整体性作用。在这个韵脚范围内,语言涉及的世界是同一个,是互相联系的。

当然,韵脚的出现要有相当的间距,以保证语音运动的变化。如果在一首诗里每句都押韵,显然会单调,所以在规则和变化之间有一个微妙的尺度,离开这个尺度范围,太大了或者太小了都会破坏审美效果。

韵脚在一首诗中不断敲响同一种声音,这种声音的重复使读者对被重复的相似能指所代表的所指也十分敏感,这往往就形成了隐喻的效果,而隐喻是产生诗歌意义的特殊方法。

（4）韵律

押韵只是文学语音表现的一个简单方面，它的更复杂的表现则是韵律和节奏。

韵律是诗歌语言排列的格式，包括韵脚的位置、（汉语中）不同声调的位置、行列的组织等等。诗歌中这些因素组合在一起，形成一个有规则的语音图案。例如：西方的五步抑扬格诗、十四行诗等的音节图式，中国的七言律诗的平仄有规律的间隔以及粘对关系、各种词的语音图式。

我们举李清照词《一剪梅》为例：

红藕香残玉簟秋，
轻解罗裳，
独上兰舟。
云中谁寄锦书来，
雁字归时，
月满西楼。

花自飘零水自流，
一种相思，
两处闲愁。
此情无计可消除，
才下眉头，
却上心头。

这首词的韵律格式是固定的，包括韵脚的格式、平仄的规则，以及行列组织结构：规则的一长两短（七四四、七四四、七四四、七四四），这些都构成了一个总的语音排列图式。在这个图式中，规定好的形式位置为诗人强调和对比某些意义要素做了准备。它也为一定的节奏效果准备了条件。

沃尔夫冈·凯塞尔认为，必须区分韵律与节奏，虽然两者关系很紧密。他大致指出了这几点区别：韵律是基础，节奏是表现；韵律给出音响的图式，节奏去具体实现韵律；"韵律的图案是相同的，节奏是有差异的"❶。凯塞尔举例说明道："韵律的图案就像一块帷布在完成刺绣之后就看不见了，但是它曾经影响了方向、结构和绣线的粗细程度。"❷

---

❶❷　沃尔夫冈·凯塞尔：《语言的艺术作品》，陈铨译，上海译文出版社 1984 年版，第 315 页。

（5）节奏

节奏是同一语音现象的有规则的重现,例如同一声调排列的重现(《一剪梅》词调规则的一长两短,即"七四四、七四四、七四四、七四四",这种规则的重现本身就具有节奏性),同一音节或一组音节有规律的重现等等。因此一定的韵律图式可以帮助节奏的形成,它本身有时也是一种节奏形式。但是具体的节奏是在对韵律图式的应用中产生的。其中,语流的作用,所选词的性质及其组合,都会使应用同一种韵律的诗歌作品产生不同的节奏。

节奏是一种语音现象的有规则的重复,经过重复,被重复的部分就突出了、被强调了。但被强调的部分不仅是语音,也是它所负载的意义。当我们读李清照《一剪梅》时,不仅仅感觉到它的声音的抑扬顿挫和长短,也在把握这些声音所代表的形象及其运动等等,即语言的意义。这时我们就会发现,尽管每一组都是"七四四"的组合,尽管其中的平仄都是合规则的,但整首词的节奏效果并不平衡。这首词后两组"七四四"比前两组的节奏效果更为突出。第三组中"一种相思,两处闲愁",不仅行列组织和平仄一致,而且在词性上是对仗的。对仗也是重复,是词的意义范畴内的重复。这种重复所造成的内在节奏同语音的外在节奏一起,使节奏更为强烈地振荡起来。第四组不仅同第三组一样形成对仗,而且作者用"才下眉头,却上心头",描述一个运动过程,其中一"下"一"上"又形成一个运动的节奏。这些内在的、外在的、语音的、意义的因素合在一起所形成的节奏效果,比起前两组来,显然又有所加深。

3. 上下文(语境)

文学是语言展开而构成的作品。语言的构造产生了上下文,而上下文通过语言的横向接续和纵向对应两方面产生意义。

（1）上下文通过语言横轴产生的意义

语言的展开是横向接续的,语流靠词语的接续顺时推进下去。在这个横向轴线上有三种引人注目的产生意义的途径。

第一,换喻的想象。

换喻就是按接近原则安排词语,产生意义。换喻的想象就是对这些词语所涉及的世界的想象。语言的横向展开为换喻的想象力提供了施展的场所,这是文学审美的一大特色。

以当代以色列诗人耶胡达·阿米亥的一首短诗《有关和平幻景的附录》为例：

把刀剑打造成犁铧之后

不要停手,别停! 继续锤打

直到从犁铧中锻造出乐器

无论谁想重新发动战争
都必须先把乐器变回到犁铧

把刀剑打造成犁铧，这是人已尽知的消除战争的隐喻，但是诗人顺着犁铧往下想象，又把犁铧打造成乐器。这一步，迈向了新的天地，发展出"刀剑铸犁"所无法看见的境界。因为多走了这一步，战争离人类更远了。

在日常语言中，人们也常常做这种文学性的换喻游戏，例如"长江后浪推前浪，前浪死在沙滩上"，在这里，人们真正感到兴奋的是自己换喻想象力的成就。

第二，对可接续性的挑战。

语流的推进必须符合一个原则，即可接续性，它是建立在合理性和逻辑性基础上的。"在我的后园，可以看见墙外有两株树，一株是枣树，还有一株也是枣树。"（鲁迅《野草·秋夜》）鲁迅写下的这些词相互间是可接续的。首先它们的连接合乎语法：主语"树"，谓语"可以〈被〉看见"，壮语用介宾结构"在我的后园"和"〈在〉墙外"，是完整的句子结构。其次从语义上看，它们之间有可毗连性，即接得上，没有出现诸如"在我的鞋里有两株树"或者"可以听见两株树"这种不合逻辑的描绘。

不过"一株是枣树，还有一株也是枣树"这个描述引起了争议，它有时候被评论为"废话"，而且，从常理上看也不经济，比如说"两株都是枣树"就要简洁得多。这说明，可接续性的原则有两个条件，除了要避免不合逻辑的情况出现外，也要避免过于平庸的情况。这两种情况都是不正常的，但如果一切正常，它就不引人注目了，因而就不能成为产生新的意义的途径了。文学挑战这种正常的可接续性，抵达可接续性的边界，使之被注目，成为产生新的意义的途径。

其实鲁迅的"一株是枣树，还有一株也是枣树"是故意而为，他故意用貌似平庸的废话引起人们对这句话的注意，达到把人们的注意力引到他全文的关注中心"枣树"上来的目的（文学言语不是数学，在言语构造中，"一株是枣树，还有一株也是枣树"比"两株都是枣树"多出一个描述句。这就像观众在一幅画上看到两棵树时，头脑中很少会出现 2 这个数字概念，而更关注两者分别的描绘细节）。这是利用上下文邻接"平庸性"产生意义的例子。

文学也通过对上下文邻接的合理性加以挑战来产生新的意义。像"雷人"、"很男人"这样从未见过、也不合语法的组合，在今天的日常语言里产生了新鲜的文学性效果，就像王安石"春风又绿江南岸"罕见地把颜色形容词用作及物动词一样。更加极端的例子是杜甫的诗句"香稻啄余鹦鹉粒，碧梧栖老凤凰枝"，

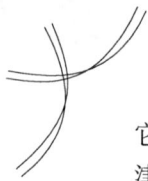

它的主语、谓语、定语的位置全部颠倒了，但是作为诗歌创造性的范例为人们津津乐道。这些描写看似只是对词语作了新的组合，实际上它们也产生了从未有过的新意义。"春风又绿江南岸"对春的势头的生动的描绘效果是不可替代的。

在这些组合里，邻接的合理性受到了挑战，新的尝试似乎要冲破可接续性原则。不过，所有成功的新尝试恰恰是在可接续性原则检验下最终被认可的，它们最终成为被广泛使用的正常组合。可接续性只不过借助这些冲击认清了自己的界限，扩展了自己的容量。

第三，话语相互间的影响。

上下文是一个语境，在特定语境中，一个词或者意义要素会受到该语境的影响，产生意想不到或故意造就的下文，从而出现新的意义，有些意义在其他语境中是不会产生的。

还是以上述耶胡达·阿米亥的诗为例。耶胡达·阿米亥通过把犁铧锻造成乐器，使人类离开战争更远了。因为这样一来，我们会发现，逆向的过程（从乐器到刀剑）就多了一个环节，因而多了一份难度；更重要的是，也多了一种可能性——当乐器变回犁铧时，没有人能够保证它一定会变回刀剑。如果人们已经长久未见刀剑，如果人们因为音乐的教化（想想孔子的礼乐理想）而根本想不到战争，如果在诗歌的可接续性上已经不再有"犁铧—刀剑"的连接，那么，当乐器变回犁铧时，人们就会说"犁铧，那很不错，就让我们用它耕地吧"。诗阻止了战争。但是后面的所有这些效果都是由上文的基本设定为基础的。刀剑铸犁的隐喻在诗的第一句被首先提到，人们才能确定乐器和刀剑的距离，否则，离开上下文，抽象地说，乐器未必离开刀剑很远，你可以直接把乐器铸成刀剑。正是确定的上下文使"无论谁想重新发动战争/都必须先把乐器变回到犁铧"这个想法得以成立。

（2）上下文通过语言纵轴产生的意义

文学的语言在纵轴（对应轴）上产生意义，大部分也是要靠上下文实现的。

第一，许多语音效果通过上下文才能凸显出来。比如韵脚，只有在语流展开后，通过相同位置上的语音的一再重复才能被辨认出来，也只有逐渐清晰的确认才能实现这些韵脚词之间的相互渲染。重复感是语音音响审美的主要途径，而它要靠上下文才能产生。

第二，悬念是通过上下文产生出来的。悬念就是文中较前提及的关键要素被悬置，答案或谜底被推迟揭开。在悬念中，记忆和期待的心理起着关键作用，它们分别保证了在悬疑被揭开的时候能够得到辨认和对悬疑的最终解开保持耐心。悬念的种子在文本前面就已经种下了，它所收获的则要等到下文的展开才能到来。

第三，主题通过上下文显现。高水平文学的主题是通过叙述的展开逐渐建立并加深的。主题有一些相关的要素，比如鲁迅《野草·秋夜》里的枣树，枣树虽然不是该文的主题本身，但是主题的相关要素。在下文中，我们知道了枣树的人格化含义——它与天空的对峙，它遍体鳞伤却决不低头的强硬性格，以及它既知道落叶的梦，也知道小粉红花的梦的大智慧。这些才是主题，但这是随着每一个描绘的展开而被得知的。被展开描绘的甚至有枣树的周边事物，比如小粉红花、天空、小青虫，对它们的描绘其实加强了枣树的人格隐喻，但是读者必须在一段阅读旅程中始终有主题的敏感，才能将这些要素与主题对应起来。

以上三种文学意义的产生途径，都与语言有关。语言的不及物性使文学为了审美效应而多采用具象化的词语，同时也使得文学的描绘无法以抵达实物为目标，而只能以显现与实物有关的意义为目标；文学的审美性使得它必须突出语言的音响要素，通过音响产生意义；文学也必须适应和利用语言的展开方式，通过上下文营造意义的氛围。在文学美学中，语言是基本的前提条件和界限，文学在语言中生存、施展和显现。

第二节　诗歌的审美

文学是一个大类，其中包括诗歌、散文、戏剧文学、叙事文学等较小的类别。这里面，诗歌和叙事文学是位于两极的两种主要文体，它们的审美和艺术特征有较大区别，而其他文类则位于两者之间。所以，我们主要分析诗歌与叙事文学的审美和艺术特征。先看诗歌。

一、诗歌艺术的审美特征

这里的诗歌指用韵文并使用一切与诗有关的方式（如对仗、隐喻、语音的有规则的重复效果）的语言作品。有些文类兼有诗歌与叙事文学两种特点，比如叙事诗，它的诗性适用本节的分析范围，而它的叙事性则适用下节"叙事文学的艺术"的分析范围。

1. 文学中的空间造型艺术

诗在文学中是一种更接近空间艺术的类别。诗通常篇幅比较短小，可以反复吟诵，可以头尾兼顾地看（读）；诗用词讲究，每一个字精雕细刻，而且采用具有特殊视觉效果的排列组合，类似雕塑或者绘画。

所以，诗的艺术特别要从空间布局、对应关系等方面来看。

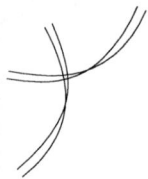

2. 诗歌艺术的总特征

任何文学都在纵向与横向、隐喻和换喻两根轴线上操作语言。但是诗歌特别着迷于隐喻和纵向轴,诗歌的特点就是,即使在进行换喻的时候,也用隐喻的方式构造句子的纵向对应关系。"长江后浪推前浪,前浪死在沙滩上"这两句的意思,如果用散文语言表述,是可以不管每句的音节多少的,特别是不需要考虑押韵。可是当它们被排列成七个音节一句,而且前后押韵时,就具有了诗的形式,就被赋予了某种诗性。

诗是隐喻的艺术。隐喻的条件是相似性,在喻词和喻体之间存在着某种相似性,依靠这种相似性幻觉,两个本来不相干的语义发生了联系。而由于相似性,两者具有了对应性,其中一者与另一者似乎是对等的,呼应的。诗的隐喻不仅是指用一种表述来对应一种不出场的意义,而且是指以任何形式构成语言组织的对应局面。诗搭建了语言的对应性游戏平台,语言进入诗歌,就要从对应的角度加以建构。押韵是对应,规则的音节排列(七言、五言等等)是对应,对仗是对应,平仄和音调关系是对应,节奏也是对应。诗歌用尽一切方法制造对应效果,通过对应性构造情感世界,产生意义。这是诗歌艺术的总的审美特征。

二、诗的隐喻艺术

1. 语义的隐喻

语义的隐喻就是在两个没有联系的事物概念之间建立起联系,使得喻体获得喻词的性质或特性。诗歌语言的一个重要特征是频繁使用隐喻表述,形成语义的隐喻。

"时间是个乞丐","麦蒂是软蛋",在这些表述中,时间、麦蒂享有了乞丐、软蛋这些与他们不相干的事物的性质。这些表述并不能出现在一个政府的政策文件、宪法法律条文中,也不能出现在一篇学术论文中。这些话一眼看上去就是诗,它们是诗句,这是无可争议的,因为它们用隐喻。"麦蒂是软蛋"也许不会出现在诗篇中,但仍然是日常语言中利用隐喻的诗性抒发情感的一个行为。语义的隐喻是诗的一个标志。

不过,诗性的隐喻并不是单向的,并不只是时间享有乞丐的性质,当时间是乞丐的时候,乞丐也分享了时间的一些语义,例如他总是纠缠你,很耐心地从你那儿挖走一些财富,就像时间坚持不断地消耗你的生命。也就是说,隐喻使得喻词与喻体互相分享对方的语义。因为语义的隐喻是一个隐喻表述,它有上下文。隐喻表述令语义出现了复杂而深厚的内涵。"问君能有几多愁,恰似一江春水向东流",这个句子所表达的就不是用"春水"或者"流"来比喻"愁"这么简单。"一江春水向东流"是一整个表述,它对应的是多重的意义:"江水"喻多,"春水"具有特殊情感色彩,"流"喻源源不断的势头,这些复合的内涵才是此联词句的喻义。同样,"晴空一鹤排云上,便引诗情到碧霄",隐喻也不停留在任何一个词上,"晴空一鹤排云上"整个是一个喻体,它包含了仙鹤及其飞翔姿态,它们在天空翱翔的壮观场景,它们飞行的方向性以及这种方向带来的高亢情绪。这些合起来就是要喻"诗情"。为此,诗歌艺术必须精通换喻,因为这一切是在上下文接续中产生的意义,从换喻中操作出隐喻,才是诗的隐喻出彩之处。

2. 语音的隐喻

隐喻是一种相似性游戏,用各种可以导致相似性出现的方法作意义交流。这样,相似也就成为了隐喻的标志,只要出现了某种形式的相似,就会具有隐喻的暗示。语音的相似就是这样进入诗的隐喻的。诗歌对于语音效果的特意安排,其中就包括了对相似音响的安排。这些相似的音响产生隐喻的效果。

语音的隐喻主要通过谐音现象产生。

谐音现象包括一切对相同和相近声音要素的突出和应用。

首先,谐音词的利用当然就是其中最明显的一种。在上节第三个问题"文学产生意义的途径"中的"谐音的应用"标题下,我们指出了文学利用谐音词产生意义的方法,当"晴"因为声音的接近性而引起了"情"的联想,这实际上就产生了隐喻。

其次,韵脚的应用也是形成语音隐喻的主要途径。许多诗人并不意识到这种隐喻效果,结果他们对作品中的韵脚加以处理时,仅仅指望它起到整体性提示的作用。但是一些优秀诗人匠心独运地处理韵脚,使之具备了明显的隐喻性。李清照的著名词作《声声慢》罕见地使用了入声韵脚,但是它们的遏制性发声在整个作品中加强了愁绪的烘托,从纯粹的声音形式上隐喻了压抑的情绪。

戴望舒的《雨巷》则使用了不同的方法。为了方便我们的说明,特全文刊出他的《雨巷》:

撑着油纸伞,独自
彷徨在悠长,悠长
又寂寥的雨巷,
我希望逢着
一个丁香一样地
结着愁怨的姑娘。

她是有
丁香一样的颜色,

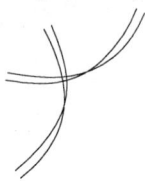

丁香一样的芬芳，
丁香一样的忧愁，
在雨中哀怨，
哀怨又彷徨；

她彷徨在这寂寥的雨巷，
撑着油纸伞，
像我一样
像我一样地
默默彳亍着，
冷漠、凄清，又惆怅。

她默默地走近
走近，又投出
太息一般的眼光
她飘过
像梦一般地，
像梦一般地凄婉迷茫。

像梦中飘过，
一支丁香地，
我身旁飘过这女郎；
她静默地远了，远了
到了颓圮的篱墙，
走尽这雨巷。

在雨的哀曲里，
消了她的颜色，
散了她的芬芳。
消散了，甚至她的
太息般的眼光，
丁香般的惆怅。

撑着油纸伞，独自

彷徨在悠长,悠长
又寂寥的雨巷,
我希望飘过
一个丁香一样地
结着愁怨的姑娘。

  在这首诗中,诗人通过描述,在诗中所有韵脚词(悠长、雨巷、丁香、姑娘、迷茫、惆怅、彷徨)之间建立了声音的相似性,而这些词又由于相似的音响产生了更加强烈的归属感,它们互相激荡,意义互相渗透,互相说明。这种借助音响的相似而产生的隐喻,比起仅由意义或语境产生的隐喻,其效果更加耐人寻味,其喻体和喻义之间的微妙关联是由两种线索维系着。

  再次,节奏也是创造隐喻的方式。还是以《雨巷》为例,这首诗也是追求节奏效果的典范。诗的头两行就是一个强烈的节奏,这个节奏是通过音节的特殊排列实现的。首节第一行的结尾是一个双音节词,这个双音节词又是第二句的开端;第二行在结尾处又重复了一个双音节词作为第三句的开端。这两个双音节词(独自、悠长)作为节奏点自然成了语音突出的部分,与它们的前文形成了"弱—强,弱—强"的节奏。节奏中这两个词由于语音突出的相似性而形成了意义的对应关系——"独自"的孤独感似乎特别的"悠长"。在诗的第三节,作者通过两组相同音节的并列重复(即第三、第四行),把前后两部分分开,形成一个节奏的循环(按诗行形成"弱弱强,强弱弱"的节奏)。这个节奏强调了"我"和诗中渲染的哀怨惆怅情绪的联系。类似的方法也出现在其他几节里(如第二节末两行的"哀怨"两个音节的重复;第四节头两行和末两行的重复,都形成相近的节奏效果)。这是用音节排列造成节奏的效果。另一方面,词性和意义也被用来形成节奏效果。第二、三、四节的末行都是使用几个并列的意义相近的双音节形容词,尽管每行音节数量、声调各不相同,但意义和词性上的近似性促使人们去寻找语音上的一致性,结果把词的双音节性突出了,与此无关的部分弱化。每节的末行分别读成"哀怨、(又)彷徨,""冷漠、凄清、(又)惆怅","(像梦一样地)凄婉、迷茫"。这三节诗就有了一个贯穿其中的总的节奏,并且这些相似部分的意义也发生微妙的互渗关系。节奏是语音有规律的重现,它形成了隐喻所必备的条件——相似性,因此发生隐喻的效果是顺理成章的。

3. 隐喻与象征

  隐喻是单个的,可以化简为一对一的关系、喻词与喻体的关系。隐喻之间一般也没有什么关联。

  持续不断的隐喻就构成了象征。象征是由隐喻构成的网络,它的内涵更加深

厚,包括了一个民族、一种文化的积淀,许多诗歌象征具有人类文化学的意义。

象征也由一个符号(symbol)代表,但是这个符号的意义与语言符号(sign)的意义很不相同。它不是固定的,普遍适用的,它只在使用它的文化中有效。比如西方文化中狼象征贪婪,这在有些文化中并不那么明确,在中国狼经常象征的是凶狠或者忘恩负义,比如在"农夫与狼"的故事里,或在"中山狼"的故事里所表现的。但是在这个例子里,我们可以看到象征与隐喻的关系:最早人们用狼隐喻某个意义,但是持续不断的隐喻构成了一个复杂但却在产生它的文化中相对稳定的象征体。相比而言,隐喻是不稳定的、个别的,人们不会长久记得一个固定的诗歌隐喻。

因为这个原因,诗歌中的象征是那些人们对它们有着长久印象的形象,比如德国浪漫派诗人诺瓦利斯的"蓝花",法国近代诗人波德莱尔的"恶之花",比利时象征主义作家莫里斯·梅特林克的"青鸟"。戴望舒的"雨巷"介于隐喻和象征之间,由于整首诗的隐喻都与雨巷及其牵连物有关,很多人也把"雨巷"作为一个具有象征意义的形象。

象征与隐喻是有一致性的,根本上具有隐喻的性质。象征也是诗歌表达意义的主要方法之一。

三、诗的意义世界

由于其语言的特殊应用,诗歌有自身的意义世界。

1. 突出语音对于诗的意义世界的作用

诗歌使用各种方法强化和突出了语言的声音效果,读诗不仅是理解诗句的意义,也是享受诗歌独特的悦耳之音。语音效果的这种凸显强化了语言不及物的特性。语词与外部世界是分离的,它有好听的声音,它的组合有自身规律,所以当人们读到诗句,联想到诗句所涉及的世界时,不至于把它看成是一个存在于诗歌以外的世界。语音的突出也表明,诗的描绘并不是由外部世界决定的,人们理解诗歌作品,并不需要把诗句还原到与外部世界一一对应。

本来,语词的所指并不是与事物一一对应的,所指对应的是概念,因此语言本来就没有及物性。诗歌通过突出语词本身的物质方面——语音方面,使得语言在诗歌艺术中以它本有的样子运作。而另一方面,正是这种对外部世界的脱离,为诗歌营造一个理想的意义世界扫清了障碍。

2. 诗歌的语义策略

所谓语义策略是指为使语义朝某个方向运作而使用的计谋。当语言被使用时,倾向于使语义精确清晰,或是使之产生歧义,这是两种主要的语义策略。

政策文件,法律法规,经济合同,政治声明、宣言,学术论文,科学报告等等,倾向于使用精确的语言说话,因此它们的语义策略一定是确保一词一义,没有歧义。诗歌反其道而行之,它与上述各种形态的话语对着干,实施的是歧义策略,就是制造歧义,以一词多义游戏为乐。

诗歌是一种隐喻的艺术,隐喻就是对词义作游离的游戏。"东边日出西边雨,道是无晴却有晴","晴"当"情"讲,"晴"离开了它的原义,这在诗歌中是可以的,是创造性的,刘禹锡这首诗是专门制造歧义的。"浮云游子意,落日故人情",这里的"浮云"和"落日"都不能按词典义精确解释,如果那样解释,会落人笑柄。李白的意思是,这里的"浮云"要用"游子"来解释,"落日"要以"故人情"来解释。"浮云"在这里有新产生的意义,诗就是为产生新的语义而创作的。所以,进入诗歌的世界,诗人和读者都知道这是要发挥每个人对词义的敏感,特别是对由上下文产生的词义的新的可能性的敏感。作诗和读诗就是要在语言的盛宴中体会世界永远新鲜的感觉。

3. 诗歌开创的另一个世界

(1) 不同于日常生活的世界

诗歌艺术阻断了它与日常生活世界的直接关系,它用对语音的强调和对诗内对应性结构的强调,表明它显现的是与我们寻常看见的不同的世界。

寻常的世界有许多惰性物质,我们不愿见到但它却不期而至的事物,充满了差强人意的现象,有的令我们感到遗憾,有的令我们感到无能无力。它们凌乱,不遂我们的心愿。

诗是一个语言构造的世界,它援引日常事物,但是让这些事物在诗歌的结构中显现,每一个被提及的都是一种发现,都发出光亮,从而充满意义。这些意义有的来自诗人的情感反应,有的来自思索和哲理操作,它们都借助于想象力,使得我们寻常所见的都升华了。它们脱离了日常世界,被重新组建,理想化,完成了我们的心愿。"才从巴峡穿巫峡,即下襄阳向洛阳";"两岸猿声啼不住,轻舟已过万重山"。诗可以让沉重漫长的旅途变得轻松无比。另一方面,这也是一个可能的世界,千山万水完全有可能轻松跨越,因为这里提及的不是物理的世界,而是心情的世界。通过这种可能性,诗歌提升了人们的生活态度,产生改变日常生活世界的力量。人们在诗的语言世界里生活,也可以用一种豪迈、幽默的态度笑对人生,把日常世界从惰性中拯救出来,从而使日常生活变得有趣。人可以诗意地栖居,并因此把世界变成诗性的。

(2) 不同于科学的世界

诗歌为什么要使用语义的歧义策略,是为了开创一个不同于科学的意义世界。

"每天的太阳都是新的，如果它不够新，就去创造一个新的"。"'太阳'必须有客观一致的含义，如果没有，就要努力达致这种一致"。这两句话是诗歌与科学对于语义的两种不同的态度。这两种态度表现了诗歌与科学不同的世界观。科学认为应该去把握世界，而世界最终是一个对象，是可把握的。把握世界的种种努力才是有价值的，放任意义和世界飘流是不负责任的。科学一旦设定一个被认为是正确的基点，就从此开拓进取，一往无前。诗歌不相信人能够最终把握世界，而只相信人生存在世界之中，人不是主宰，世界的意义是多变的，人要做的是享受这种无限的丰富性，赞美它，歌颂它，而不是确定它，分析解剖它。科学是严肃的，容不得半点马虎，因为它认为自己所做的企图掌控世界的一切事情都是人类的福祉所在。诗歌是放松的，有时甚至是幽默的，因为诗歌不把人暂时认定的一切看得那么重要，似乎必须为此承担责任。科学不相信不能实证的东西，一切要用数据和实验说话。诗歌则相信在看得见的东西后面存在着难以言表的东西，因而所有的语言都是权宜之计，所有的语言语义都不能固定下来，不断创造新的语义是人类应有的生活内容。

因此，与科学不同，诗歌创造的世界是一个人居住于其中的世界。在诗歌中被表明的不是一个人所观察的世界，人不在世界的对面看着它，人描述这个世界，把描述中的人也描述进去了，所以诗歌中被表明的是人在世界中的存在，是语言表达出来的人的情感世界。当李白说"浮云游子意，落日故人情"的时候，这个"浮云"不是我们观察的对象，而是我们存在的反射。我们看见浮云，是因为我们存在着，离家出走的游子存在着。由于我们存在的不可尽知的奥秘，这个世界也是日新月异，不能定论的。

第三节　叙事文学的审美

语言叙事的范围很广，除了小说和史诗以外，新闻报道、历史记载等等，都是叙事。不过，并不是任何叙事都具有艺术性。本节涉及的是语言叙事的艺术，主要对象是小说、叙事性散文、史诗等以艺术性著称的叙事文体，但也包括新闻、历史文本应用叙事艺术的情况。

一、叙事文学的审美特征

叙事文学使用的主要形式是讲故事。所以叙事文学的审美特征都是与讲故事有关的。

首先，要有具体可感的故事，它是审美想象力能够展开的前提。在叙事文学中，感性就体现在语言展开的描绘能够引起对现场感受的想象。

其次,叙事必须可信,因此真实性支撑着叙事作品的信誉。故事要讲得像真的一样。这其实是与合理性逻辑性一致的:真实性取决于可信性,而就像亚里士多德所说,符合必然律和可然律(也就是合理性逻辑性)是情节可信的原因。所以故事前后相续的情节需要合理的展开。合理性和逻辑性是叙事文学的真实性基础。

第三,故事要显示出意义,这是它具有审美价值的主要原因。

这样,叙事文学的审美特征就是通过具有真实性的具体可感的故事揭示各种意义。

二、讲故事的艺术

讲故事的艺术就是围绕着叙事来组织选材。叙事是中心,从持续连接角度去想象和操作语言以获得审美感受,是叙事艺术的主要建构原则。所以,与诗歌艺术相反,叙事艺术把主要功夫放在语言的横轴上,通过情节的铺展衔接,在动态的行进中不断开拓想象力的新局面。

1. 选材

（1）与真实性相适应

材料是故事中的一个个节点,故事由这些节点连接而成。这些节点的选择必须与故事的存在方式和目标相适应,也就是与逻辑性和真实性相适应。这样,有助于现场想象的词语、人物形象、情节等等必然成为选材的目标。

新闻文本被要求具备五个 W,即时间(when),地点(where),事件(what),人物(who),原因(why),这是新闻真实性的基础,因为具体的时间、地点等要素是可核实的,它能防止报道作假。文学叙事也有五个 W,与新闻不同的是,它的时间、地点、人名、事件可能都是虚构的。但是这五个 W 仍然对故事的可信性作出了担保。虚构故事中“很久很久以前……”的表述并没有说出具体的时间,但仍然让人觉得它比完全没有提及时间要素的叙述更真实可信,因为它有了一个时间的形式。有些发生在很久以前的事情,后人未见得对它的具体时间有兴趣。但故事必须发生在时间中,时间要素是不可或缺的,它被提及,就从形式上保证了某种真实性。其他几个 W 也是如此。汉代文学家司马相如的《子虚赋》命名了三个人——子虚公、乌有公和亡是公,谁都知道这三个人纯属子虚乌有,但是在一个叙事结构中人物的功能位置必须被满足,只要它被占有,叙事的可信性条件就具备了。五个 W 保证了故事被讲述得像真的一样。

（2）与上下文的关联性

每一个材料因素作为故事展开的节点,必须与其他节点相适应。选材必须照顾上下文的关联性。一个情节的下一步发展与它的所有关联因素——上一步的情节,情节涉及的人物性格,环境地点,以及所有可能的突发因素——有关,并且对这些要素产生后续影响。叙事必须对这种上下文的要素极其敏感,每一个选材都要符合人物、行为、情节的逻辑。

（3）材料的意义

叙事的每一个材料,有的虽然很小,但其本身都是有意味的。

罗兰·巴尔特按意义的大小把叙事的节点材料分成两种,一种叫"标志",它是较大的意义单位,它可以标示人物的性格、身份等对故事意义有重大价值的成分,比如贾宝玉胸前所佩之玉、包法利夫人床头的小说;另一种叫"信息",它是较小的意义单位,为叙述合理性提供说明,比如对情节发生地点、时间加以说明的气候信息,以及为了渲染真实的气氛而添加一些场面细节的描写等。在叙事作品中,每一个材料对于作品整体都或多或少具有意味,不存在没有意味的材料单位,对材料的安排都是颇具匠心的。

实际上,每一个被显示的材料单位同时具有两种身份:作为故事序列的要素,它们是连接的材料;作为标志或信息,它们又是意义单位。它们的意味与整个故事的意味有关系,与每一步叙述及其意义链也有关系,故事选材时要充分考虑它们的这种双重性。

2. 连接

讲故事的艺术主要体现在对故事接续的把握上。使故事能够讲下去的基础是它的逻辑性合理性。

（1）逻辑性发生之处

故事的逻辑性体现在两个方面。

第一是情节的可接续性,两个情节之间的连续要合乎逻辑。后人对王实甫《西厢记》结尾的批评,就是基于张生进京赴考成功夺魁,与他回来娶崔莺莺两个情节之间缺乏逻辑的合理性而作出的。张生何以在考前经历了如此大的爱情风波后仍能一举夺魁? 张生考上状元,又何以能够成功摆脱皇室和各级高官招婿的命运? 张生以学业仕途为上,他何以仍然能够在夺魁后与爱情至上的崔莺莺一往情深? 这些都令人生疑。要使这两个情节的连接有足够的合理性,也许中间得有足够铺垫才行,而每一个中间环节都会令情节的发展方向出现变数,总之,只有这些发展赋予最后的结局以合理性才行。大仲马的《基度山伯爵》第二十六章写到一位未名教士出现在倒霉的卡德罗斯面前的时候,距前文描写邓蒂斯受陷害入狱的情节也很远,但是这中间大段省略却行得通,因为它仍在主人公命运的逻辑中:邓蒂斯改头换面,以基度山伯爵的名义施行复仇。合乎逻辑的情节,相距再远也是可连接的。

第二,逻辑性还体现在故事的主语（人物）与谓语（行为）、定语、壮语（行为方式、行为地点时间)等等要有可连接性。《红楼梦》里公子小姐抒发情感的方式是作诗,焦大抒发情感的方式是骂街。让焦大作诗是不合理的。同样,让焦大在书桌前坐很长时间也是不合情理的。

(2)围绕时间性的讲故事艺术

叙事作家的艺术能力表现在他对故事的编写上。

第一,他对情节和环境因素的前因后果特别敏感,他能够根据这些因素编撰事情的后续发展。

第二,他有着天生的时间性思维。所谓时间性思维是指对任何材料都按时间顺序排列的那种思想套路。文学叙事并不与现实事件的时间一致,它不需要按一个婴儿生长的实际时间长度展开它对婴儿的描写,而只需要一个时间性形式,即前后相续的逻辑性即可。有时候只需几个字("二十年以后"),就可以把这种时间形式实现出来。叙事作家必须具备时间性思维,因为时间性是故事艺术的贯穿线。

第三,他具有在叙事中,即情节的接续中把握故事方向和意义的能力。叙事作品的主题不是在静态的构造下完成的,而是在动态的情节发展中完成的。托尔斯泰在写作《安娜·卡列尼娜》前并不知道安娜最后会死,他写着写着,写到安娜被渥伦斯基抛弃,她自己也抛弃了丈夫和孩子,走到火车站,就觉得她会寻短见。托尔斯泰让这件事自然而然地在故事中发生。

(3)对事物的动态描绘

语流的时间性和叙事的时间性都决定了静态的肖像、环境描写不是叙事文学的长处。

用罗兰·巴尔特的概念,肖像和环境描写都是为叙事提供标志性要素的,因此它们同时是叙事连接中的节点。对肖像和环境的描写应该显示时间性,从而成为对文学叙事合理性和逻辑性的表现。

叙事文学中肖像描写是存在的,但它不能阻止叙述的运动性。现代文学在肖像描写上采用了尽可能短的句子,以保持运动的流畅性。"吉姆又矮又黑,胡子很多,手也很大";"莉芝的腿长得挺美,她老是系着干干净净的方格花布围裙,吉姆还注意到她脑后的头发也总是整整齐齐的"(海明威《在密执安北部》)。这两段突出了两个人物值得注意的部分(吉姆的身材、胡子和手,莉芝的腿和头发),省略了其他部分,没有造成对阅读的阻滞。

对人物肖像更为突出的描写,是抓住肖像的动态。在诗歌里也有非常经典的例子:"巧笑倩兮,美目盼兮"(《诗经·卫风》);"顾盼遗光彩,长啸气若兰"(曹植《美女篇》)。"笑"、"长啸"是动作,"倩"是对笑的质量(气质)的形容;而"盼"和"顾盼"则是有情态性质的动作。辛格的短篇小说《市场街的斯宾诺莎》描绘菲谢尔森

博士,每当他看到小虫飞向火焰被烧着,"菲谢尔森博士总要做一下苦脸,他那满是皱纹的脸,会扭动起来,乱蓬蓬的胡子底下嘴唇会紧咬一下"。这完成了肖像描写,但比静态的肖像给人留下更深的印象。

环境的景物描写也是如此。当景物进入人的视觉时,它和视觉发生对应关系。当视点移动之后,景物也随之变化。欧阳修《醉翁亭记》第一段:"环滁皆山也。其西南诸峰,林壑尤美。望之蔚然而深秀者,琅琊也。山行六七里,渐闻水声潺潺,而泻出于两峰之间者,让泉也。峰回路转,有亭翼然于泉上者,醉翁亭也。"在这一段关于醉翁亭环境的描写中,由于视点是运动的,因此静止的山景也出现了动态效果。

（4）逻辑性的冒险

叙事艺术创造并不是要去符合逻辑性,而是要发现和表现逻辑性。所以对于作家的创作,逻辑性不是一种制约力量,恰恰相反,它是一种隐含的魅力,是被追逐的东西。

因此,叙事的艺术体现在对已有的逻辑性合理性提出挑战。已有的逻辑性是被拿来冒险的,看看它能够承受多大的改变力量。叙事艺术家的才能和乐趣就是在逻辑性的边界游走。叙事作品的最高境界之一就是做到在意料之外,情理之中。意料之外表明原有的逻辑性受到挑战,情理之中意味着它仍然能够体现出某种逻辑性,是对逻辑性的新的理解。

加西亚·马尔克斯的小说《一桩事先张扬的凶杀案》就是一个很好的例子。凶杀是一种谋杀,按常理它是秘密进行的。如果要去凶杀却又事先张扬,那杀人的理由（逻辑）就一定是极其出人意料的。实际情况也是这样。加西亚·马尔克斯在这部小说中揭示了一种极其微妙而又常见的个人和社会的心理状态,这种心理使得人们通常的推理失效。

托尔斯泰的短篇小说《舞会之后》是另一个例子。作品的前文描写的是一个典型的浪漫爱情故事:"我"爱上了端庄美丽、出身高贵的瓦莲卡,出席了在她家举行的舞会。这是一个极受尊敬的贵族之家,瓦莲卡的父亲庄重、潇洒、彬彬有礼、极富教养,而且很有人情味,懂得善待客人,对妻女充满慈爱。瓦莲卡也在舞会中对"我"青睐有加。按照已有的逻辑,这是一个要以爱情的完美实现或者经受考验为后续过程的故事。但是托尔斯泰无情地把它从这种熟悉的逻辑中拉出来。舞会结束后"我"路过一个广场,看见一个军官正在对逃兵施极残忍的夹鞭刑,他毫无表情地任凭血肉模糊的受刑人在那儿哀求而不为所动,还不时殴打那些手下留情的施刑人。而此人正是那个瓦莲卡的父亲。这件事改变了"我"的世界观,也彻底改变了"我"对瓦莲卡的爱情,把故事引到了另一个方向:"我"的困惑和被废。因为这次遭遇,"我"成了一个废人,失去了行动的意志和热情。托尔斯泰通过这部小说提出了新的行为逻辑,它也是俄罗斯文学中著名的"多余人"的逻辑之一。

伟大的文学总是会去挑战已有的逻辑观念。它们给人们对于事情将会如何进行提供了新的可能性。

三、故事的意义

故事的意义表述方式是:"这就是生活。""这"表示此前叙述的所有的行动和情节过程及其相应的后果。"这"里面有五味杂陈,有无数个归纳的角度。另一方面,"这"也可以被分割成较小的部分,比如一个人物的生涯、一个情节的意味。叙事文学的意义在这两方面表现出来。

1. 局部的意义

(1) 行动的后果

叙事文学作品中人物的每一个具体行动都是有后果的,这后果的揭示是一种局部意义的揭示,它可以单独被领会,也可以形成整个故事意义的推动环节。

托尔斯泰小说《安娜·卡列尼娜》中的安娜·卡列尼娜曾经在一个火车站看见有人卧轨,这个情节在最后被证明具有被摹仿的意义,成了安娜日后自杀方式的一个注解。俄狄浦斯猜出司芬克斯之谜,这个行动表明他的智慧超人,但也成了导致他日后悲剧的推动力。正如亚里士多德所说,人物的幸与不幸都出自他的行动。因而,每一个行动的意义是故事过程中必须领悟的。故事的每一个情节不仅在可连接性上被考量,也在纵向的意义上被考量。

(2) 情节对于人物的意义

"这就是生活"的反思和感慨也发生在人物身上。一种人物性格在故事的展开过程中也展开了他的特有逻辑。所以,每一个情节节点也在它相对于人物的层面上显示意义。

挨贾政的打,体现了贾宝玉对日常道德的忤逆,也体现了贾政的虚伪、愚凶、无能;笑对晴雯撕扇子,体现了贾宝玉骨子里的怜香惜玉情怀,甚至超出了等级观念。虽然可以笼统地说贾宝玉是一个"情种",但是他的每一个行为、情节充实了他作为"情种"的具体含义。只有在这些情节中,才能显示出他与另一个著名的"情种"张生的巨大区别。

2. 整体的意义

(1) 从逻辑性到必然性

故事的逻辑性可以体现在每一个要素的连接上,而由这些合乎情理的细节链接起来的整个故事的最终结局,体现的是必然性:"故事意味着什么?"《红楼梦》说贾府的结局是"落得片白茫茫大地真干净",这引起几乎所有读者的共鸣:"这就是

生活。""这就是生活"是对故事最终着落的哲学概括。

讲故事不仅是在讲故事的有趣发展，不仅是在抖出悬念与包袱，而且是在讲人生的必然性。故事的逻辑性（合乎情理）保证了它像真的一样，因此最终的结局就显得不可避免。如果一个故事讲了穷书生怎样通过努力奋斗最终拥有了美妙的爱情和成功的事业，只要它的真实性（合理性、可信性）不受怀疑，就具有必然性效果。人们尽管不相信这件事一定发生在自己身上，但仍然相信其必然性，人们甚至会把故事中的种种条件加以对照，找出自己还没有具备的条件（例如自己还不如主人公那么努力等等），加深对这种必然性的理解。

必然性是一种实现了的可能性，必然性在故事中可以以多样的可能性形式体现出来。但是只要进入逻辑线索，这种可能性都会最终表现为整体层次上的必然性。

通过必然性，故事在整体层面上就与哲学、道德、价值观念、意识形态发生紧密联系。所以讲故事同时是在讲哲学，讲道德观念。《基度山伯爵》曲折离奇惊心动魄的故事最后要告诉读者的是：有仇必报，出来混最后总是要还的。这些东西，最终会影响社会意识形态，也会影响每个人的道德观念。

（2）故事整体意义出现的方式

可以把叙事文学的目标描述为：展现讲故事的艺术，显示人生的意义。

叙事文学用了种种方法显示故事的意义。

首先是暗示的方法。塞万提斯的《堂吉诃德》、福楼拜的《包法利夫人》，这些故事的意义就隐含在情节过程中，作者通过叙述及其反射出来的评价，说出了复杂的主题。

第二是标题。有些标题具有很重要的主题揭示价值。《红楼梦》以"梦"揭示色空无为的故事主题；托尔斯泰用《复活》的标题不仅隐含了作品主人公最终认识的真理，即耶稣基督的爱的复活，也意味着男女主人公聂赫留朵夫、玛丝洛娃的新生。

标题具有很强的意义表现力。二十一世纪初海峡两岸都在谈论陈水扁，他被编入各种故事序列。如果翻开他的履历，许多事的表述都是相似的，但是这些事被归入不同的意义之中，在不同的标题下被讲述。比如《中国新闻周刊》2008年12月的一期写道，陈水扁1950年出生，青少年时常常考试第一，以台湾大学法律系第一名毕业；1981年高票当选台北市"议员"；2000年当选"台湾地区领导人"；2005年以来时常处于贪腐指控之中，等等。这些事件没有多少倾向性，是中性的，但是它们的标题构成了这个故事的主题："走向被告的道路。"不同的标题可以使它成为完全不同的故事，例如"三级佃户之子走向权力巅峰的道路"。标题定下了这些叙事材料的意义。

第三是结尾。结尾往往就是故事的结局出现之处,也是最容易给故事定调的地方。如果一个故事的结尾说"从此他们过着幸福的生活",那么这个故事是讲经历磨难最终到达理想之途的;如果结尾说"今后,苦难在等着他",那么这个故事是讲一着不慎满盘皆输的道德训诫的。《诗经·卫风·氓》讲一年轻女子自己做主与相爱的人结婚的故事,这个故事如果以克服阻碍,最终遂愿的方式结尾,"从此他们过着幸福的生活",那就与实际故事完全不同了。实际故事的结尾说"信誓旦旦,不思其反;反是不思,亦已焉哉",给故事添了一个苦涩的结局,因此它的意义也就成了情变与无奈。

第五章 音 乐

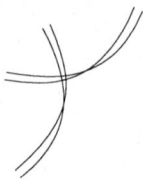

音乐也是时间艺术,但它是表演性的。

第一节 音乐语言与结构

音乐没有任何摹仿性。音乐就是在不同音阶上发出的不同音高和音色的乐音组合而成的音流,体现的是纯粹的形式感。所以谈论音乐必须首先谈论其各种形式因素。

一、音乐语言的四个基本要素

首先,音乐用什么说话?

旋律、节奏、和声、音色,这是音乐语言中四个最重要也是最基本的要素。聆听音乐,也就是领会这四个要素,抓住这四个要素,就抓住了音乐的根本。

1. 旋律

在经典音乐中,旋律是最重要的要素。

旋律是音乐的主要内容,音乐通过旋律表现乐思。音乐中的主题就是一个主要旋律,或者一群互相关联的旋律群。所以,旋律的表现性很强。音乐就靠它来表达情感内容。

旋律具有明显的整体性。它有一定长度,通过一组(一般为四个以上,有时是两个较长的)乐句,构成整体;有明显的开始标志,通过引子导向它,或一开始就直接登场;又有明显的结束感,例如通过一系列发展后又回到原处等。

总之,旋律总是引人注目的,因为它最重要。它令人难忘的最大原因是,它总是在乐曲中反复出现,直到听众对它产生强烈印象和熟悉感。复杂的音乐通过两个以上不同旋律的对比表现复杂的内容。在这种情况下,会有一个是所谓的"主旋律"。

2. 节奏

节奏被认为是音乐的第一个要素,意思是说,在有旋律以前很久,纯节奏的音乐就产生了,例如鼓点。

节奏是简单而有快感的艺术要素,每个人的内心都与它共鸣。电子琴演奏的音乐,节奏相当单一,由机器自己来控制,但仍能引起人强烈快感。当然在一些音乐中存在着很复杂的节奏类型。听音乐时,对节奏的共鸣是由衷的。但如能对它保持反省,就会提升欣赏的水平。

3. 和声

简单地讲,和声就是音乐进行中同时出现的由不同音高和音程构成的音响。

当不同声音(不同音高、音色、旋律内容等等)同时出现时,音乐中就出现了极复杂的关系,这时就需要秩序,把它们组织起来。既要使不同的音乐段落对位进行,又要照顾到音程和谐。

和声组合方面的可能性是无限的,和声类型也是极多的。因此,和声是音乐语言所有四个要素中最复杂的一个。对一般中国人而言,听和声需要相当的训练,因为中国传统音乐主要是单音音乐,很少用和声。但在西洋音乐中,很多微妙的内容就通过和声来表达,因此,如果忽略了和声,就忽略了很多重要内容,失去了音乐的丰富性。

4. 音色

不同发声器,包括乐器、歌喉的不同音质称为音色。之所以叫"色",是因为它们是音乐中一种鲜亮的因素,具有很强的情感表现性,类似色彩在画面上给人的感觉。

各种音色自身就有表现性。例如在器乐方面,单簧管的悠长深沉,小提琴的绚丽,铜管乐器的嘹亮昂扬,键盘乐器的跳跃感等等,它们显现不同的音乐情感。在歌唱方面,男高音的嘹亮,男中音的浑厚,男低音的深沉,表现出不同的音乐意味;女高音、女中音和女低音在表现性方面的差异也是很大的。

音色的差别极其细腻,每一种音色本身还有很多层次。同是男高音,帕瓦罗蒂和多明戈也是不相同的,前者音色中有金属质的亮丽,而后者则相对浑厚、浪漫。

二、音乐的曲式结构和织体

在了解了音乐的四个基本的语言要素后,必须考察这些要素是如何结构在一起的。这里涉及的两个主要概念是曲式结构和织体。

1. 曲式结构

音乐是时间艺术,顺着时间绵延;而它的内部又有一些单位,如不同的旋律,那么这些要素是怎么结合在一起的呢?这里就存在曲式结构的问题。

音乐的曲式有乐段式、奏鸣曲式、赋格曲式、各种变奏曲式等。我们介绍最常用的乐段式和奏鸣曲式两种。

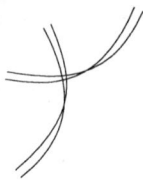

（1）乐段式

乐段式就是以两个以上乐段构成的乐曲结构,它又可分为二段式、三段式、回旋曲式等。

如果把音乐的各个不同内容单位用字母标记,那么二段式就是只有两个内容单位(乐段)的简单结构,用字母可表示为"A——B",从 A 旋律过渡到 B 旋律,然后结束,或者重复后结束。二段式多见于歌曲。

三段式的公式是"A——B——A"。它实际上也只有两个对比的段落,但不同的是,B 乐段结束后乐曲又回到了 A 乐段,形成一次返回。它比较有哲理。其中 A 是主旋律,B 代表对比段落,为了突出对比,B 一般会变调。从 A 走到了对比性的陌生的 B,最后终于回家。这体现了一种哲理,既有变化,又有着落,贯穿着统一性。

回旋曲式的公式是"A——B——A——C——……A",它的意思是从 A 出发,走向一个不同的地点,但旋即又走回 A;第二次走向另一个地方,再回来,然后再出发;每次去向不同的地方,但返回地是同一个 A,A 就是家。走得越远,返回感越强。回旋曲式把三段式的哲学做了更复杂的演示。

（2）奏鸣曲式

奏鸣曲式是比较复杂的曲式,它内容更多,时间更长,变化也多。奏鸣曲式是由"呈示部——发展部——再现部"组成的。呈示部就是呈示主题,发展部是发展主题,再现部则再现主题。主题由两个以上组成,奏鸣曲的主题一般比较长,是一个扩张了的旋律。呈示部经常会重复一两遍。发展部是把主题的各个要素及其可能的走向充分展开,里面充满变调、变奏,富有启示和变化,是奏鸣曲式中最富创造性的部分。再现部再现主题,是为了进一步加深主题的印象,同时也有结构上的终结感。

我们可以看到,奏鸣曲式从广义上说也是一个三段式结构,只不过它的每一部分都更复杂而已。

2. 织体

音乐的织体是一个更大的结构概念。一般有三种：单音音乐,主音音乐,复调音乐。

单音音乐指单一乐器演奏,没有伴奏与和声的音乐。中国古典音乐大部分都是单音音乐。

主音音乐由一个主奏音型伴之以和声构成,是西洋经典音乐的主流。主音音乐的主奏音型是非常明确的,使用了很多手段使它明白无误地作为主要的音乐内容被辨认出来。而和声的辅助特点也十分清晰。

复调音乐则很复杂,是两个以上的旋律和音型合在一起并行出现。听觉要在同时出现的声音中辨认出两根以上的旋律线,只有经过很好训练的耳朵才能做到这一点。

三、结构内外

1. 音乐的长线

音乐结构是为了组织乐音以形成具有审美意义的音乐作品。我们看到了不同的结构方式，这意味着音乐结构并没有定规。了解结构有助于理解音乐，但它并不是音乐的灵魂。

音乐的灵魂是一根顺时绵延的乐音之流，是音乐的长线。

在音乐的接受中，抓住音乐的长线，把握它，理解它，不管它具有什么样的结构方式，始终跟踪它的轨迹，这是听懂音乐的关键。这根长线发生变化的各种样式，被归结为种种结构，但是通过这些结构抓住这根长线，才是抓住了根本。

2. 结构以外

上述曲式结构是古典音乐中常用的。对它们的介绍有助于我们理解一般的音乐作品。

在二十世纪以后的音乐中，各种探索盛行，其中包括各种反传统的尝试。例如无调性音乐，半音音乐，或者偶然音乐。它们反对以前的结构、曲式概念，不再按任何一种以前的结构样式构造和组合乐音。所以上述结构并不适合于理解那些作品。

但是，音乐长线的进行总是要有规则的，这些规则是与乐音本身的特点相符的。先锋派的音乐只是对未知的乐音进行形式加以探索而已。因此，破除旧结构的探索本身也是有结构的，只不过是一种新的结构。了解古典音乐的曲式结构根本上有助于了解音乐的各种创新。

第二节　音乐的特质

一、音乐是什么

音乐是什么？音乐首先是音乐的存在。

这不是同义反复。音乐不是乐音的组合，不是节奏、旋律、主题、变奏。音乐首先是那些雄壮地或委婉地奏响的声音，以及我们对这些声音的感受和理解，即包括聆听和演奏在内的音乐活动。音乐是什么，取决于音乐家在乐曲中演奏出什么和我们从中聆听到什么，只有参与音乐的活动才能对之有所领悟。人们不可能从概念中去领会对之毫无感受的音乐，而如果音乐对一个人是存在的，那么不论在内容上还是形式上，音乐的特质，音乐与非音乐的界限，实际上（尽管不一定意识到）也是存在的。当我们从一些乐曲上获得感受，并亲身参与它，实际上就排除

了把我们不能从中获得感受的乐曲当作音乐的可能性。这已经表明了我们的理论态度,有一把判断的尺度,不管对这尺度能说出多少,我们已经在使用它了。

因此,只要我们认真地聆听和感受,音乐的特质就从它的存在中显示出来。一般来说,音乐由乐音组成,有一定的长度,有段落或层次,音符组成旋律,在运动中显出节奏,并具有一定的音程、调式和曲式方面的规律。从内容上看,音乐诉诸我们的感受是因为这些声音不是空无一物的,它们在诉说一定的意义,有主题,也有从主题和动机引伸出来的其他内容。所有这些特质,对于有乐感和聆听经验的人来说是理所当然的。因此如果有人只敲出一个单一的声音,让人判断它是否音乐,无需理论上的证明,理所当然会遭到否定。因为音乐是以一条长线的形式存在的,单一的声音可以是金属碰击声、动物叫声或物体摩擦声,但不会是音乐。而这样一来,也就显示了关于什么是音乐的理论看法:从形式上看,音乐必须由乐音而不是噪音组成,而且必须有一定的长度和组合;从内容上看,必须有确定的可感受到的精神因素。

二、音乐的内容是什么

关于音乐的特质的另一个困难的问题是:音乐表述什么? 或者说音乐的内容究竟是什么?

在音乐理论界,很少有人持再现论观点,很少有人认为音乐是自然或社会现实的再现。因为从乐音到音阶、音程、乐曲,都无法与客观事物相对应,因而无法再现或模仿它们(迄今为止只有很少的自然音响被音乐摹仿过,如贝多芬 F 大调第六田园交响曲第二乐章"小溪景色"、雷斯庇基的交响诗《罗马的松树》第三段中摹仿过鸟的叫声,而且仅限于夜莺、杜鹃等。与其说音乐家用音乐摹仿了自然,不如说是音乐家选那些像音乐的鸟声做音乐的素材)。音乐与现象世界并非没有认同关系,因为不论是节奏,还是主题、变奏和重现,与现象世界中的许多运动规律都有关,只是这种认同关系相当抽象罢了。另一方面,大部分人公认音乐是情感的表现,或者至少音乐表述的是精神生活内容。这个结论也并非十分可靠,因为的确很难找到与具体的情感内容相对应的音乐形式,音乐表述的东西常常超出情感的范围。而"精神生活"这样的概念又过于宽泛了。

我们还是面对音乐的存在。音乐所表述的东西尽管与现象世界和精神世界都有联系,但它既不是愤怒、悲伤、欢乐这样一些直接属于情感的内容,也不是鸟语花香、波涛巨岩这样一些直接属于自然界的内容。它表述与运动和发展有关的一些性质,因为音乐毕竟是乐音的运动形式,在时间中存在。这些性质相当抽象,例如舒缓、急进、延伸、骤止、波动、逆转、扩散、张缩等等。这些性质既是外部世界运动的内在特点,又是情感冲动所固有的物理性质。由此我们可以理解为什么音乐会成为我们几乎是与生俱来的艺术活动,不论是呀呀学语的小孩还是头童齿豁的老翁,都愿意哼上一曲;由此我们也可以理解为什么音乐在现实生活中可能比其他任何艺术都要开展得广泛。物理学家(例如爱因斯坦)可以从中听到来自物理世界内部的声音,数学家(例如毕达哥拉斯)可以听到数量关系的和谐,而对于普通人来说,生活的悲欢离合、甜酸苦辣都可以在乐曲中找到相应的形式。由于音乐以一种乐音的形式深入精神世界和现象世界的核心,所以能给人们带来最广泛的启示。

第三节　音乐的创作和演绎

一、演绎:音乐艺术的特有层次

与所有艺术不同之处在于,音乐的创作经过了两个过程,即作曲家的作曲和演绎者的演奏演唱,然后才传达到听众。在音乐演奏的场合说"这是海顿的第 104 交响曲",或"这是勃拉姆斯的小提琴协奏曲",这种叙述是不完全的。海顿第 104 交响曲的创作者不仅有海顿,也包括每一次演奏它的乐队和指挥,这个演绎者层次并非机械地演奏海顿给定的一切,他们必须用自己的精神贯注到作品中,才能使作品像是出自每个人的心底。因此,严格地说,我们听到的作品,是卡拉扬或祖宾·梅达及其乐队所解释的海顿 104 交响曲,是梅纽因或费舍尔所解释的勃拉姆斯小提琴协奏曲。在严肃音乐中,作曲家显得很重要。不论是谁在演奏,人们首先想了解这是海顿的作品,还是斯特拉文斯基的作品。而在流行音乐中,演绎者的地位似乎比作曲家更重要,人们知道阿杜、王菲,知道迈克尔·杰克逊或拉斯特乐队,而不太关心他们演唱演奏的作品是谁作曲的。这也许因为作曲家在这一领域里创造性明显萎缩。但不论是哪一种情况,音乐的传达过程总是从作曲家——演绎者(包括乐队、指挥、歌唱家等等)——听众,作曲家的作品经过一次中间解释,然后进入观众的再解释,而不像绘画、小说、雕塑,作品直接面对观众。这给音乐美学带来一个无法回避又很有趣的课题。

二、演绎的创造性

演绎者层次的存在帮助我们清楚地认识到审美的活性和易变性。这本来是艺术审美的一个固有性质,但绘画、建筑、文学等作品的物质固定性给人们一种错觉,似乎欣赏就是对一个固态的无法变动的存在物的解释,而没有理解到这种解释是在改变着作品本身,并且,只有把作品看成自己所理解的那个样态,欣赏才是

可能的。音乐活动向我们证实,一叠乐谱本身并不是固定的,当它作为音乐的符号时,已经在每个演绎者耳边发出了不同音响,而且每次都不一样。五线谱上乐音的进行似乎有固定的样态,但只要听听不同乐队的演奏,就可明白每个乐队都在对它作出变形。事实上,作曲家在乐谱上留下的符号,并不像小说家写下的文字那样精确。由于考虑到有演绎者的层次,他留下了很多空白,例如演奏的确切速度、音强等等,有些乐谱连配器也留给他人去做。现代音乐给演绎者留下的余地更大。听众给演绎者的解释又有自己的解释,所以从演绎者到听众,作品又经过一次创造。作品就这样在创造、再创造和对再创造的再创造中一直生存下去,已经并且还能继续包容各种理解。

三、创作——演绎——聆听:解释学关系

从作曲到聆听的一整个音乐过程,很好地显示了音乐的完整的解释学关系。解释学所阐述的一系列过程在音乐活动中表现得尤为明显。事实上,其他艺术中解释学关系也是普遍存在的。一部小说并不像它文字的不可更改所表明的那样铁板一块,作家也许在构思上缜密而又缜密,周全又周全,但如果他写出了真实,就必定能被读者从其他角度加以解释。然而,小说家往往并不自觉地期待解释,期待读者参与他的世界,构造他的世界。音乐创造的三个层次使音乐活动自然地成为期待解释、接受解释和向解释开放的活动,音乐家似乎更自觉地把这一点作为音乐审美考虑的一部分。

因此,在音乐活动中,我们很容易达到解释学的最高境界——视界融合。在一部特定的乐曲中,作曲家显然有他自己的视界,即有他所看见的东西,这些东西包含了他特有的情感色彩,使他激动或悲愤。时过境迁,现在只留下一叠乐谱。演绎者是去恢复或复述作曲家当时感到的这一切吗?不是。这首先还不是由于这一切难以理解,而是由于这根本做不到。在理解或复述作曲家的视界时,演绎者就拥有一个自己的视界,他是带着无法摆脱的自己的视界进入作品的视界的,而最理想的演绎就是达到这两个视界的融合。因此,对于演绎者来说,一方面,要虚心以待,倾听乐谱的每一个音符所发出的声音,极其准确地理解乐曲的乐思。在这儿,任何主观武断的,不顾乐谱给出的基本线索的解释,都不是解释学意义上的解释,而是曲解。另一方面,演绎者又必须自为地倾听,因为倾听总是要让音乐在自己耳边响起,总要介入自己的倾听立场,正因如此,当他演奏这部作品时,就已传达了他自己的看法,具有了他的个性色彩。其中,乐谱中的任何一个乐句,一个细小的二度音连同隐含于其中的意味,都可以被强调,也可以被弱化,这取决于演绎者的看法。由于这种视界的融合,一种音乐活动同时容纳了几部分人的审美情感:作曲家的,演绎者的,还有听众的。

第六章　舞　蹈

舞蹈是时间性的表演艺术,它既涉及视觉,又涉及听觉,是视听综合的艺术。

第一节　舞蹈:身体力行的艺术

一、舞蹈的感情强度

《毛诗序》说:"诗者,志之所之也,在心为志,发言为诗。情动于中而形于言,言之不足,故嗟叹之,嗟叹之不足,故永歌之,永歌之不足,不知手之舞之,足之蹈之也。"中国古代,诗乐舞三位一体,凡有诗皆有歌(即配乐),凡有歌皆伴之以舞。但《毛诗序》的这段话表明,这三种艺术所引起的情感强度不一样,有层次上的差别,形成"诗歌——音乐——舞蹈"逐渐增强的递进关系。作为这个递进层次顶端的舞蹈,是在感情增强到无从用言语形容、无从用吭喉申发时,用身体动作(即手舞足蹈)介入表达的语言。由于身体的直接介入,舞者自己难以看到(不像诗人和歌唱家能够看到或听到自己的作品),因而不知不觉中常有忘形之举。或毋宁说,建立舞蹈语言就是为了收容各种忘形之举,其旨在于得意而已。不过,从艺术的包容量和所提供的生活启示来看,三种艺术并没有高下之分,它们各有所长。舞蹈提供了感情体验最直接的场所,但诗歌却具有更大的想象余地,音乐则兼而有之。因而,古人将三者合为一体,取长补短,溶解为一门艺术,一门没缺憾的艺术,这实在是高明之举。《毛诗序》提供的描述,为我们思考舞蹈艺术,特别是今天(三位一体联盟已经解体情况下)的舞蹈艺术,提供了很好的启示。

二、舞蹈媒介与身体力行

一般地说,每一种艺术都提供给人们以体验的场所。但由于每门艺术诉诸的语言不同,所获得的体验是大不相同的。艺术都有媒介物,所谓体验,是在媒介物的质感基础上对想象的现身情境加以感受。除了舞蹈以外,所有其他艺术都用外在的物质载体作为媒介物:绘画的画布、颜料;雕塑的金属、石料;文学的文字、声音……这类媒介的特点在于,由于它们的外在性,对它的每一种表现都有作出多种解释的可能,想象在其中找到较大的活动余地。人向外延伸到一个物体上,由这物体去面临被激情炙灼的危险,和承受各种可能的力的打击。人则从物体上获得想象的体验——一种外向性的体验。而由于感官与媒介物的距离,媒介物对于作用力的反应形式,容许经过较多思考。只有舞蹈,是身体力行的艺术,它用感受者自己的身体作为媒介物,感受者既在感受,又承受着力的冲击,并作出相应的动作反应。这种动作反应吸收了力的冲击,把它化解为骨骼和肌肉的某种姿态,同化这种力,并获得对于这种力的真实体验——一种内向性的身体力行的体验。

因此,与其他诉诸视觉和听觉的艺术不同,舞蹈诉诸的是肌肉和运动的感觉,即所谓第六感觉。这种感觉本身就是内向的,它不是通过感官接受外部信号,而是通过肌肉、骨骼、神经,以及协调这些系统、控制运动平衡的大脑皮质区,做出动作,介入和吸收外部世界。对于舞蹈来说,重要的不是姿势的优美和面部表情的生动,而在于每一个动作是否具有肌肉运动感觉的强度,及其所引起的相应反应。一种肌肉反应直接促成另一种连环的反应,张导致弛,收缩导致扩张,延伸紧接着聚拢,运动过程中的提顿引起节奏性发展,肌肉和神经在承受和反应中感觉这些力的运动形式,产生审美体验。例如格雷厄姆(二十世纪美国著名舞蹈编导)的现代舞《哀歌》《爱之舞》等,给观众留下的最深刻印象是这种肌肉运动所展示的运动形式。在这种运动中,人们去感受悲哀和爱。

在这儿,力的概念与雕塑、音乐中力的概念大不一样。在雕塑中,力固着在线条、块面、体积中,在造型的静态结构中充溢着关于引力与斥力、压力与张力的永恒对比。在音乐中,力是与乐音的进行与展开、浑厚与单纯、主题的多层面塑造与集中强调相联系的。总之是与听觉运动有关。雕塑、音乐的这种视觉、听觉方式未必不导致肌肉和运动感觉,任何视觉、听觉内容无不进入第六感觉区域,通过肌肉、神经的运动获得肯定。但这与舞蹈的力直接诉诸肌肉和运动感觉仍然不同。舞蹈表演者忽略视听的感觉而专注于寻找肌肉感觉。在《哀歌》中,我们甚至看不到演员的面部表情有什么变化,只有偶尔由于强烈或舒缓的动作而呈现的面部肌肉的自然抽搐,演员的意识不在寻找与视觉相关的语言(如表情)上,而在另一方面,抽泣引起的全身剧烈颤抖,继而扭动摇晃,通过每一次肌肉运动的连续触发,悲哀所具有的力也运行到了它的顶点,然后急转直下,归于平息。

第二节 体验和表演

一、舞蹈中想象与体验的关系

身体感受的直接性和以身体姿态直接表现的形式,形成了舞蹈艺术与众不同的审美特点。

在这里，区别不是有没有想象或反思，而是想象或反思占据什么地位。在绘画、文学、音乐等艺术中，由于媒介物在自身以外，体验是一种想象性体验。比如鲁迅的《阿Q正传》写道："阿Q知道大约要打了，赶紧抽紧筋骨，耸了肩膀等候着"。在体验这个情境时，必须先构想好一个这样的境况，通过文字所给出的阿Q的心理，假洋鬼子和黄漆木棍，周围看热闹的人，来设身处地地体会筋骨抽紧的程度。而舞蹈是根据一个动作的实际筋骨松紧来体验的。因此在舞蹈的表演中，它更接近和借助于实际体验。

这并不是说舞蹈中没有想象。任何一段舞蹈的设计，都是根据一个想象的运动空间来构思的。舞蹈的动作不等于实际生活中的行为。生活行为的肌肉神经运动以实际目标为前提，用有利无利的原则加以调节。例如挑水时的节奏性步伐和颤动的身姿，是为了借助扁担两头的起伏尽量减轻负担和保持平衡的步子。舞蹈中的动作则是虚拟的。舞蹈艺术家对舞蹈的构思，建立在一个想象性动作和动作空间的基础上，他要确定舞蹈过程在怎样的可能性范围中进行。例如格雷厄姆的《哀歌》，确定了舞者不能离开坐椅，全身套在一个布套里。在全部动作的表演中，这个想象性构思基础贯穿始终，体现在作品的所有细节。这样，每个动作才有着落，显示出整体性和秩序。因此，尽管舞蹈的动作借助于肌肉体验，但它们仍然是以想象为前提的艺术。

如果说舞蹈是通过肌肉体验来保持和发展想象的话，最早的舞蹈都是体验性舞蹈这一点，就不足为奇了。动作诉诸肌肉感觉，这样的语言使得加入舞蹈活动的人不由自主地进入一种由肢体发动的生命力的鼓动和发散过程。当然，由于没有舞谱，最早的舞蹈家，甚至两三个世纪前的舞蹈我们也无法见到，但从现在世界上一些原始民族保留的祭祀舞、图腾仪式中的舞、节日舞蹈等等中，可以推测古代舞蹈的情形。舞者实际上并不考虑表演的问题。舞蹈不是跳给观众看的（实际上，这的确是所有舞蹈的特点，即使是下文提及的表演性舞蹈在本质上也是要通过想象中的肌肉感知加以接受的），因此，它必然是人的实际参与。

二、体验性舞蹈与表演性舞蹈

今天，舞蹈实际上有两大类：体验性的和表演性的。凡是娱乐性舞蹈，如交谊舞、迪斯科、摇滚乐舞等，都是体验性的，旨在通过音乐和动作的有规律的进行，获得身体动作的节奏感并从中感到乐趣。有些舞蹈，如踢踏舞、探戈、布瑞克等，兼有体验和表演两者。只有芭蕾、各种现代舞，以及具有完整舞蹈语言的民族舞，才是表演性的舞蹈。在这些舞蹈中，我们得以了解舞蹈作为一种艺术所具有的特质。

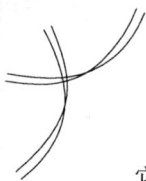

纯体验性的舞蹈一般是不考虑动作的意味、动作的规范化或创造性的,因为它不介入想象,只执著于肌肉感觉,对这种感觉不作进一步的体会和领悟。体验性舞蹈盛行之处,舞蹈的变化总是很少,例如原始民族的祭祀舞,每隔一段时间进行一次,但动作是重复的。现在的交谊舞也是如此,虽然有些规范化动作,但动作基本上是不变的。重要的似乎不在动作的表现性,而在参与这一套动作本身。

表演的概念进入舞蹈,就使得舞蹈艺术化了。从体验性舞蹈发展到表演性舞蹈,必须具有两个条件。其一是对动作加以语言学上的考虑。舞蹈不再是忘情的手舞足蹈,动作和姿势不再是偶然的,临时即兴的,而是一种说话的方式。舞者要考虑表达方面的要素。因此,所有可能的动作被编排为有秩序的语码,它们之间有意味上的差别,有程度上的差别。当做出某个伸展肢体动作时,舞者一旦去品味这个动作力形式上的意义,它马上就成了规范化的动作,某些情感状态或冲动力,可以在这个动作上找到强有力的表达。它也给舞蹈的词汇系统增加了积累。这样,舞蹈不仅提供体验的因素,而且作为社会化的文化形态,提供了一种社会理解的因素。其二是暗含了某种控制力,这当然是与使舞蹈成为一种语言的努力一致的。语码及其系统的建立,就是某种意义上的控制,因为舞者因此就不能"胡言乱语"了。但这儿所谓的控制力,是指想象的强有力参与。由于想象的参与,舞蹈就从纯粹的肌肉感觉转变为想象力支配的、有所显示的艺术,观众也获得了肌肉与运动感觉,不管这是通过实际动作还是通过所谓"内摹仿"而想象地获得的。

总之,所谓表演就是有想象的参与。有想象的参与再加上一套规范化语言,舞蹈艺术才能建立起来并存在下去。但是由于舞蹈语言的特殊性(建立在身体及肌肉感觉基础上),体验性舞蹈作为人的特殊需要,将会长期存在下去,既不会消失,也不会被归并。而且,正如我们已经看到的,它与表演性舞蹈之间并没有鸿沟,表演性的踢踏舞、华尔兹、探戈、迪斯科等等都表明了这一点。

第三节　舞蹈语言

舞蹈的身体力行特性规定了其语言的基本要素:姿态、动作、节奏和力度。不论在古典的芭蕾舞还是现代舞中,这四者始终是舞蹈艺术家考虑的主要因素,它们有效地分载了舞蹈艺术所传导出来的信息。

一、姿态

姿态是舞蹈的形象样式,它是舞蹈的空间存在方式之一。尽管舞蹈是很少停顿的,它的形象是一个运动变化的概念,但是成功的舞蹈设计往往是建立在几个基本上的姿态基础上,由这些基本姿态的化解、发展和变化联系起来的整体。这从芭蕾舞剧《胡桃夹子》、《天鹅湖》中都可以看出。《胡桃夹子》中的王子,《天鹅湖》中的黑天鹅、四小天鹅都有他们特有的主导舞姿,这些舞姿贯穿在全剧中。很多现代舞没有这种主导的姿态,就像很多现代音乐没有旋律一样,但它仍然要诉诸一系列有明确意味的姿态,形成抽象的力的空间冲突形式。

姿态由舞步和手势两部分组成。它们分别代表了上肢和下肢的力的运动。在娱乐性舞蹈中,舞步的变化较大,主要作为舞蹈节奏进行的空间形态。艺术舞蹈极大地发展了舞步的样式,舞步不再仅仅提供简单的腿脚姿态,具有了更丰富的表现力。这在芭蕾舞中最明显。吸腿跳、雁式跳、脚尖碎步、单腿划圈、双腿空中击打、单腿落地跪倒等等,人的腿脚有可能做出的动作,都被有机地吸收到舞步中,成为舞蹈姿态语言中的有效词汇。

与舞步比起来,手势的空间构形可能性显然更大一点。作为身体上远离地心引力的部分,手具有最大的空间活动范围。手势语言在明确、清晰方面也有较大优越性。舞蹈的手势是整个姿态中的一部分,它主要显示力的空间状态,这与哑语中的手势是根本不同的。有些舞蹈编导混淆了这两种不同的手势概念,在一些舞蹈中,特别是情节较复杂的舞蹈中,用打手势来提示剧情的发展,使演员和观众都陷入哑谜中,上下急作一团,这就违背了舞蹈艺术的本性。

二、动作

舞步和手势结合成舞蹈的形象结构,相同的手势或舞步或两者相结合可以具有不同意味,原因在于它们被动作所贯穿。动作是姿态的连续运动。

舞蹈从根本上说是动作的艺术,动作的不同变化和发展趋向,使同一个姿态语言说出不同的意思。探身的姿势可以导致剧烈的发展,亦可导致稳定的收合,动作赋予了姿态以力度、冲突和结合。

不仅如此,动作还使得手势和舞步从静态的造型概念中释放出来,使舞蹈成为运动着的流。它带动了整个身躯,包括躯干和臀部,而躯干和臀部的扭动是许多舞蹈的关键性要素,它使力有了活跃的形式。

动作是舞蹈中的时间性要素,它显示着力在运动过程中的选择和趋向、突破与滞涩,使姿态在动作的牵引下连贯为力的运行过程,从而使舞蹈变成融时间与空间为一体的艺术形式。

三、节奏

动作是有节奏的。舞蹈动作的节奏不仅是指舞步的间歇性重复,而且指较长的动作段落。在这个段落中,动作经过一个发展过程似乎回复到原来的起点,并且开始一次新的发展,因此节奏在舞蹈中可以是一个不断回响着的词语,也可以是句子或段落的结构。通过节奏,舞蹈动作流程成为有阶段、有间歇、有层次、有秩序的运动过程,在节奏中,动作的韵味也得到了充分阐发。

舞蹈的节奏必须同音乐联系起来考虑。诗、乐、舞三位一体的形式尽管现在已不多见,但音乐与舞蹈始终是结伴而行的。音乐可以给舞蹈提供附加的意境,但其主要作用是通过一种节奏样式给舞蹈提供内在的动力。一般的舞蹈音乐自不用说,即使在复杂的芭蕾舞剧中,音乐也主要突出节奏要素。沉思的、哲理性很强的音乐不适于舞蹈。在一些特别成功的舞剧音乐,如柴可夫斯基的《天鹅湖》、《胡桃夹子》,斯特拉文斯基的《春之祭》中,我们听到节奏带有肌肉涨缩的动作感。音乐的声音节奏与舞蹈的运动节奏互相共鸣,使舞蹈艺术产生更丰富的意味。

四、力度

力度是舞蹈语言中最抽象的部分。

舞蹈是以想象性空间为活动场所的,因而动作虽带有肌肉、神经感觉,但它一般并没有实际对象。手臂做出的推拒并不是在推开一个实际物体,腿部重心向下也不一定是在支撑一个实际的重量。双人舞中的托举承受一个女演员身体的重量,但这并不是为了显现动作力度。力度显现在两人运动引起的姿态造型中。没有对象的动作呈现出力度,难度相当大,但这是舞蹈艺术成败的关键。

我们生活在一个阻力、引力、斥力、压力等各种力渗透交错的世界里。如果没有生灵,特别是人的介入,这些力就将如其所是地既不被感知,发现,也无从改变。由于人的介入,世界上的各种力才得以显现,力的各种可能性才得以阐发。人不仅是力的承受者、感知者,也是力的源泉。他的发力改变了在他周围压迫和包围着的外力结构,形成一个内涵不同的张力场,并且这张力场在时时发生变化。来自不同方向的不同性质的力被吸收、推拒、扭曲,造成人和世界极其丰富复杂的关系样式,体现出生命力运动的生动场景。舞蹈正是显示人和世界之间力的抗衡与吸收的一种艺术,它建立在关于力形式的想象的基础上。其中,推与拉、拒与吸、顶与收,标志着由刚硬到柔软的不同力度的变化,从这种力度的变化中,人们体验到生命力运动的真谛。

因此,力度是一个难以言传特别需要领悟的概念,它更多地通过舞蹈表演者而不是编导体现出来。一套舞蹈编排可以被表演得充满力度变化、生动而丰富,也可以成为一套毫无灵气的动作的联接。可见,同所有艺术一样,舞蹈艺术的生命源泉取决于是否进入感觉和获得领会。

第四节　舞蹈的叙事性和抒情性

力运动形式不仅是舞蹈艺术的特点，也是其本质。因此，舞蹈既不能归入叙事性艺术，也不能归入抒情性艺术。它有叙事性和抒情性成分，但它与抒情艺术和叙事艺术都有明显区别。

一、叙事性与舞蹈

叙事这个概念我们几乎在所有艺术中都可以碰到。由于叙事艺术的长久而成功的历史，所有艺术都借助叙事性的好处，特别是在十九世纪以前的古典艺术中。叙事性提供的一个特别的好处是艺术构思的线条明确而便于把握。有故事在暗中进行，细节（舞蹈动作）的发展便有了着落和明确的指向。

在一些大型作品中（如芭蕾舞剧），舞蹈的叙事性显而易见。《葛蓓利娅》《睡美人》《堂吉诃德》，甚至一些现代舞作品，如斯特拉文斯基谱曲的《佩特鲁什卡》、《春之祭》，其情节都可以得到合理描述。有些作品的标题就是叙事性的，如苏联的现代舞《创世纪》等。这种现象反映了舞蹈与生活的联系。一种艺术再抽象，也要借助于它与生活的微妙联系，艺术本身也是人的一种生活方式。所谓抽象，指的是它在生活中有广泛和普遍的指涉，而不局限于具体生活现象的再现。舞蹈作为一种抽象的力的运动形式，恰好体现了范围极其广泛的各种生活现象的内在联系。作为一种暗示，它往往借助生活的表面形式，例如事件，提醒人们这种抽象语言的深刻根源。

但这也只是借助。作为表面形式，事件和叙事性并不是舞蹈艺术的实质。一种语言方式直接展示了抽象的力的形式，这已经是在揭示最深刻的生活了。这种强有力的语言方式就成为舞蹈艺术的实质所在。转圈可以是一种快活的举动，可以是生活中高度平衡技巧的反映，也可以是焦急心情的表示。但是，作为一种舞蹈的动作，它只是提供了力的运动形式，而不能被简单地解释为具体的故事因素。因此，即使在上述所举的古典芭蕾舞剧中，情节故事远不是它所要叙说的主要内容。叙事性被舞蹈的特质所改造、消化，仅仅是全剧中微弱的时续时断的线条。

在舞剧《堂吉诃德》中，堂吉诃德只是一个象征性人物，大量的舞蹈表演是在原故事的一些次要角色中进行，因为他们的境况能诱发更多的舞蹈性动机。每一段舞蹈可以独立出来单独表演，一段舞和下段舞之间往往是横向展开，而不是根据故事的时间展开。情节简化而又简化。在所有的舞剧所利用的题材中，神话、仙怪故事占的比重最大，这些题材的叙事性因素最微弱，故事的时间进行线条也最不合理，同幻想、玄想有密切联系，因而给舞蹈留有更大余地。

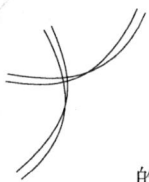

在我国成功的舞剧作品中，取材于《封神演义》的《凤鸣岐山》，由于故事本身的荒诞性，给编导的舞蹈想象力提供了广阔场所。角色的神魔化排除了动作编排设计上的许多顾忌。对现实人物不可能有的动作，对于神魔人物就成为合理的。"奸人献狐"一场，妲己和纣王的表演就是这样。而且，作为某种神秘力量的体现，这些动作的内涵意味也因此扩大了。

二、抒情性与舞蹈

和叙事一样，抒情也是被用滥了的一个概念。

舞蹈不是叙事艺术，这一点被很多人所接受和理解。但因此也有很多人从抒情的方面去概括舞蹈，把它作为一种抒情艺术。

这种说法并非没有根据。从体验性这个角度来看，舞蹈对肌肉运动的强调，使一些体验性舞蹈成为狂热情绪的抒发方式。肌肉的互相碰撞特别容易使其他隐藏着的各种力产生正反馈现象（由于互相推动，力值成级数增长），从而引起相应的情绪状态。此外，即使在表演性舞蹈中，由于身体动作情态与一般情感的身体表现（日常喜怒哀乐引起的身体反应）的相似性，舞蹈也经常被看作诠释感情的形式。

但是，抒情这个概念被用滥就表现在，它仅仅能标志艺术活动与科学活动的宽泛的区别，而不能提供对每一门艺术的具体认识。任何艺术都是抒情的，舒曼的音乐饱含着感情，夏加尔的绘画喷发着热情，即使是所谓叙事艺术，例如巴尔扎克的小说，又怎么能说不凝聚着感情呢？如果都是抒情的，那么说舞蹈是抒情艺术就没有意义了。况且，舞蹈动作与日常感情的身体反应的不同是显而易见的。日常感情无论如何不具备像舞蹈这样丰富、舒展、确切、有表现力的身体语汇。更重要的是把舞蹈看成抒情艺术，掩盖了舞蹈艺术真正的审美实质——力和力的运动。

抒情性和叙事性都表明了舞蹈艺术与生活的联系，但是这种联系是通过力和力的运动形式构成的。舞蹈本身也是一种生活，在舞蹈世界里人们体会一种特殊的情感方式，它增加了人类情感的含量，但那是一种仅存在于舞蹈的情感，即由舞蹈动作的力和力的运动形式所引起的情感。理解舞蹈艺术，必须理解它的特殊存在方式、感受方式、语言，以及包含在这一切之中的可能性。舞蹈既非叙事方式，亦非抒情方式。舞蹈就是舞蹈，它用人体姿态、动作、运动的节奏以及从中体现出来的力度，向我们叙说一种独一无二的审美体验。

第七章　电　影

第一节　电影是什么

电影艺术在归类上有其特殊性。电影是时间艺术,因为它的媒介是转动的胶片,它与叙事文学一样叙事;同时它也是空间视觉艺术,它占据画面,被人观看;电影还是表演艺术,涉及演员的表演;现代电影还涉及听觉,音响是电影必不可少的组成部分。与其他艺术由媒介限定的明确界限不同,电影集合了戏剧、文学、建筑(用蒙太奇概念来结构)、摄影等多种艺术要素。由此可见,电影是一种拥有多种展现方式的难以归类的艺术。

那么,怎么理解关于电影的观念呢? 先从常见的几种电影观念说起。

一、"综合性艺术"说

"电影是一种综合艺术"。这是关于电影观念的一种说法。

电影的发明首先是一套技术:感光材料、光化学技术、一秒钟拍摄二十四个画格的摄影机、放映机、银幕,以及录音技术等等。它的艺术方面的可能性是以后才发现的,而且也是受到其他艺术启发的结果,因此电影首先向其他艺术学习。

刚出现的电影故事是一种舞台剧的概念,摄影机几乎是不动的,记录一般可以发生在舞台上的故事。它从戏剧学习影片结构,从摄影学习光线的控制,从绘画学习构图,从小说学习旁白(打字幕)等等。但是不论如何,一旦从学习起步,似乎就摆脱不了因循的痕迹。直到电影有了近一百年历史的今天,它还到处闪动着其他艺术的影子。尽管超越了舞台,电影在每一个意想不到的角落拍摄事件的进展这一点,好像是从小说那儿继承来的;绘画提供给它摄影构图的原则;诗歌所特有的情调被电影吸收来作为自己的抒情成分;悲剧、喜剧这些戏剧概念几乎原封不动地用来划分电影主题;建筑和雕塑的结构给电影以巨大的启发("蒙太奇"一词就是建筑概念)。此处,音乐是电影中不可或缺的要素。还可以谈到音乐的节奏对影片节奏的启发等等。

因此,说电影是一门综合艺术,不仅意味着它吸收了其他几门艺术的特点,也指它本身就是由几种艺术汇集起来的。它由演员表演(戏剧、舞蹈)、故事的进展

（小说、戏剧）、音乐、摄影等共同构成。这给"综合艺术"的说法提供了更充分的理由。

　　"综合艺术"这种说法似乎是在褒扬电影的长处，证明它无所不包。但同时也意味着它没有个性。电影好像是个大杂烩，东摘一点，西取一点，是用各门艺术拼凑起来的。仔细检查一下，便可看到这个结论的粗疏之处。绘画进入电影主要是指它的构图原则，但绘画是这样一种构图概念：它是有边框的，它的边框是构图的终点。画面所有的活力和功能必须在画框以内给予充分考虑。而电影可以超越画面来构思，例如音响可以使画面外的世界进入作品。更重要的是电影画面是运动的，人物可以走进和走出画面，可以面对画面以外的人物和事物，电影可以结合进一个比镜头所能看到的更大的场面。因此电影要求一种更灵活的外射性想象力和一种始终考虑到运动（如演员、摄影机的运动）的观察方法。这就无法在原来意义上使用"构图"这个概念了。蒙太奇在建筑中作为静止块面组合的概念，运用到电影以后，完全是一个与运动有关的概念。在电影中，不同镜头的切换从而造成的冲击是与事件的时间进展相适应的，如爱森斯坦的《战舰波将金号》中那组著名的蒙太奇，就是这方面最好的例子。横向的蒙太奇则经常是失败的。谈到电影对文学的接受，美国电影理论家约翰·劳迪在《电影的创作过程》一书中举过一个例子，很能说明问题。"一个人朝着山里走去"，这个文学句子如果要拍成电影，就与它本来所具有的内涵大不相同。这里，所有的名词、动词都必须具体化，导演首先必须考虑这个人：是男的或是女的，老人、成年人或青年，忧郁的还是欢快的，他的穿着、举止和潜在心理态势等等，由此决定"走"这个动作的情感性质。导演还要考虑环境：在白天还是黑夜？什么季节气候，如此等等。当然用文学语言可以将这一切描述下来："那是白天，天上有云，风在呼啸，时间是秋季，他正走过一片光秃秃不毛的斜坡，坡上到处是石头，他踩得石头嘎轧作响。"但这一长段文学语言所描绘的，电影在一个画面里就可将它具体化，甚至还包括这场面中语言未能描写到的内容。电影诉诸镜头，具有纪实性，而镜头摄下的甚至比导演想到的还要多，这与诉诸文字的那种想象根本不同。上述种种比较都使"综合艺术"这一说法显得似是而非。

二、"纪实"说

　　电影是建立在化学感光基础上的摄影技术，能够清晰、完备、准确、科学地记录下所见的事物和场面，使其他艺术在描摹物体方面的逼真性相形见绌。"纪实"于是成了人们谈论电影特性时常用的一个定义。

　　能不能用"纪实"来概括电影的本质呢？这要看"实"是指什么。如果"实"指美学意义上的真实，指在电影语言基础上将心理的真实、事物呈现的意义的真实和有待发现的真实都包括进去,那么这种说法并没有错。问题在于这不符合纪实说的宗旨。纪实说的"实"显然是指实际的自然、社会事物的实在性。这种观点未将电影作为一门艺术的魄力考虑进去。这种"实"在电影尚未成为艺术之前就存在了。电影作为艺术,是一种特殊的揭示事物内在意义的方法,它包含了依赖于电影语言的反思和想象。的确,从模仿的角度看,电影比其他艺术更具有纪实能力,但这并不意味着它可以仅凭这种优势确保自己的艺术地位。纪实是电影的优势之一,但好的电影画面总是虚实相生的,它用表面精确的实录造成与众不同的审美效果。

三、"活动画面"说

还有一种观点认为电影是一种活动的画面。这儿的"活动"包括画面内物体(人物、景物)的活动和摄影机的活动。这正是电影区别于摄影、绘画等静态造型艺术的根本标志。电影是一种空间艺术,同时又是时间艺术,不论如何,时间性展开是电影的一个显著标志。

但是"活动的画面"给人一种印象,似乎它是把一张张画面影像连贯起来,活动地映出而成。这里面有个分解的概念。我们通过这个定义看到了胶卷、画格和放映机的转动。放映机将可分解的画格转动起来。的确,电影摄制人员为了分析影片,常常对影片进行分解,例如剪辑影片时对画格的取舍,定格分析一个场面或演员表演的质量。但是电影的艺术效果是在银幕上体现的。任何制作工作都围绕银幕效果进行。观众看到的影片与其说是活动的画面,不如说是一股流,一股电影流,画格完全溶化在绵延的没有阻隔的时间中,以它无法分解的流动(就像江河流动无法分解一样)暗示或强调影片自身的叙事逻辑。场面的调度,镜头的切换,人物的出入,都应当是天衣无缝的,水到渠成的。如果影片使人想到画格和分解,如果影片暴露出无法愈合的阶段性,那是影片的失败。高速摄影机的分解动作拍摄不是电影的本质,它更有助于体育训练和科学研究。在电影中,慢动作镜头尽管渲染了某种情调(有少数成功的例子,如日本影片《新干线大爆破》结尾处当犯罪集团魁首被枪击中时的大幅特写慢动作),但滥用会带来灾难。

四、电影就是电影

那么电影究竟是什么呢?

黑泽明曾说道,电影就是电影。罗伯—格里叶说:"银幕不是眺望世界的窗户,银幕就是世界。"❶黑泽明的说法看起来几乎没有说明什么,罗伯—格里叶的回

---

❶ 罗伯—格里叶:《我的电影观念和我的创作》,见《电影世界》1984 年第 6 期,第 206 页。

答也十分抽象。这确实是个难以回答的问题。但他们的回答并非空洞。他们的回答首先表明电影的性质是一种完全属于电影自身的独特性,它不从属于任何其他艺术,也不从属于其他概念。其次,通过这些回答我们感到某个确实存在,但尚未获得充分挖掘和发展的电影世界。如果说想用语言加以确认,这个世界必须首先获得开采。黑泽明那句话中作为表语的那个"电影"和罗伯—格里叶的"世界"就是这样一种存在。他们看到了这个世界,并且知道哪些东西属于这个世界,哪些东西不属于它。但这个世界还没有明确到用一句话便可下定义。

虽然电影有了近百年历史,但作为一门新型的艺术,仍然处于实验阶段,它的许多可能性尚未获得充分发展,因此想要对它下一个简明确切的定义还不可能。重要的是继续努力去开掘和发现。但是有些方向是明确的。属于电影特有的性质,存在于电影的质料、机械、技术和它们特有的审美可能性中。其中,质料、机械和技术是电影的基础,而它们的审美可能性改变了它们作为工具手段的性质,成为焕发出艺术光彩的电影整体的基本要素。蒙太奇就是这样一种要素,它是电影机的转动、胶片的可分解性所带来的伟大贡献。技术上每一种新发展同时带来艺术上新的可能性,有声片、宽银幕、彩色片、全景银幕、立体音响等等,使电影面临新的课题和选择。对于中国电影来说,重要的是把电影作为一门独特的艺术来对待,从而去发掘镜头、剪接、画幅、音响、光线、表演等方面潜在的表现力。电影是与它自身的媒介、技术手段及其可能性相适应的能够创造出特殊感受的一门艺术。

第二节　电影语言

电影用什么说话?

一、画面

画面是电影语言中最突出的要素,由三个部分组成。

1. 影框
画面是有边缘的。把什么东西放在画面中,把什么放在画面外,表达了艺术家的审美追求。张艺谋在影片《红高粱》的拍摄中,特别注意了画面的静态效果,因此,每个画面的选材都很讲究,务必在动态的影片进行中剔除任何杂质,使影片画面效果特别突出。

2. 画面外的利用和暗示
现代电影特别注意利用画框外的空间。这个空间尽管是看不见的,但通过影片的运动、镜头的组接、声音空间的连续性等等,这个空间可以被暗示出来。这样,画面空间就实际上被扩展了。

3. 色彩效果

电影中的色调处理,使画面效果具有不同的意味。美国影片《莫扎特》使用了一种古典油画的色调,明显突现了历史感。而对片中的配角,宫廷乐师萨里埃利的忏悔场面,则用了迷蒙阴暗的色调处理,加强了心理上的表现力。

二、镜头

镜头指观看画面的人,摄影机镜头。它的位置和行为也构成电影语言的内容。

1. 镜头反映了什么

镜头表明,有一个人在看着场景。通过镜头的处理,可以反映几种人的选择:

(1) 观众的选择

电影片中大部分镜头是这一类。对于这些镜头,观众不产生突兀感,普遍认为是正常的画面。

(2) 作者的选择

在出现奇特观看效果的画面中,有一部分属此类。日本电影《新干线大爆破》末尾捕杀罪魁的镜头,明显带有感情色彩。

(3) 剧中人的选择

这是一些具有奇特效果的镜头,反映了剧中人的心理。日本电影《人证》中日本警员开枪打镜中人的画面就是明显的例子。

以上这三种人都可以充当电影中讲述故事的人。

摄影机镜头就是叙述者。二十世纪四十年代前它公允客观,是不出场的,当时忌讳演员直视镜头。现在这种情况已经时有发生。这反映了风格上的重大变化,也表明当代电影更具有挑战性。

2. 处理镜头的手段

处理镜头的手段有不少。例如:

(1) 机位

摄影机的选择有时能改变整个作品的视野。例如在《莫扎特》中,多次使用仰视的视角,造成观赏中的陌生感,产生了很特殊的效果。

(2) 摄影机的移动

在人们习惯于定格机位镜头的情况下,有些影片采用了摄影架上移动摄影机,甚至肩扛摄影机跑动拍摄的方法,可以在画面上注入更多的艺术家的个性。

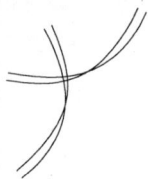

三、画面剪接

电影都是通过把不同地点、视角、时间拍摄下来的片断加以剪接而成。这种技术上的特点造成了特殊的艺术显现的可能性。对此,一直有两种对立的理论观点。

1. 蒙太奇

"蒙太奇"是一个建筑学上的概念,指建筑中各块面体积的组合及其效果。美国电影导演格里菲斯在二十世纪初拍摄的《一个国家的诞生》中首先使用了蒙太奇手法。以后,苏联电影导演爱森斯坦在二三十年代对之进行了一系列理论的阐述和深入实践,建立起一种倾向性观点学说。蒙太奇理论认为,电影艺术表现力来自两个以上的画面的接合,这种接合所产生的冲击力和张力,是电影内容表现中的主要形式手段。爱森斯坦的《战舰波将金号》等是这方面的经典作品。

2. 长镜头

长镜头理论是二十世纪五十年代法国"新浪潮"电影理论家巴赞提出来的。蒙太奇派由于主张画面之间的冲击效果,所以每一个镜头都比较短,作品尽可能利用了不同镜头的匹配、组接。巴赞认为,这种蒙太奇缺乏真实性。电影既然具有纪实性,它的艺术就应从纪实性方面加以利用。例如拍摄丛林中狮子捕食人类的镜头,用蒙太奇理论,可以把人和狮子分开拍,然后剪接到一起。虽然两者从未在同一画面中出现,也可被理解为在一起。巴赞认为这样的拍摄缺乏纪实性,反而失去了镜头应有的冲击力,尤其当观众熟悉了这一套影片制作技术以后,更会认为它虚假。巴赞认为应当将狮子和人放在同一个画面中拍摄,并且在整个过程中不停机,不剪接,一个长镜头拍到底。

可见,长镜头理论主要强调了电影的纪实性和真实性。

现在,在电影艺术实践中,这两种理论是互补并用的。

四、音响

音响是现代电影的有力表现形式。

1. 音响的表现力

默片时代结束后,音响先以附属部分为电影利用。现在证明它是电影强有力的语言。

例:在一个枪决战争逃兵的场面中,奏响圣诞欢乐的音乐(时值圣诞节),其发人深省的意味是无穷的。又例如苏联影片《湖畔奏鸣曲》中,女主人坐车回家的路上不断响起舞曲,暗示与丈夫当年的热恋场面,这音响起到了蒙太奇的效应。

2. 音响的类型

（1）对话或独白

对话与独白在电影中是与动作并存的要素,主要起人物表现和说明情节的作用。

（2）自然音响

自然音响即场面中所有的声音。它可以加强真实性。

有两种损害音响真实效果的情况:一是拟音。拟音指模拟的声音,它在缺少技术手段的情况下被使用,但代价是不真实。二是压低自然音响以抬高话白。有时候影片为了使话白清晰可辨,以调低背景声为手段,结果使两者失却自然真实的关系。

（3）配乐

配乐起着渲染气氛、突出主题的作用。配乐中主题音乐或主题歌曲影响最大,是观众对于一部影片最突出的印象之一。如美国二十世纪七十年代的著名影片《爱情的故事》的主题音乐,它对于人们的影响力甚至超出了故事本身。此外,配乐还是音响蒙太奇的主要来源之一。

（4）画外音

画外音主要起帮助说明故事的作用,有时它也能烘托气氛。

五、表演

1. 演员

演员的选择对电影艺术的重要性是众所周知的。明星是从拍片表演中涌现出来的,但明星的表演又使作品在艺术上增添光彩。

有些电影是专门为明星编撰的。例如日本的编导们编过许多适合高仓健表演风格的片子。

尽管如此,并不意味着电影成功的必备条件是影星的演出。一张熟悉的面孔,既有好处,也有坏处,例如人们会把它与该演员过去扮演过的角色混同起来,对它的类型有成见。所以不少成功之作的经验恰恰是避开观众熟悉的面孔,制造陌生感,起用新人。二十世纪八十年代的美国影片《莫扎特》获得多项奥斯卡奖,就是选用新人担任主要角色。

2. 表演风格

表演风格往往给一部片子定了情调。例如在卓别林表演的电影中,特有的喜剧表演风格几乎给一切其他电影语言要素打上了烙印。一部电影的主题往往是

通过一种特殊的表演风格显示出来的。

第三节　电影的时空形式

电影的时空形式是人们谈论较多的一个电影美学问题。电影兼有时空两种形式。但是简单地把电影描述为时空两种形式的结合或综合,同样是肤浅的和似是而非的。

一、时间形式

电影的画面存在形式永远是现在时,这是电影时间的本质。因此它同某些时间艺术有根本的区别。例如小说,作为时间艺术,它有一种二重的时间存在形式。对于读者来说,有一个永恒的阅读现在时,使文字显现为艺术存在的阅读永远是当下的行为。而文字叙述方式则有多种时态,往往采用过去时。在小说中,回忆、复述、讲故事构成大部分叙述的时态,偶尔也采用未来时和现在时。但电影永远不可能有过去时或未来时,永远不可能通过一个相当于"过去"两字的电影词语,在画面上造成非当下的体验。"闪回"或"闪前"是回忆和展望的形式,但它们把过去和未来放在当下的时间进展中,它对当事人(艺术家和观众)不构成心理上的距离,以致它像梦魇一样始终呈现在我们面前。如果说由于"从前"这个词语,小说读者可以把主人公一段可怕的经历作为一种无害的经验,那么银幕上闪回的狰狞镜头却可以使观众冒一阵冷汗。无论是过去、现在、未来,在电影画面上始终保持着现在进行时的形式,因此每一部电影自始至终也就形成一股当下时间之流,没有间断,没有阻隔。

这种当下时间之流是意识活动的直接形式。意识可以意识到历史距离,但就它本身的活动方式来说,始终是当下的,它将历史和未来以当下的形式加以体验。因此尽管过去的经验常常生动地浮现在想象中,尽管我们的眼睛甚至在凝神关注之际也不时闪现出"过去",但它们都由于当下感受而溶入此时的生存际遇中。电影的时间形式正是意识活动时间性的直接展示。

二、空间形式

与此相适应,电影的空间形式也展示了意识活动的直接性。电影的画面空间是变动不居的、随时跳跃的,不仅有摄影机摇动、推拉造成的变动,而且有蒙太奇的效果。蒙太奇的跳跃性更大,它把不同场景,不同遭际甚至不同物类的画面组接起来,就像不同时间、地点的印象呈现在意识表层,意识的活性表现为意识的跳跃性、变动不居的空间交替出现,看似纷乱,实际上反映了意识核心的无限能动性。

当然电影画面的跳跃不像意识实际流动那样纷乱，它们是有某种情感逻辑在起作用的。这种逻辑就像一个有自我意识的视点，在占有空间性的同时又反思自己的空间性，因而造成若即若离的效果。这就牵涉导演和观众对于故事的距离问题。正像苏珊·朗格所说："电影观众随着摄影机进行观察，他的立足点与摄影机相同，他的思维主要是围绕现在进行的。摄影机就等于观众的眼睛，观众取代了做梦者的位置（注：苏珊·朗格认为电影是一种梦的模式），但这是一种完全客观化的梦，或者说，观众处在故事之外。电影作品就是一个梦境的外现，一个统一的、连续发展的、有意味的幻象的显现。"❶"观众处在故事之外"，指观者不是故事的当事人，尽管观者经历了一次梦的体验，但他不像梦者那样常常主持梦和参与梦中的角色，对于这场梦，他始终是最近的观者。画面不仅展示了观者直接看到的人和事，也展现了角色的内心世界，通过所谓"主客体复合镜头"揭示角色的心理质量。在苏联影片《这里的黎明静悄悄》中，如果不切入一组和平生活、爱情生活的蒙太奇，冉尼亚这个人物在扫射跳伞的德军飞行员时的那种仇恨的动力、仇恨的具体性就显示不出来。而这对我们毕竟是一个他人的内心画面。正是由于这一点，同时也由于创作者对场面的有意识撷取、选择，对作品整体感情逻辑的把握，电影是一种理解和反思的艺术。

无论如何，理解和反思必须诉诸画面的现在时态和变动不居的空间形式。考虑到这一点，导演不能用小说的段落性构思影片，也不能将画面交由一个突兀的第三者——叙述者去处理，观者现时性体验的内在逻辑居于导演构思之中。从这个意义讲，电影艺术家必须是一个特殊的心理学家，他懂得并且去发现和创造心理活动在电影媒介中的表现。

第四节　电影的叙事性

一、电影是叙事艺术

电影是不是叙事艺术？这在二十世纪四十年代以前几乎不成为问题。毫无疑问，电影是一种时间性的叙事艺术。电影综合了那么多因素，使用了那么多语言要件，是用来讲故事的。电影的特点在于不仅能映下自然、社会、人生的广阔场面，而且是这场面的洪流，它的时间性展开完全适应事件的进程。因此，如果摄影仅仅能够拍摄下物体，电影则能记录下事件。并且它比戏剧所表演的事件具有更

---

❶　苏珊·朗格：《情感与形式》，刘大基、傅志强、周发祥译，中国社会科学出版社 1986 年版，第 481 页。

宽阔的场面,更自由的活动天地。二十世纪四十年代以前电影的黄金时代就建立在叙事基础上。

二十世纪五十年代以后,在法国、意大利出现的电影"新浪潮",开始探索电影艺术的新路子。"新浪潮"影片中的大部分致力于心理探索,致力于电影语言及符号学方面的探索,发掘人物内心的幻觉、无意识动力等等。《广岛之恋》《去年在马里昂巴德》《法国中尉的情妇》等影片的叙述方式完全冲破了旧影片的叙事模式,须以相应的新方式来观看和领会这些片子。只有少部分影片继续探索纪实性和叙事性,像意大利"生活流"风格(例如《木屐树》)。全片近五小时,实录发生在十九世纪意大利农村一个农户一天的事件,节奏极其缓慢。不过这种探索与旧的电影叙事模式已经是大相径庭了)。所以,叙事性作为电影的内在特性的想法受到了质疑。

但是,即使是那些心理探索的片子,也不能改变这样一个事实,即所有的电影要素必须在横向展开的轴线上发生链接关系,幻觉、无意识在电影中必须通过换喻的方式铺陈出来,而它们的可理解性建立在先后相继的逻辑基础上,这就是叙事。所以改变了的是故事的题材,不可改变的是可连接性、逻辑性、可信性。"新浪潮"以后的片子只不过是在进行内心的叙事而已。

二、电影叙事的内容

电影叙事的内容并不是生活事件本身。

严格来说,纯粹的叙事——即事件要素的全方位、不间断的讲述——是不可能的。事件是没有间歇的始终运动着的生活之流,而摄影机则是用每秒二十四个画格的连续拍摄方法截取这生活之流的某些片断,即使转速再快,摄影机快门的一张一合的规律尚无法打破,因此它就把快门合住时发生的某些事件排除在外了。

所谓的"电影流"是通过人的意识活动实现的,想象力使影片组成的片断相互联系起来。这就有个居间的解释过程。事实上,人的眼睛观看速率也是有限的。它甚至比摄影机所能接受的画面的速率还慢,也就是说眼睛不能在二十四分之一秒的时间内看清一个形象。我们之所以能把事情看成连续的,是对所看见的两个形象(或同一形象的两个变相)之间作了一种时间性的解释。所有事件都包括了解释在内,电影既无法纯粹地叙事,也无法将解释排除在事件之外。

解释的标尺是情理,是逻辑性。电影讲述的故事,是一种以合乎情理和逻辑性为支撑的故事,所以,显示情理的故事,就是电影叙事的内容。

叙事,按逻辑推动故事的发展,一直是中国电影的短板。二十世纪早期的中国电影概念化比较明显,故事的设计与概念(比如穷人—富人,金钱—良心,忍受—反抗等等)相关,所以故事在进展过程中,逻辑性、合理性会受到主题概念的干扰,情节发展有不少勉强之处。八十年代以后的电影突出了许多以前忽略的要素。例如在张艺谋的电影中,可以明显看到他在摄影方面做出的努力:画面更美、更洁净了,更讲究色彩和构图了,他的电影看起来像是优美的摄影作品。但是张艺谋在叙事方面没有取得明显的进展,他的电影构思似乎是画面先行的。九十年代以后的电影很讲究对话,受到王朔小说的影响,冯小刚的电影充满了俏皮话,对话式喜剧成为他大部分作品的风格。陈凯歌的《霸王别姬》是一个例外。这是一个靠张国荣、葛优等人的表演达到高潮的非常叙事化的电影,随着情节的合理展开,故事把观众、演员,甚至导演(我相信)带入到一个动人的境界。可惜,这个现代中国电影少有的杰作并没有得到应有的总结讨论,人们承认它的成功,但对它成功的原因不甚了了。甚至陈凯歌本人似乎也忘记了它成功的秘诀,在他十多年后拍的相似题材的电影《梅兰芳》里,我们只看到对于这一题材的一些表面因素的零散记忆,比如学艺的艰辛、艺术家不畏强暴的良心,故事变得牵强,结构零乱。不过,冯小刚2008年拍的《非诚勿扰》显示了完全不同于他过去的关注重心。这个作品很认真地讲述一个现代城市生活背景下的恋爱故事,虽然还保持了他电影中一贯的俏皮话特点,但是随着情节展开,男女主人公的互动,故事开始按自身的情感逻辑进展,导演的注意力放到了故事上,俏皮话的表现不再成为包袱、累赘,作品最后变成了一个动人的爱情故事。它已不像是贺岁片,不再搞笑,连葛优也表现了从未展现过的动情的一面。故事把所有的电影参与者带入了一个世界,导演和摄像也不能改动它,只能看着它,叙述它,并且被它感动。希望这些成功的作品能够推动将来的中国电影专注于电影艺术的本质,讲出中国式的好故事。

三、电影叙事的方法

在电影中,故事的情理必须电影化。也就是说,在电影艺术中,情理作为潜在的可能性,必须显现于镜头和画面之中。镜头和画面之流才是电影中的显性事件。这些显性事件是沉潜着的情理可能性长河河面上的星星点点,电影撷取这条长河的某些片断,使这些片断具有新鲜的感受,以及在片断内部组织与情理逻辑相适应的连贯性。镜头与画面创造和展开了事件情理的某些内在可能性。电影没有什么套式、模子可追随,没有什么明确固定的事件设计可供依赖,只有一些可能性。镜头和画面可以创造事件。电影艺术家既对电影事件的所有参与因素——机械的、技术的、质料的基础,有限的胶片时间、演员等等——驾轻就熟,创造出崭新的镜头和画面,又由此创造出新的感受和感受方法,同时也对叙事情理有细致入微的把握。这种叙事性情理作为看不见的召唤,推进着创造力并导致和谐的秩序。这是一个现代电影艺术家应具备的意识。

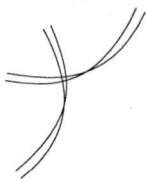

第五节　电影与现代艺术

一、电影的发明与现代主义艺术运动

电影摄影机发明之日正是现代主义艺术开始兴起之时。十九世纪末,当绘画进入后期印象主义阶段,表现主义日益占据画坛,音乐出现了大量不谐和音程,印象派作曲的代表人物德彪西、拉威尔奉献了他们的主要代表作之时,人们同时迎来了世界上最早的一部电影作品:法国里昂的卢米埃尔兄弟于 1895 年 3 月 22 日在巴黎"本国工业提倡协会"上放映的《工人放工回去》。

电影的历史同现代主义艺术的历史同样长。被称为"第七艺术"的这门艺术,是在其他艺术都有了数千年历史的背景下挤进艺术行列中来的,这对全部艺术领域产生了意想不到的影响。最明显的影响在于它起了一种"澄清剂"的作用。电影出现以前,美术、文学、戏剧等等艺术,虽然有了几千年发展的历史,但彼此的界限并不十分清晰,有些观念妨碍了它们进一步认识自身和显出自身。例如关于模仿的观念,它是所有古典艺术的支柱性观念之一。绘画是模仿,戏剧是模仿,小说也是模仿。就模仿的效果来说,它们各有长处,也各有短处,但是电影的出现使得它们从一个新的角度重新审视自身的特点和能力。电影运用特殊的光化学技术将物体模仿得完美无缺,像真的一样。在模仿这一点上,电影可以取代它们中的任何一种。如果艺术是模仿,那么电影一出现,其他艺术就没有继续存在的必要了。正是电影的出现促使每一种艺术反思自身,重新认识自己。这种对自身界限的反思造成了旷日持久的现代主义艺术运动,它使每一门艺术都走向自身,彰显自己独一无二的魅力。

二、电影对其他艺术的冲击和改造

由于电影(还有摄影)的出现,绘画已经没有必要把物体的二维投影作为注意的中心了(这也引起了很多人的担心,生怕绘画再也没有生存余地了),它必须探索自身独有而其他艺术没有的特质,如色彩之间的相互关系、色块的协调、纯几何形状的排列和整体布局,让绘画回到属于它自身的平面,探索通过平面化手段表示深度的可能性等等。

对于小说、戏剧来说,模仿的具体含义是与逼真性有关的。小说细腻地描写人物肖像、器物、自然环境,用各种因素引导读者相信这是发生在某时某地的真情实景。戏剧的布景模仿实际的住房、宫殿,里面的用具也是日常生活中常用的;人物的穿着恢复历史原貌;故事发生的地点、时间都契合历史,等等。但电影的出现使这一切不再必要。电影可以通过影像的拍摄最逼真地展现这一切。相比电影的人物特写,小说的肖像描写难以让人看清人物的真实面目。而戏剧布景的固定性与电影机移动拍摄出来的动态的实景相比,仅仅具有象征作用。电影的出现使得文学专注于自身的立足点——语言及其构造效果——上。象征主义和印象派诗歌让语境脱离联想、暗示的老路,把诗歌的意义建立在用词自身的堆积产生出来的效果上。布莱希特重新考虑戏剧的功能,打开了阻隔舞台和观众的绝对幕墙,用制造间离效果的方法,使戏剧接近它的本源——情节的编造。电影的出现,不但没有搅乱艺术的总的格局,没有破坏其他艺术,相反,它使每一门艺术重新认清了自己的面貌,发展出自己独特的语言。这正是电影对艺术的伟大贡献。

第五编　各门类艺术的美学问题

阿多诺:《美学理论》,王柯平译,成都:四川人民出版社 1998 年版。

阿什布鲁那·霍尔特:"《诗的哲学默想录》英译本导言",见《美学》,王旭晓译,北京:文化艺术出版社 1987 年版。

爱德华·布洛:《作为艺术因素与审美原则的"心理距离说"》,见《美学译文·2》,北京:中国社会科学出版社 1982 年版。

艾玛·阿·里斯特:《莱奥纳多·达·芬奇笔记》,郑福洁译,上海:三联书店 1998 年版。

鲍姆嘉滕:《美学》,简明、王旭晓译,北京:文化艺术出版社 1987 年版。

鲍姆嘉滕:《诗的哲学默想录》,见《美学》,王旭晓译,北京:文化艺术出版社 1987 年版。

鲍桑葵:《美学史》,张今译,北京:商务印书馆 1985 年版。

伯格森:《笑与滑稽》,乐爱国译,广州:广东人民出版社 2000 年版。

柏克:《关于崇高与美的观念的根源的哲学探讨》,见《古典文艺理论译丛》第五册,孟纪青、汝信译,北京:人民文学出版社 1963 年版。

博克:《论崇高和美两种观念的根源》,转引自朱光潜《西方美学史》上,北京:人民文学出版社 1979 年版。

柏拉图:《斐德罗篇》,见《柏拉图全集》第二卷,王晓朝译,北京:人民出版社 2003 年版。

柏拉图:《斐莱布篇》。

柏拉图:《会饮篇》,见《柏拉图全集》第二卷,王晓朝译,北京:人民出版社 2003 年版。

柏拉图:《伊安篇》。

曹丕:《典论·论文》,见《中国历代文论选》第一册,郭绍虞主编,上海:上海古籍出版社 1980 年版。

车尔尼雪夫斯基:《艺术与现实的审美关系》,见《西方文艺理论名著选编》(中),伍蠡甫、胡经之主编,北京:北京大学出版社 1985 年版。

达·芬奇:《笔记》,见《西方文艺理论名著选编》(上),伍蠡甫、胡经之主编,北京:北京大学出版社 1985 年版。

丹纳:《艺术哲学》,傅雷译,北京:人民文学出版社 1981 年版。

狄德罗:转引自朱光潜《西方美学史》上,北京:人民文学出版社 1979 年版。

费希纳:《美学导论》,见《十九世纪西方美学名著选·德国卷》,蒋孔阳主编,上海:复旦大学出版社 1990 年版。

格林伯格:《前卫艺术与庸俗文化》,见《世界美术》1993 年第 2 期。

格林伯格:《现代派绘画》,见《现代艺术和现代主义》,张坚、王晓文译,上海:上海人民美术出版社 1988 年版。

韩愈：《答李翊书》，见《中国历代文论选》第二册，郭绍虞主编，上海：上海古籍出版社 1980 年版。

韩愈：《送孟东野序》，见《中国历代文论选》第二册，郭绍虞主编，上海：上海古籍出版社 1980 年版。

赫伯特·里德：《现代艺术哲学》，朱伯雄、曹剑译，天津：百花文艺出版社 1999 年版。

黑格尔：《美学》，朱光潜译，北京：商务印书馆 1982 年版。

亨利·摩尔：《雕塑家的目的》，转引自朱狄《当代西方美学》，北京：人民出版社 1984 年版。

Henry Moore：The Sculptor Speaks，from The Listener，见《新概念英语》第四册，上海：上海外语教育出版社 1985 年版。

黄侃：《文心雕龙札记·题辞及略例》，上海：华东师范大学出版社 1996 年版。

霍布斯：《利维坦》，黎思复、黎廷弼译，北京：商务印书馆 1997 年版。

康德：《判断力批判》，邓晓芒译，北京：人民出版社 2002 年版。

克莱夫·贝尔：《艺术》，周金环、马钟元译，北京：中国文联出版公司 1984 年版。

科林伍德：《艺术原理》，王志元、陈华中译，北京：中国社会科学出版社 1985 年版。

克罗齐：《美学原理 美学纲要》，朱光潜译，北京：外国文学出版社 1983 年版。

莱辛：《拉奥孔》，朱光潜译，北京：人民文学出版社 1979 年版。

朗吉努斯：《论崇高》，见《缪灵珠美学译文集》第一卷，北京：中国人民大学出版社 1998 年版。

《老子校释》，朱谦之撰，北京：中华书局 1984 年版。

《李太白全集》，王琦注，北京：中华书局 1977 年版。

《礼记译解》，王文锦译解，北京：中华书局 2001 年版。

里普斯：《喜剧性与幽默》，见《古典文艺理论译丛 7》，北京：人民文学出版社 1964 年版。

列夫·托尔斯泰：《艺术论》，见《西方文艺理论名著选编》（中），伍蠡甫、胡经之主编，北京：北京大学出版社 1985 年版。

刘勰：《文心雕龙注》，范文澜注，北京：人民文学出版社 1978 年版。

《论语译注》，杨伯峻译注，北京：中华书局 1980 年版。

罗曼·雅各布逊：《语言学与诗学》，见《结构—符号学文艺学》，佟景韩译，北京：文化艺术出版社 1994 年版。

马蒂斯论画，见《宗白华美学文学译文选》，宗白华译，北京：北京大学出版社 1982 年版。

《毛诗序》，见《中国历代文论选》第一册，郭绍虞主编，上海：上海古籍出版社 1980 年版。

《孟子译注》，杨伯峻译注，北京：中华书局 1960 年版。

钦齐奥：《论悲剧与喜剧的创作》，见《缪灵珠美学译文集》第一卷，北京：中国人民大学出版社 1998 年版。

司空图：《诗品》，见《中国历代文论选》第二册，郭绍虞主编，上海：上海古籍出版社 1980 年版。

司空图：《与李生论诗书》，见《中国历代文论选》第二册，郭绍虞主编，上海：上海古籍出版社 1980 年版。

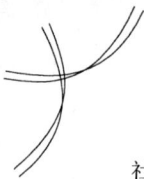

司空图:《与王驾评诗书》,见《中国历代文论选》第二册,郭绍虞主编,上海:上海古籍出版社 1980 年版。

斯特拉文斯基:《音乐诗学六讲》,邓鹏译,北京:光明日报出版社 1986 年版。

苏珊·朗格:《情感与形式》,刘大基、傅志强、周发祥译,北京:中国社会科学出版社 1986 年版。

苏珊·朗格:《艺术问题》,守尧、朱疆源译,北京:中国社会科学出版社 1983 年版。

苏轼:《宝绘堂记》,见《苏东坡全集》上,北京:北京市中国书店 1981 年版。

苏轼:《答谢民师书》,见《苏东坡全集》上,北京:北京市中国书店 1981 年版。

苏轼:《评韩柳诗》,见《中国美学史资料选编·下》,北京大学哲学系美学教研室编,北京:中华书局 1981 年版。

苏轼:《书黄子思诗集后》,见《苏东坡全集》上,北京:北京市中国书店 1981 年版。

苏轼:《书李伯时山庄图后》,见《苏东坡全集》上,北京:北京市中国书店 1981 年版。

苏轼:《书晁补之所藏与可竹三首》,见《苏东坡全集》上,北京:北京市中国书店 1981 年版。

苏轼:《书鄢陵王主簿所画折枝二首》之一,见《苏东坡全集》上,北京:北京市中国书店 1981 年版。

王昌龄:《诗格》,见《中国历代文论选》第二册,郭绍虞主编,上海:上海古籍出版社 1980 年版。

王国维:《古雅之在美学上之位置》,见《王国维文集》第三卷,北京:中国文史出版社 1997 年版。

王国维:《孔子之美育主义》,见《王国维文集》第三卷,北京:中国文史出版社 1997 年版。

王国维:《论教育之宗旨》,见《王国维文集》第三卷,北京:中国文史出版社 1997 年版。

王国维:《人间词话》,见《蕙风词话 人间词话》,北京:人民文学出版社 1960 年版。

王国维:《人间词话删稿》,见《蕙风词话 人间词话》,北京:人民文学出版社 1960 年版。

王国维:《叔本华之哲学及其教育学说》,见《王国维文集》第三卷,北京:中国文史出版社 1997 年版。

王国维:《宋元戏曲考·元杂剧之文章》,见《王国维戏曲论文集》,北京:中国戏剧出版社 1984 年版。

王士禛:《渔洋文》,见《中国历代文论选》第三册,郭绍虞主编,上海:上海古籍出版社 1980 年版。

王士禛:《芝廛集序》,见《中国历代文论选》第三册,郭绍虞主编,上海:上海古籍出版社 1980 年版。

王羲之:《晋王右军自论书》,见《中国美学史资料选编·上》,北京大学哲学系美学教研室编,北京:中华书局 1981 年版。

王羲之:《王右军题卫夫人笔阵图后》,见《中国美学史资料选编·上》,北京大学哲学系美学教研室编,北京:中华书局 1981 年版。

维特根斯坦:《美学演讲》,见《二十世纪西方美学名著选》(下),蒋孔阳主编,上海:复旦大学出版社 1988 年版。

沃尔夫冈·凯塞尔：《语言的艺术作品》，陈铨译，上海：上海译文出版社 1984 年版。

伍蠡甫、胡经之：《西方文艺理论名著选编》（上），北京：北京大学出版社 1985 年版。

席勒：《论悲剧艺术》，见《西方文艺理论名著选编》（上），伍蠡甫、胡经之主编，北京：北京大学出版社 1985 年版。

席勒：《审美教育书简》，冯至、范大灿译，上海：上海人民出版社 2003 年版。

休谟：《人性论》（下册），关文运译，北京：商务印书馆 2004 年版。

休谟：《论趣味的标准》，见《古典文艺理论译丛》第五册，吴兴华译，北京：人民文学出版社 1963 年版。

亚里士多德：《诗学》，陈中梅译，北京：商务印书馆 1996 年版。

严羽：《沧浪诗话》，见《中国历代文论选》第二册，郭绍虞主编，上海：上海古籍出版社 1980 年版。

叶燮：《原诗·内篇下》，见《原诗 一瓢诗话 说诗晬语》，北京：人民文学出版社 1979 年版。

张怀瓘：《张怀瓘议书》，见《中国美学史资料选编·上》，北京大学哲学系美学教研室编，北京：中华书局 1981 年版。

郑板桥：《补遗》，见《中国美学史资料选编·下》，北京大学哲学系美学教研室编，北京：中华书局 1981 年版。

钟嵘：《诗品序》，见《中国历代文论选》第一册，郭绍虞主编，上海：上海古籍出版社 1980 年版。

庄周：《庄子集释》，郭庆藩辑，北京：中华书局 1961 年版。

德尼·谢瓦利埃：《马约尔》，见《世界美术》1980 年第 3 期。

罗伯—格里叶：《我的电影观念和我的创作》，见《电影世界》1984 年第 6 期。

赫伯特·里德：《亨利·摩尔的生平及其作品研究》，见《世界美术》1982 年第 3 期。

参考文献

图书在版编目（CIP）数据

现代美学导论 / 徐亮著. —杭州：浙江大学出版社，
2009.5（2022.6 重印）
（大学生通识教育）
ISBN 978-7-308-06714-0

Ⅰ. 现…　Ⅱ. 徐…　Ⅲ. 美学－高等学校－教材
Ⅳ. B83

中国版本图书馆 CIP 数据核字（2009）第 058775 号

现代美学导论

徐　亮　著

责任编辑	葛　娟	
封面设计	刘依群	
出版发行	浙江大学出版社	
	（杭州市天目山路 148 号　邮政编码 310007）	
	（网址：http://www.zjupress.com）	
排　　版	杭州大漠照排印刷有限公司	
印　　刷	嘉兴华源印刷厂	
开　　本	787mm×1092mm　1/16	
印　　张	18.25	
字　　数	328 千	
版印次	2009 年 5 月第 1 版　2022 年 6 月第 8 次印刷	
书　　号	ISBN 978-7-308-06714-0	
定　　价	49.00 元	